VERMÖGENS
AUFBAU
STEUERN

Nadine Abraham

Vermögensaufbau Steuern

Das Erfolgsgeheimnis:

Was die Reichen über Steuern wissen!

Akademie für steuerliche Intelligenz GmbH
3. Auflage

ISBN 978-3-00-066613-1

Printed in Germany

Inhalt

Dein Bonus: Das Steuer-Spar-Paket

Lieber Leser,

vielen Dank für Deinen Kauf. Ich freue mich, dass ich Dich ein Stück auf Deinem Weg zum eigenen Vermögensaufbau begleiten darf. Hierzu möchte ich dir das Steuer-Spar-Paket mit 3 wertvollen Inhalten schenken:

- 10 Steuer-Spar-Tipps für Selbstständige und Unternehmer
- 10 Steuer-Spar-Tipps für Angestellte
- Den Steuer-Spar-Rechner

Für Dich als Buchkäufer natürlich gratis.

Um Dir das Bonus-Paket mit den 3 Geschenken zu sichern, öffne bitte: www.vermoegensaufbau-steuern.de/bonus und lade Dir den Bonus kostenlos herunter.

Und jetzt wünsche ich Dir viel Erfolg mit „Vermögensaufbau Steuern".

Deine Nadine

Vorwort

Zum Wohlstand ohne Ellenbogengesellschaft

Es gibt ungewohnt viele Parkplätze hier in der Hamburger Innenstadt. Ich steige aus dem Auto und was vorher nur ein erster Eindruck war, tritt jetzt wie ein Schock in mein Bewusstsein: Meinem Gehirn fehlen die gewohnten Geräusche der geschäftigen Stadt – Autolärm, vorbeidonnernde Lastwagen, irgendwo eine Baustelle. Ich vermisse auch das Stimmengewirr flanierender Menschen, die Rufe von Kindern, Hundebellen. Stattdessen herrscht Stille in der Stadt. Aber dann höre ich doch etwas. Eine Amsel singt ihr Lied vom Dach eines Hauses, zwei Spatzen zwitschern auf einer Mauer, die Blätter rascheln im Wind. Während ich dieses Vorwort schreibe, ist durch die Maßnahmen zur Eindämmung des neuen Coronavirus vieles in unserem Leben von einem Tag auf den anderen zum Stillstand gekommen. Liebgewonnene Gewohnheiten wie etwa Shoppen, eine Lieblingsbeschäftigung der Deutschen, sind nur noch eingeschränkt möglich.

In diesem leeren Raum gibt es mit einem Mal mehr Zeit. Zeit, um sich zu besinnen. Uns fallen andere Dinge auf und ein. Nicht nur registrieren wir plötzlich feinere Geräusche wie den Amselgesang in einer leeren ShoppingMeile. Wir können auch anders nachdenken über unseren Lebensstil mit dem oft sinnlosen Konsum, über Gemeinschaft und Einsamkeit, Krankheit und Tod, Leben und Sterben. Unsicherheit über die Zukunft macht sich in nahezu allen Lebensbereichen breit: Wie viel Geld werden wir in Zukunft noch zur Verfügung haben, um gut leben zu können? Was heißt überhaupt „gut leben“? Was ist wirklich wichtig? Das neueste iPhone? Das größere Haus als der Kollege? Statussymbole? Höher, schneller, weiter? Oder geht das in Zukunft gar nicht mehr und wir müssen unsere Werte überdenken?

Ist weniger zukünftig mehr und sind zum Beispiel unsere Beziehungen und der Erhalt unserer Gesundheit wichtiger als das schicke Auto und die Fernreise?

Die Frage „Wie können wir in Einklang mit unseren Mitmenschen und mit der Natur als unserer Lebensgrundlage leben?“ stellt sich plötzlich mit großem Nachdruck.

Diese Fragen hängen eng zusammen mit unserem Wirtschaftssystem, in dem Geld eine absolut zentrale Rolle spielt. Geld regiert die Welt. Das hören viele nicht gerne, doch das müssen wir akzeptieren, solange wir in diesem System leben. Ich bin nach intensiver Auseinandersetzung mit der Frage nach dem bestmöglichen Wirtschaftssystem inzwischen der festen Überzeugung, dass Kapitalismus, freie Marktwirtschaft und Demokratie kombiniert mit der ethisch-moralischen Verantwortung des Einzelnen die beste Möglichkeit für uns darstellt, um in Wohlstand zu leben, aber nicht zwangsläufig in einer Ellenbogengesellschaft.

Mit folgender Grundidee für den Umgang mit Geld: Wenn wir die Eigenverantwortung des Einzelnen betonen und bestärken, können wir Nutzen stiften, indem wir Menschen dienen und helfen. Dann können wir mit unserer Arbeit einen wertvollen Beitrag leisten und darauf achten, dass dieser auch honoriert wird. So generieren wir ein gutes Einkommen. Das entstehende Vermögen nutzen wir nicht ausschließlich für uns selbst und ein zunehmend sinnerfülltes Leben, sondern spenden einen festen Prozentsatz für gute Zwecke. Dieser Anteil kann durch das Wachstum des Nettoeinkommens und des Vermögens von Monat zu Monat größer werden. So halte ich es.

Mein stetig wachsender Geldstrom hilft seit vielen Jahren unzähligen bedürftigen Menschen. Über viel Geld zu verfügen ist ein Weg, soziale und ökologische Verantwortung zu übernehmen. Wir können für kranke Kinder, für Bildungszwecke oder für Naturschutzprojekte spenden. Es gibt unzählige Möglichkeiten, etwas zu geben, und es macht glücklich. Ein kluger Umgang mit Steuern ist innerhalb des Umgangs mit Geld ein wichtiger Baustein. Die passende Umsetzung der persönlichen Steuersituation kann einen bedeutenden Beitrag zur Entwicklung des eigenen Vermögens leisten und ist Thema dieses Buches.

Ein weiterer Baustein ist das Investieren in Sachwerte, zum Beispiel in Aktien. Ein wiederum weiterer Baustein ist die Systematisierung der Einnahmen und Ausgaben und des Vermögensaufbaus mit dem Töpfesystem, das ich vermittle und das auch Nadine in diesem Buch vorstellt.

Wir kümmern uns zu wenig um unsere Finanzen. Die meisten geben die Verantwortung an ihre Bank oder ihren Finanzberater oder Steuerberater ab, ohne selbst gut informiert zu sein. Damit verpassen viele Menschen gute Möglichkeiten, ihr Einkommen und Vermögen zu vergrößern und dieses für ihre finanzielle Freiheit und für gute Zwecke einzusetzen.

Die Botschaft, die ich Nadines Buch voranstellen will, lautet deshalb: Jeder kann in unserem Finanz- und Steuersystem seinen eigenen Weg finden, der zu ihm oder ihr passt. Und dabei gibt es – wie eigentlich immer beim Thema Geld und Finanzen – mehr Möglichkeiten als man auf den ersten Blick denkt. Auch bei den Steuern. Wir sollten deshalb Eigenverantwortung übernehmen für das Steuern-Zahlen – anstatt einfach nur widerwillig die notwendigen Unterlagen beim Steuerberater abzugeben. Dazu brauchen wir einige Schritte, bei denen dieses Buch hilft. Sie führen für viele wohl aus der Komfortzone heraus, sind aber notwendig, um sich nicht mehr als Opfer des Steuersystems zu fühlen.

Der erste Schritt: Wir müssen unsere Vorbehalte und unsere Ablehnung, ja Widerstände, gegenüber der Beschäftigung mit den Steuern ablegen. „Wieder die blöde Steuererklärung…“ Fast jeder rollt mit den Augen, ist genervt. Doch wir leben nun mal in einem Land, in dem hohe Steuern gezahlt werden. Das sollten wir akzeptieren und es hat auch seine Gründe. Wenn wir ständig hadern, sind wir nicht frei, das Steuersystem zu verstehen. Es lohnt sich, die Scheuklappen abzusetzen.

Der zweite Schritt: Finde den für dich richtigen Steuerberater. Ich kann Nadine Abraham als Steuerberaterin aus vollem Herzen durch meine eigene Erfahrung mit ihr empfehlen.

Auch andere Steuerberater kannst du an ihrer Offenheit gegenüber den Vorschlägen in diesem Buch messen. Stelle Fragen, bitte andere um Empfehlungen, recherchiere, vergleiche. Das lohnt sich, denn die Zusammenarbeit mit dem Steuerberater ist meist sehr langfristig.

Der dritte Schritt: Wir müssen das Steuersystem verstehen und dann ein persönlich passendes Modell für uns finden und umsetzen.

Das wiederum hängt davon ab, in welcher persönlichen Lebenssituation wir sind und dementsprechend in welcher Rolle wir welche Steuern zahlen: als Vermieter, Unternehmer, Kapitalanleger, Geschäftsführer oder Angestellter. Du findest die Grundlagen zu diesen Überlegungen auf den folgenden Buchseiten.

Ich kenne und schätze Nadine als hochkompetente Steuerberaterin, die seit vielen Jahren meine Unternehmen begleitet. Auch der persönliche Austausch mit ihr ist eine Bereicherung. Das empfinde ich als äußerst wertvoll, denn eine gute Beziehung auf Augenhöhe und von Sympathie und Respekt getragen gehört für mich zu guten Geschäftsbeziehungen dazu.

Nadine wiederum ist begeistertes Mitglied meiner Investmentakademie und hat mein System des Investierens gelernt und erfolgreich umgesetzt. So sind wir ständig dabei, gegenseitig voneinander zu lernen. Durch unsere Zusammenarbeit hat sich bei mir ein tiefes Verständnis der Steuermaterie entwickelt und ich habe gelernt, mich den Steuern nicht ergeben zu müssen – so habe ich es früher gesehen –, sondern heute bin ich Mitentscheider.

Nadine hat die Fähigkeit, das Thema der Steuern aus verschiedenen Perspektiven zu beleuchten, aufgrund ihrer Erfahrungen in ganz unterschiedlichen Bereichen: Erst war sie im höheren Dienst im Finanzamt tätig, anschließend in großen Unternehmensberatungen und über weitere Stationen schließlich in ihrer eigenen Kanzlei.

Wer ihr Buch liest, kann sich darauf verlassen, von einer ausgewiesenen, umfassend denkenden und vielfältig erfahrenen Expertin zu lernen.

Ich wünsche dir bei der Lektüre viele neue Erkenntnisse und eine hoffentlich zunehmende Lust, dich mit Steuern zu beschäftigen – und natürlich eine erfolgreiche Umsetzung der Strategien, die Nadine hier vorstellt.

Dein Philipp J. Müller Hamburg, im Mai 2020

Mehr Informationen auf www.pjmueller.de

Was Steuern zahlen mit Persönlichkeitsentwicklung zu tun hat

Persönlichkeitsentwicklung ist eines der zentralen Erfolgsthemen des 21. Jahrhunderts. In einer Welt, in der die globalen, zwischenmenschlichen Probleme immer größer und unüberwindbarer zu werden scheinen, rassistische Konflikte, Einteilungen in Klassengesellschaften und kriegerische Auseinandersetzungen an der Tagesordnung sind, ist die Persönlichkeitsentwicklung jedes einzelnen Menschen eine lebensnotwendige Eigenschaft. Denn nur, wenn jeder von uns sich auf allen Ebenen (mental, emotional und spirituell) weiterentwickelt, kann die Welt zu einem besseren Ort werden.

In einer Welt, die vom Kapitalismus geprägt ist, gehört finanzielle Kompetenz unweigerlich zur Persönlichkeitsentwicklung dazu. Es liegt in der Verantwortung eines jeden Menschen, seine persönlichen Antworten auf Fragen zu finden wie:

Wie kann ich Wert(e) schaffen, um wertvoll für meine Mitmenschen zu sein?

Wie kann ich den finanziellen Grundbau aufbauen, der mich durch mein Leben trägt?

Wie kann ich mein verdientes Geld auch behalten?

Spätestens hier wird das Thema Steuerkompetenz enorm wichtig, denn nicht jeder Bürger unseres Landes zahlt gleich viele Steuern. Die, die das richtige Steuerwissen haben, sind oft im Vorteil.

Nadine Abraham begleitet mich seit Jahren auf diesem steuerlichen Weg und hat mir sehr geholfen mein Mindset mit Steuerkompetenz zu erweitern, wofür ich ihr sehr dankbar bin.

Christian Bischoff

Deutschlands führender Persönlichkeits- und Mentaltrainer

Mehr Informationen auf www.christian-bischoff.com

Finanzielle Mittel für einen gesunden Lifestyle

Wusstest du, dass wir in einem Zeitalter leben, in dem mehrere Experten davon ausgehen, dass schon Menschen unter uns leben, die ein Alter von 1.000 Jahren erreichen können? Nur zur Sicherheit, damit du hier keinen Versprecher vermutest: TAUSEND JAHRE! Die Medizin wird in ein bis zwei Jahrzehnten so weit vorangeschritten sein, wie es uns heute kaum vorstellbar ist. Aber... erinnere dich: Hättest du dir vor 20 Jahren vorstellen können, wie wir heute kommunizieren und konsumieren? Beachte dabei auch, dass die Geschwindigkeit der technischen Entwicklungen nicht linear verläuft, sondern exponentiell.

Das sollte Grund genug sein, die typische Vorstellung der Alterung zu hinterfragen. Der Gedanke „Ich will gar nicht so alt werden!" ist meist unmittelbar verknüpft mit der Angst vor Leid, Abbau und Schmerz im Alter. Was aber, wenn zukünftig gigantische Rechenkapazitäten von Quantencomputern eine absolut individuelle Heilkunst ermöglicht, die den herkömmlichen Alterungsprozess mittels individueller Medizin drastisch ausbremst? Jung bleiben beim Älterwerden wird in Zukunft aber tendenziell eher denen zugänglich sein, die genügend Ressourcen in die Zukunft tragen. Dabei spielen die zwei großen „G" eine ganz entscheidende Rolle: Gesundheit und Geld.

Wer sich schon jetzt mit einem grundsätzlich gesunden Lifestyle proaktiv um seine Gesundheit kümmert, wird eher mit klarem Verstand und einem weniger gealterten Körper die Zeit der Zukunftsmedizin erreichen. Das wird von Vorteil sein. Sicherlich wird es aber auch Geld brauchen, um von diesen Fortschritten zu profitieren. Wer die finanziellen Mittel hat, spielt dann wortwörtlich „das Spiel des Lebens".

Geld und Gesundheit werden in der heutigen Gesellschaft oft gegeneinander ausgespielt: Wer hart arbeitet macht das oft auf Kosten der Gesundheit. Gemäß dem Motto: In der ersten Hälfte des Lebens ruinieren wir unsere Gesundheit, um viel Geld zu verdienen, welches wir dann in der zweiten Hälfte wieder in unsere Gesundheit reinvestieren müssen.

Auf der anderen Seite gilt aber auch: Wer ein tiefenentspanntes Leben zu Gunsten der Gesundheit führt, verdient meist erheblich weniger Geld.

Es gilt, einen guten Mittelweg zu finden: Auf der einen Seite braucht es gesunde Gewohnheiten, die uns keine Aufmerksamkeit bzw. Willenskraft kosten. Auf der anderen Seite eine Arbeit, die gutes Geld verdient.

Nur... dort wartet schon die nächste Herausforderung: Wer hart arbeitet und gutes Geld verdient, zahlt meist (zu) viele Steuern, obwohl es völlig legale, hervorragende Möglichkeiten gibt, faire Steuern zu zahlen, ohne unnötig zu viel abgeben zu müssen, für das hart gearbeitet wurde. Deutschland hat ein hochkomplexes Steuersystem mit ständigen Veränderungen. Hier braucht es einen Profi, der mit klarem Kopf den Überblick behält und komplex denken kann, dabei äußerst kompetent und vertrauenswürdig sein sollte.

Durch einen sehr wohlhabenden Freund kam ich in Kontakt mit Nadine Abraham, die aufgrund ihrer sehr guten bildlichen Darstellung großartiger Möglichkeiten sofort mein Vertrauen gewann. Mein bisher unübersichtliches Firmenkonstrukt wurde durch sie auf feste Beine gestellt und steueroptimiert. So bleibt am Ende mehr Netto vom Brutto, um die Basis zu schaffen, meiner Familie und mir ein Finanzfundament zu bauen, das auch über viele Jahrzehnte stabil bleibt. Und dieser Weg steht dir ebenfalls offen! Denn: Bei allen Möglichkeiten, die uns die Medizin bietet, um den Jahren mehr Leben, aber auch dem Leben mehr gesunde Jahre zu geben, sollten wir immer daran denken: Wer jung bleibt beim älter werden braucht auch viel länger Geld.

Deshalb: Kümmere dich JETZT um deine Gesundheit UND um deine Finanzen. Nutze dazu das Wissen erfahrener Profis.

Bleib gesund. Aber mach auch was dafür.

Patric Heizmann

Ernährungs- & Fitness-Coach, Unternehmer

Mehr Informationen auf www.patric-heizmann.de

Über mich

Seit mehr als 15 Jahren beschäftige ich mich mit dem Steuerrecht. Daher kenne ich es genauso lange und vielleicht sogar noch besser als meinen Mann. Und wie ihm, konnte ich mich auch dem Steuerrecht aus ganz unterschiedlichen Blickwinkeln nähern.

Der Einstieg gelang mir 2003 mit einem dualen Studium beim Finanzamt. Drei Jahre lang studierte ich ausschließlich die bestehenden Steuergesetze; aber aus Sicht und mit Interpretation der Finanzverwaltung. Nebenbei lernte ich verschiedene Aspekte des Fiskus kennen. Dazu gehörten einerseits das Denken und die Arbeitsweise, andererseits der Umgang mit Beratern, Steuerpflichtigen und mit der Umwelt allgemein. Schnell war für mich klar: Bis an mein Lebensende werde ich hier wohl nicht bleiben. Und so wechselte ich nach Abschluss des Studiums auf die – so sagen es meine Kollegen – „dunkle Seite der Macht".

Bei Ernst & Young bekam ich einen anderen Zugang zum Steuerrecht. Anfangs tat ich mich unheimlich schwer, mein Finanzamtsdenken abzulegen.

Ich freute mich regelrecht, wenn ich Gewinne höher darstellen musste als zunächst angegeben. Nach mehreren Jahren harter Arbeit an meiner mentalen Einstellung, einem Masterstudium und einer Beraterprüfung durfte ich mich 2011 tatsächlich Steuerberaterin nennen. Aber auch die Arbeit bei Ernst & Young erfüllte mich nicht.

Und dann hatte ich großes Glück, denn 2012 begegnete mir ein großartiger Mensch, mit dem zusammen ich kurz darauf eine Steuerkanzlei in Neuss eröffnete. Endlich war es so weit, dass ich Steuerstrategien für den Normalbürger umsetzen konnte. Ende November telefonierten wir das erste Mal an einem Freitagabend, Samstagnachmittag trafen wir uns in Frankfurt und keine 24 Stunden später stand bereits fest, dass wir zusammenarbeiten würden. Diese Spontanität gefiel mir richtig gut, genau wie seine Aussage „Ich bin Unternehmer, ich unternehme etwas."

Unsere Kooperation lief bald erster Klasse und ich lernte, das Thema Steuern außerhalb von Finanzamt und Konzern neu zu sehen. Ich fühlte mich endlich beruflich angekommen.

Und obwohl sich unsere Wege inzwischen wieder getrennt haben, freut es mich weiterhin jeden Tag, wie mein Team und ich unseren Mandanten helfen.

Oft beschränkt sich das nicht auf steuerliche Fragen, sondern gleichzeitig bin ich auch immer wieder Coach und offenes Ohr für die alltäglichen Probleme. Gerade diese Vielfalt liebe ich an meinem Beruf. Kann ich für jeden Steuern optimieren? Ja, das denke ich doch. Und kann jeder seine Steuern selbst optimieren? Auch daran würde ich nicht zweifeln; aber ich bin ebenfalls überzeugt davon, dass viele Menschen an ihren inneren Einstellungen arbeiten müssen, um den vollen Nutzen einer Steueroptimierung zu erfahren.

Daher spreche ich auch über mentale Grundlagen, um diese Strategien optimal anzuwenden, weil das beste Drehbuch wenig nützt, wenn man sich nicht an die Spielregeln hält. Das musste ich in meiner Tätigkeit als Steueroptimiererin immer wieder erfahren. Das Buch richtet sich an alle, die bereit sind, sich ein gewisses, steuerliches Basiswissen anzueignen. Einige Teile dürften für alle Leser interessant sein, andere behandeln spezielle Gestaltungen für Arbeitnehmer, Unternehmer, Vermieter oder generell für Kapitalanleger. Wenn eine Passage derzeit nicht entscheidend für Dich ist, kannst Du sie einfach überspringen.

Dabei ist es mir sehr wichtig, nur legale Gestaltungen vorzuschlagen und auch einen Bogen um das Ausland zu machen. Als ehemalige Finanzbeamtin und auch als Bewohnerin dieses Landes liegt mir am Herzen, dass hier in der Bundesrepublik jeder seine Steuern zahlt. Wir haben eine prächtige Infrastruktur, ein stabiles, politisches Umfeld und dazu braucht es nun einmal Steuern. Allerdings solltest Du, nach meinem Verständnis, wirklich nur das bezahlen, was tatsächlich notwendig ist. Und in diesem Buch wirst Du erfahren, wie das funktioniert.

Zum Beispiel habe ich festgestellt, dass viele Steuerzahler gar nicht wissen, was sie im Laufe eines Monats überhaupt an den Fiskus überweisen. Erst, wenn Du das überblickst, kannst Du auch Maßnahmen ergreifen, um Deine Steuerlast zu reduzieren. Weil ich in diesem Buch einen detaillierten Einblick in mein fachkundiges Wissen gebe, arbeiten wir sehr eng miteinander zusammen. Deshalb erscheint es mir nur logisch, wenn wir uns duzen.

Noch ein allgemeiner Hinweis: Sämtliche Erläuterungen beruhen auf dem Rechtsstand zur Zeit der Manuskripterstellung. Das Steuerrecht wandelt sich schnell und Freibeträge, Freigrenzen oder sonstige Zahlen ändern sich fast jedes Jahr. Daher findest Du auf unserer Internetseite ein PDF-Dokument mit den jeweils aktuellen Beträgen.

Auch werde ich öfter in dem Buch auf unsere sonstigen Angebote verweisen, die sich mit einer bestimmten Thematik intensiver auseinandersetzen. Damit kannst Du Dir dann ein umfassenderes Verständnis schaffen. Des Weiteren gehen wir interaktiv vor. Am Ende vieler Kapitel steht eine Hausaufgabe für Dich, um das Gehörte besser zu verankern.

Im Buch wird dir bei einer solchen Aufgabe jedes Mal Fudo Fuchs, unser Maskottchen der Akademie für steuerliche Intelligenz, begegnen. Und jetzt viel Spaß beim Lesen. Du wirst merken, dass Steuern, entgegen der allgemeinen Auffassung, ein sehr spannendes Feld eröffnen.

Viele Grüße

Deine Nadine Neuss, im Juni 2017

Über das Buch und mehr

Die letzten Jahre sind wie im Flug vergangen, und auch bei mir hat sich einiges getan. Mittlerweile ist mein Sohn in die Schule gekommen – dem stand ich am Anfang etwas skeptisch gegenüber, da ich weiß, dass ich in der Schule nicht viel gelernt habe, was mich als Unternehmerin unterstützt hat. Außer in den ersten Schuljahren. Lesen, Schreiben und Rechnen ist schon wichtig. Und da befinden wir uns jetzt gerade. Von daher konnte ich meine anfänglichen Bedenken schon etwas revidieren.

Beruflich habe ich viele Menschen kennengelernt, die genauso denken und ticken wie ich. Ich habe mit Partnern, die ich sehr wertschätze und die dasselbe Mindset wie ich haben, weitere Steuerberatungskanzleien gegründet, um einfach noch mehr Menschen die Regeln des Steuerspieles näher zu bringen. Des Weiteren kommen jedes Jahr mehr Teilnehmer zu unserem 3-Tages-Intensiv-Seminar, welches sich zu dem Erfolgsseminar in Deutschland für Selbstständige, Freiberufler sowie kleine und mittelständische Unternehmen entwickelt hat. Und die Community wächst jeden Tag – wobei die meisten mit diesem Buch starten.

Ich freue mich sehr, dass mein Buch bereits in den letzten Jahren vielen Menschen die Augen geöffnet hat, wie „unachtsam" sie bis dato mit dem Thema Steuern, also mit ihrem eigenen Geld, umgegangen sind. Viele Leser haben mir geschrieben, dass sie direkt Maßnahmen ergriffen haben, um etwas gegen ihre hohe Steuerlast zu tun und sind so auf einem guten Weg, schneller in die finanzielle Freiheit zu kommen. Dieses Buch ist auch Dein erster Schritt in Richtung finanzieller Freiheit unter Berücksichtigung des entscheidenden Erfolgsfaktors jedes Vermögensaufbaus – Deine persönlichen und unternehmerischen Steuern.

In meiner Betrachtungsweise, wie gesagt immer ausgehend vom steuerlichen Standpunkt aus, hast Du mit dem Kauf und dem Lesen dieses Buches die Tür zum Reich der steuerlichen Möglichkeiten geöffnet. Was hinter dieser Tür noch auf Dich wartet, dazu später.

Das Buch wird Dich darauf vorbereiten, die nächsten Schritte auf dem Weg in die finanzielle Freiheit ohne Stolpersteine gehen zu können und es wird Dir einen Ausblick geben über das, was alles möglich ist.

Und glaube mir, das, was wirklich möglich und auch nachhaltig transformierbar in die wirkliche Welt ist, ist eine ganze Menge.

Nach dem Lesen dieses Buches wirst Du viel klarer sehen; es werden sich aber genauso weitere, tiefergehende Fragen auftun. Vor allem wenn Du vorhast in die Umsetzung, also in die Anwendung des hier Beschriebenen zu gehen, brauchst Du weitergehende, praxiserprobte und nachhaltig erfolgreiche Methoden, Strategie und Informationen. Und vor allem den Austausch mit wirklichen Experten in dem Bereich Steuern. Dies alles bilden wir bereits seit Jahren über unser 3-Tages-Intensiv-Seminar ab. Um die Qualität dieser Veranstaltung zu garantieren führen wir dieses 3-Tages-Seminar in kleinen Gruppen durch. Nur durch kleine Gruppen können wir den Austausch über dieses sensible Thema „Steuern“, was auch immer sehr eng mit dem Thema „Finanzen“ verbunden ist, gewährleisten. Die gemeinsamen Diskussionen der Teilnehmer untereinander und mit den Dozenten, die gleichzeitig Unternehmer und Steuerberater sind, in diesem Seminar mit Workshopcharakter, sind einer der Erfolgsfaktoren.

Wir haben dieses Seminar so entwickelt, dass wir jeden dort abholen, wo er gerade „steht“. Es ist für alle unternehmerisch tätigen Menschen geeignet. Also für alle Selbstständigen, Freiberufler, Handwerksbetriebe, „Spezialgruppen“ wie Ärzte, Architekten, Rechtsanwälte und für kleine und mittelständische Unternehmen, sowie für Angestellte mit Nebeneinkünften, z. B. aus Kapitaleinkünften und Immobilien.

Egal, ob Du gerade dein Geschäft gestartet hast oder bereits über Jahre bzw. Jahrzehnte erfolgreich unternehmerisch tätig bist. Egal, ob Du noch sehr jung bist, ob der Vermögensaufbau für Dich eher im Vordergrund steht und/oder der Schutz des bereits Erreichten. Egal, ob Du über den Verkauf oder den Generationswechsel Deines Unternehmens nachdenkst.

Für alle Menschen, die ernsthaft und nachhaltig finanziell frei sein möchten, ist dieses 3-Tages-Intensiv-Seminar genau das richtige, um dann auch in die Umsetzung zu kommen. Sehr häufig geben mir Leser des Buches und Hörer des Hörbuches folgendes Feedback: zum einen hätten sie sich gewünscht, das Buch bereits vor Jahren gelesen zu haben und zum anderen, dass sie erst nach Besuch unseres Seminars die Bedeutung des gesamten, hier im Buch beschriebenen Prozesses, verstanden haben.

Auf unserer Internetseite findest Du die weiteren Informationen und aktuellen Termine zum 3-Tages-Intensiv-Seminar.

Und jetzt wünsche ich Dir viel Erfolg und auch Spaß beim Lesen meines etwas anderen Steuerbuches. Wenn Du langweilige Formulierungen und Zitate aus Steuergesetzen erwartest, muss ich Dich leider enttäuschen. Ich verwende bildhafte Sprachen und viele Beispiele, damit Du die Tragweite des Ganzen auch voll und ganz aufnehmen kannst. Neben kleineren redaktionellen Änderungen habe ich in der dritten Buchauflage den Text auf den Rechtsstand 2020 mit Ausblick auf 2021 angepasst. Dieses Buch bezieht sich daher auf den Rechtsstand 2020 und wird jährlich aktualisiert.

Abschließen möchte ich hier mit einer Anekdote:

„Heinz Rühmann suchte eines Tages das für ihn zuständige Finanzamt auf. Die Beamten erkannten ihn natürlich sofort und waren rührend um ihn besorgt. Der Leiter der Einkommensteuerabteilung fragte den Schauspieler ob er ihm helfen könne.

„Nein, vielen Dank!“ antwortete Rühmann. „Ich wollte nur einmal die Leute persönlich kennenlernen, für die ich arbeite.“

In diesem Sinne, wünsche ich Dir, dass Du und Dein Geld ab jetzt für Dich arbeiten.

Alles Liebe

Deine Nadine — Neuss, im Mai 2020

Finanzielle Freiheit

In aller Munde

Vor kurzem habe ich ein Motivationsseminar besucht, bei dem alle Teilnehmer ihre wichtigsten Ziele aufzeigen sollten. Für mich wenig überraschend beschrieb jeder Dritte es als seinen wichtigsten Vorsatz, die finanzielle Freiheit zu erlangen. Diese Priorität passt in unsere Zeit, heutzutage möchte fast jeder finanziell frei sein. Doch wieso ist das so?

Meiner Meinung nach liegt diese Schwerpunktsetzung vor allem daran, dass sich die Interessen unserer Gesellschaft ändern und verschieben. Früher galt eine feste und gut bezahlte Anstellung als erstrebenswert, um sich teure Statussymbole leisten zu können. Heutzutage ist es dagegen wichtiger, sein Leben zu genießen und die Zeit sinnvoll zu verbringen. Niemand will am Ende seines Lebens bereuen, irgendetwas versäumt zu haben.

Daneben spielt auch das Thema Sicherheit eine entscheidende Rolle beim Wunsch nach finanzieller Freiheit. Auch hier hat sich die Gesellschaft gewandelt. Meine Eltern haben sich zu Beginn Ihres Berufslebens nicht nur für einen Beruf entschieden, sondern auch für einen Arbeitgeber bis zur Rente. Solch langfristige Anstellungen gibt es heute kaum mehr und es ist normal, den Arbeitgeber mehrmals im Leben zu wechseln. Und insgeheim zweifelt jeder, ob die versprochene Rente wirklich sicher ist. Das alles führt zum Wunsch, sich selbstständig abzusichern und nicht mehr auf den Arbeitgeber oder die finanzielle Lage des Landes angewiesen zu sein.

Tausende von Büchern – allen voran „Denke nach und werde reich“ von Napoleon Hill sowie „Rich Dad, poor Dad“ von Robert Kiyosaki – drehen sich um dieses Thema: Wie kann jedermann reich oder sogar finanziell frei werden? Auch ich halte finanzielle Freiheit für ein wichtiges Gut und unterstütze jeden, der sie anstrebt, soweit es in meiner Möglichkeit liegt. Als Steuerberaterin habe ich naturgemäß viel mit Geld zu tun und sehe, wo es herkommt und wo es hinfließt. Folgende Frage liegt also nahe: Wie kann ich einen möglichst großen Teil meines Verdienstes tatsächlich behalten und damit der finanziellen Freiheit näherkommen?

Bevor ich diese Frage beantworte, möchte ich mein Verständnis der finanziellen Freiheit erläutern und den Weg dorthin skizzieren. Aus meiner Sicht bedeutet finanzielle Freiheit, genug Einnahmen zu generieren, ohne den Großteil der Zeit aktiv arbeiten zu müssen und die laufenden Kosten des Lebens mit den notwendigen Annehmlichkeiten trotzdem bezahlen zu können.

Der Weg zur finanziellen Freiheit beginnt meiner Erfahrung nach mit der Erkenntnis, dass das schnelle Geld nicht existiert. Um wirklich finanziell frei zu werden, musst Du finanziell intelligent werden und das Know-how der verschiedenen Teilbereiche, aus denen sich die finanzielle Intelligenz zusammensetzt, aufbauen und einsetzen.

Aus meiner Sicht bildet finanzielle Intelligenz die Schnittmenge aus einem unternehmerischen, einem persönlichen, einem strategischen sowie in einem steuerlichen Bereich. Wie gut bist Du in diesen Bereichen aufgestellt?

Für eine Antwort auf diese Frage braucht es keine langwierigen Tests, ein Blick auf Deinen Kontostand genügt. Dieser spiegelt im Regelfall Deine finanzielle Intelligenz wieder. Denn er ist Ausdruck Deines Verhaltens in Bezug auf Geld in den letzten Jahren und Jahrzehnten. Dein Konto zeigt, was Du aus Deinem Verdienst gemacht hast und wie Du gelebt hast.

Schauen wir uns die einzelnen Punkte einmal genauer an. In den folgenden Kapiteln erläutere ich, was ich unter den vier genannten Facetten von Intelligenz verstehe und warum sie unbedingt erforderlich sind, um finanziell frei zu werden.

Abbildung 1: Dimensionen finanzieller Intelligenz

Steuerliche Intelligenz

Vermutlich dürfte den wenigsten Lesern das Thema steuerliche Intelligenz als erstes einfallen, wenn es um Wege in die finanzielle Freiheit geht. Doch ganz unabhängig von meinem Beruf ist sie notwendig. Dies gilt ganz einfach deshalb, weil Steuern einen großen Ausgabenposten, wenn nicht sogar den größten Ausgabeposten, eines jeden, sogenannten Steuersubjektes darstellen. Steuersubjekte sind Menschen genauso wie Firmen oder andere Körperschaften.

Um das Ausmaß der Steuerlast zu verdeutlichen, schauen wir uns zunächst die Ein- und Ausgaben eines Arbeitnehmers mit einem Brutto-Arbeitslohn von 2.500 Euro an.

Tabelle 1: Einnahmen und Ausgaben eines Haushalts

Einnahmen und Ausgaben	EUR	darin enthaltene Steuern und Abgaben
Brutto-Arbeitslohn	2.500,00 €	
Lohnsteuer	- 333,20 €	333,20 €
Sozialversicherung	- 519,38 €	519,38 €
Netto-Arbeitslohn	**1.647,42 €**	
Nahrungsmittel	- 196,00 €	12,82 €
Kleidung	- 65,00 €	10,38 €
Miete und Nebenkosten	- 612,00 €	59,60 €
Innenausstattung, Haushaltsgeräte	- 67,00 €	10,70 €
Gesundheitspflege	- 64,00 €	10,22 €
Verkehr	- 181,00 €	133,15 €
Nachrichtenübermittlung	- 49,00 €	7,82 €
Freizeit	- 162,00 €	25,87 €
Bildungswesen	- 9,00 €	0,59 €
Beherbergung und Gaststätte	- 78,00 €	5,10 €
sonstiges	- 68,00 €	10,86 €
	96,42 €	**1.139,69 €** [1]

Zum einen wird er mit Einkommensteuer und Sozialversicherungsabgaben belegt, so dass von seinem Bruttoarbeitslohn nur ein Teil auf seinem Konto landet. Damit nicht genug, auf vielen seiner Ausgaben lasten weitere Steuern – etwa Umsatzsteuer, Mineralölsteuer, Versicherungssteuer oder eventuell die Tabaksteuer. Wer alle Belastungen zusammenzählt, kommt auf Steuern und Abgaben von mehr als 1.000 Euro. Am Ende des Monats bleibt von den 2.500 Euro brutto nicht mehr viel übrig, was der genannte Arbeitnehmer sparen kann. Die Tabelle zeigt die detaillierte Rechnung anhand der durchschnittlichen Ausgaben eines Haushalts.

Beachtliche 1.139,68 Euro oder knapp 46 Prozent des Bruttolohns wandern also an den Fiskus und andere Institutionen.

[1] Stand 2017

Dieser Anteil muss jedoch nicht unbedingt so hoch bleiben und steuerliche Intelligenz hilft dabei, den Kostenfaktor „Steuern und Abgaben“ in den Griff zu bekommen.

Die Beschreibung der Möglichkeiten, die sich einem Steuerpflichtigen bieten, bildet den Kern dieses Buches. Es soll einige grundlegende Spielregeln des Steuersystems in Deutschland vermitteln, die Dich dabei unterstützen, finanziell frei werden zu können. Dabei möchte ich nochmals betonen, dass selbstverständlich jeder Steuern zahlen muss. Dafür leben wir in diesem großartigen Land und profitieren von einem stabilen, wirtschaftlichen und politischen Umfeld. Das muss jedoch nicht heißen, auf alle Gestaltungsmöglichkeiten zu verzichten. Denn viele Menschen hierzulande wissen nicht, dass sich durch das Befolgen einfacher Regeln bereits Steuern sparen lassen. Ziel des Buches ist es, Dir diese Regeln vor Augen zu führen.

Unternehmerische Intelligenz

Unter unternehmerischer Intelligenz verstehe ich die Fähigkeit, sich selbst und sein Unternehmen oder seinen Haushalt so effizient wie möglich nach vorne zu bringen. Am einfachsten gelingt diese Aufgabe natürlich durch Steigerung der Einnahmen. Aber Du solltest auch die Senkung der Kosten nicht vernachlässigen. Schließlich soll unter dem Strich möglichst viel der zuvor erzielten Einnahmen übrig bleiben. Ganz explizit möchte ich betonen, dass sich unternehmerische Intelligenz keineswegs auf Unternehmer und ihre Firmen beschränkt. Auch für Angestellte spielen unternehmerische Fähigkeiten eine wichtige Rolle, um die eigenen Finanzen optimal gestalten zu können; schließlich lässt jeder Privathaushalt als Unternehmen betrachten. Wer im Umgang mit Geld einige Grundregeln befolgt, wird leichter vorankommen.

Zunächst einmal geht es darum, einen Überblick über die eigenen Finanzen zu gewinnen. Dazu musst Du einerseits überblicken können, welche Einnahmequellen bereits vorhanden sind, welche sich gegebenenfalls ausbauen lassen oder welche neu dazu kommen können.

Andererseits musst Du Deine Kosten analysieren: Was ist notwendig, was lässt sich als Luxus bezeichnen? Wo kannst Du streichen oder wo musst Du es sogar tun?

Denn erfahrungsgemäß finden sich etliche Posten, die keinen Nutzen erbringen. Bekanntes Beispiel sind jahrelang nicht wahrgenommene Mitgliedschaften im Fitness-Center. Ist dieser Überblick vorhanden, kannst Du die Potenziale Deines Geldes besser nutzen. Auf dieser Grundlage kannst Du zum Beispiel entscheiden, worin Du investieren möchtest – sinnvoll ist es etwa, Geld in eine Ausbildung in Dein eigenes Know-how zu stecken, in ein Unternehmen oder in Anlageprodukte, mit denen sich Kapitalzuwächse generieren lassen.

Bei Angestellten gestalten sich die entsprechenden Tricks und Kniffe vergleichsweise unkompliziert, sie müssen sich „nur" um ihre privaten Kosten kümmern; Unternehmer dagegen sollten mehr tun und auch die betrieblichen Aufwendungen betrachten. Allerdings verfügen Unternehmer über deutlich mehr steuerliche Gestaltungsmöglichkeiten, mit denen sich die Anstrengungen versüßen lassen. Neben den Strategien zur steuerlichen Intelligenz enthält dieses Buch daher auch unterschiedliche Strategien, die die unternehmerische Intelligenz erhöhen.

Persönliche Intelligenz

Die dritte Voraussetzung der finanziellen Freiheit stellt für mich die persönliche Intelligenz dar. Allerdings verstehe ich darunter vielleicht etwas anderes als die Allgemeinheit. Für mich umfasst die persönliche Intelligenz vor allem die Einstellungen eines Menschen in Bezug auf das eigene Selbst. Ganz konkret lässt sich dieser Bereich am besten in Form von Fragen klären: Kennst Du Deinen Wert für Dich selbst, für Deine Umwelt und Dein soziales Netzwerk? Und fällt dieser Wert in allen Bereichen positiv aus? Für mich persönlich gehört dazu auch die Frage nach dem sozialen Engagement sowie nach der Fähigkeit, die genannten Werte ganz praktisch im eigenen Umfeld zu leben. Dabei habe ich eine wichtige Erfahrung gemacht: Passt die eigene Einstellung nicht zum Thema Geld, wirst Du höchstwahrscheinlich nie reich oder finanziell frei. Die Schwierigkeiten fangen häufig schon auf sprachlicher Ebene an.

Wer Glaubenssätze wie „ich bin zwar nicht reich, aber wenigstens ehrlich“ oder „Geld ist für das Leid in der Welt verantwortlich“ verkündet oder verinnerlicht hat, verfügt meist über ein bestimmtes Programm im Unterbewusstsein.

Dieses verhindert in der Regel, tatsächlich reich zu werden. Aus diesem Grund möchte ich eine sehr einfache Empfehlung abgeben:

Achte immer darauf, wie Du über Geld sprichst. Sind es für dich „Kröten“, also etwas Ekliges, oder beschreibst Du dein Geld als „Asche“ und damit als etwas, was verbrannt ist? Wer Geld als Kohle beschreibt, merkt oftmals zwar die kurzfristige Wärme, am Ende des Monats bleibt jedoch nicht mehr viel Asche übrig. Wer so spricht, verdeutlicht damit oftmals unbewusst das eigene Handeln und derartige Beschreibungen spiegeln möglicherweise die innere Einstellung zum Geld wider. Deshalb solltest Du Dich selbst fragen, welche Wörter Du nutzt, wenn Du über Geld sprichst!

Angesichts des zwiespältigen Bildes der Gesellschaft vom Geld kommt es mir zunächst darauf an, dass Geld den Charakter nicht verdirbt. Es ist ein neutrales Hilfsmittel, um in komplexeren Gesellschaften Güter und Dienstleistungen austauschen zu können und nur wer in einer überschaubaren Gemeinschaft lebt und alle Bedürfnisse per Tauschhandel stillen kann, braucht es nicht. Hierzulande eröffnet Geld den Zugang zu allen überlebenswichtigen Gütern und es verschafft Dir zudem die Möglichkeit, nach Deinen Werten zu handeln und Deinen Charakter zu zeigen. Um es einfach auszudrücken: Wer sein Geld dazu nutzt, um Gutes zu tun, kann mit mehr Geld noch mehr Gutes tun. Wer sich dagegen nur bereichern will, findet mit mehr Geld auch mehr Möglichkeiten, das eigene Umfeld auszubeuten. Persönliche Intelligenz heißt für mich daher ganz klar, Geld im positiven Sinne zu nutzen und auch der eigenen Umwelt zu dienen.

In diesem Zusammenhang halte ich auch die Einstellung zum Thema Steuern für eine wichtige Komponente der persönlichen Intelligenz und damit auch der finanziellen Freiheit.

So habe ich viele Unternehmer mit wenig hilfreichen Glaubenssätzen kennengelernt: „Wenn ich viel verdiene, muss ich der Steuer wegen auch viel ausgeben“ oder „ich kann nicht erfolgreicher werden, der Staat bekommt sowieso alles.“ Wer in derartigen Kategorien denkt, beschränkt sich selbst in seinem Handeln. Er errichtet eine unterbewusste Schranke und hindert sich zum Beispiel selbst daran, Alternativen in Erwägung zu ziehen. Im Endeffekt führen derartige Denkmuster dazu, nie wirklich finanziell frei zu werden.

An Deiner Einstellung kannst Du am besten mit einem persönlichen Trainer oder Coach arbeiten. Auf einen Profi zurückzugreifen, ergibt vor allem deshalb Sinn, weil oftmals unbewusste mentale Blockaden vorhanden sind. Diesen Rat gebe ich vor allem deshalb, weil ich selbst sehr gute Erfahrung mit Trainern oder Coaches gemacht habe. Sie haben mir dabei geholfen, innere Widerstände aufzudecken und damit aufzulösen. Ganz oft gelang dies bereits mit Hilfe einfacher Techniken und auch ich konnte danach voll durchstarten.

Gerade in Bezug auf Steuergestaltungen und bei der Begleitung von unseren Mandanten auf dem Weg in die finanzielle Freiheit habe ich immer wieder festgestellt, dass es an den eigenen Glaubenssätzen scheitert. Ich hatte anfangs erwähnt, dass ein Steuerberater meistens sämtliche persönlichen Umstände seiner Mandanten aus erster Hand erfährt. Gerade mit diesem Vertrauensbeweis kommt es auch oft vor, dass ich als Steuerberater manchmal auch das Gefühl hatte, die Funktion eines Therapeuten einzunehmen. Da ich in diesem Bereich etwas unsicher war, habe ich diverse Schulungen und Fortbildungen hierzu gemacht, um unseren Mandanten noch besser zur Seite stehen zu können. Dieses Wissen – gerade in Bezug auf Geldblockaden und Glaubenssätze rund um die Finanzen – behandeln wir in einem unserer Seminare wo es genau um dieses Thema geht. Auf unserer Internetseite findest du die weiteren Informationen und aktuellen Termine zu diesem Spezial-Seminar.

Strategische Intelligenz

Den vierten und letzten Bestandteil meines Konzepts der finanziellen Freiheit bildet die strategische Intelligenz. Mit ihrer Hilfe gelingt es, aus der Vielzahl der bestehenden Investitionsmöglichkeiten die passenden auszuwählen. Dabei gibt es kein Patentrezept und jeder muss ganz individuell entscheiden, was mit dem gesparten Geld passiert – also auch mit den gesparten Steuern. Die individuelle Situation und die persönliche Lebensplanung bestimmen in der Regel, ob die Wahl beispielsweise auf Immobilien, Festgeld oder Wertpapiere fällt. Wichtig ist in jedem Fall, dass eine solche Investition Früchte trägt. Denn selbstverständlich hängt das Erreichen der finanziellen Freiheit davon ab, ob und wie stark sich das Eigentum vermehrt.

Diese strategische Intelligenz kannst Du dir entweder selbst aneignen – nach dem trial-and-error-Prinzip – oder Du besuchst Seminare, die die nötigen Kenntnisse aus diesem Bereich vermitteln. Der Sinn derartiger Seminare besteht nicht nur darin, den optimalen Weg zum Ziel aufzuzeigen. Vielmehr veranschaulichen sie vor allem, welche Fehler die möglichen Erfolge zunichtemachen können. Wer zum Beispiel eine Immobilie ohne die nötigen Kenntnisse bewertet oder renoviert, verliert mindestens Nerven. Meist jedoch führt fehlendes Know-how zu einem Minus in der Gesamtrechnung. In anderen Bereichen ist ein solches Vorgehen selbstverständlich. So darf beispielsweise niemand ohne Führerschein hinters Steuer. Und in der Fahrschule geht es zum Großteil nicht nur darum, bessere Fahrer aus den Fahrschülern zu machen, sondern sie selbst und ihr Umfeld vor Schaden zu schützen.

Wie wir Dich unterstützen

Wenn ich in diesem Buch von „dem Selbstständigen“ bzw. „dem Unternehmer“ spreche, meine ich erst einmal grundsätzlich alle unternehmerisch handelnden Menschen, ob sie selbstständig, gewerblich oder angestellt sind. Grundsätzlich kann Jeder Steuern sparen. Angestellte haben es etwas schwieriger, weil sie nicht alleine darüber entscheiden können, aber dazu später mehr. Wichtig ist nur, dass Du als Angestellter auch anfängst dich als Unternehmer zu sehen.

Der Hebel „Steuer“ ist riesig und vielfach ungenutzt. Und daher meine Frage an dich: Wie ernst ist Dir Dein Vorhaben, finanziell frei zu werden? Und bist Du bereit, Dich tief in Deine Finanzen und die Deines Unternehmens „einzugraben“, um den Hebel Steuern für Dich nutzbar zu machen?

Während Du gerade dieses Buch liest, hast Du die Tür zum Reich der steuerlichen Möglichkeiten geöffnet – herzlichen Glückwunsch. Du hast eine der wichtigsten unternehmerischen Entscheidungen getroffen. Denn Steuern betreffen einen großen Teil deines Geldes – wie Du bestimmt schon festgestellt hast, als du den letzten Steuerbescheid oder die letzte Lohnabrechnung gesehen hast. Ich bewundere Deinen Schritt sehr, da mir die Anstrengung bewusst ist, die dies für die meisten Menschen bedeutet.

Für die meisten Menschen ist schon alleine das Wort „Steuern“ so unsexy, dass sich die Nackenhaare sträuben. Daher mein Versprechen nochmal an dieser Stelle, ich verzichte auf Paragraphen und komplizierte, verschachtelte Erklärungen. Ich halte mich an den Leitfaden: einfach, verständlich und bildhaft erklärt. Und vielleicht ein bisschen Reframing: Wie sexy ist es, 25% Steuern zu sparen? Denn nicht die Unwissenheit schützt vor dem Steuern zahlen; sondern die Kenntnis der Steuergesetze und wie diese positiv für Dich wirken können.

Wenn Du dieses Buch aufmerksam gelesen hast, wirst Du Dir im ersten Moment zwei Fragen stellen. Zum einen wirst Du Dich fragen, wenn Du schon länger im Geschäftsleben aktiv bist, „Warum hat mir das niemand vorher bereits gesagt?“. Zum anderen wirst Du Dir die Frage stellen, wie Du endlich Klarheit im Bereich Deiner Steuern erlangen und einen grünen Haken daran machen kannst. Die Antwort ist sehr einfach. Nach dem ersten Schritt kannst Du Dich entscheiden auch weitere Türen im Reich der steuerlichen Möglichkeiten zu öffnen. Stehen zu bleiben, ist keine Option. Wenn Du weiter gehst, zeigen wir Dir, wie Du **zweistellige Renditen pro Jahr vor Steuern** erzielst.

Wenn Du Dich als Unternehmer siehst, und wie ich bereits erwähnte, ist für mich ist jeder Unternehmer, der sich selbst um seine Finanzen kümmert, lege ich Dir unser 3-Tages-Intensiv-Seminar sehr ans Herz.

Hier zeigen wir Dir die Spielregeln, die Du als Unternehmer kennen musst, um das Steuerspiel zu gewinnen. Wir erarbeiten gemeinsam eine Steuerstruktur, die Dich an dein langfristiges Ziel führt – die finanzielle Freiheit. Gleichzeitig lernst Du die Grundregeln, um Gewissheit zu haben, wann Du etwas tust, was steuerliche Konsequenzen hervorruft. Das ist nach meiner Erfahrung, die größte Schwierigkeit im Steuerrecht und auch für mich als Steuerberater. Wenn der Mandant etwas tut, ohne zu wissen, was er gerade steuerlich gemacht hat. Dann bleibt mir als Steuerberater nur die Möglichkeit Feuerwehr zu spielen.

Ich hatte beispielsweise einen Mandanten, der mir zufällig in einem Nebensatz beim Jahresabschlussgespräch mitteilte, dass er eine Immobilie erworben hat. Das an sich war nicht das Problem. Dass er sie umfangreich sanierte und dann an seine GmbH vermieten wollte, war steuerlich gesehen aber mit erheblichen Nachteilen verbunden.

In einem Hauruckverfahren und nach mehreren Notarverträgen später, konnte ich dieses drohende Unheil gerade noch abwenden. Es hat den Mandanten aber wesentlich mehr Geld gekostet, als wenn er vorher einmal angerufen hätte. Und das ist nur eines von vielen Beispielen. Ich glaube, dass ist auch der Grund, warum ich auf die Ideen mit den Seminaren gekommen bin. Ich bin einfach zu alt für diesen Stress.

Mit dem Wissen aus dem 3-Tages-Intensiv-Seminar kann sowas nicht passieren. Auch erhältst du Wissen, wie du deine laufenden Einkünfte besser gestaltest, um weniger Steuern zu zahlen – und wie Du Deine Struktur zum Vermögensaufbau nutzen kannst. Ich möchte Dir hier von ein paar Beispielen aus unseren Seminaren erzählen:

Petra, 35 Jahre, kommt aus Heidelberg und betreibt seit einigen Jahren einen größeren Friseursalon. Durch die sehr gute Lage in der Innenstadt sind ihre Umsätze und auch Gewinne kontinuierlich gestiegen, sodass sie bereits seit längerem im Einkommensteuerspitzensatz als Einzelunternehmerin wirtschaften muss. Des Weiteren sind ihre Erfahrungen mit den Prüfern vom Finanzamt sowie die Unterstützung bei solchen Prüfungen durch ihren damaligen Steuerberater leider extrem negativ.

Nach dem Seminar, bei welchem wir auch über die Beziehung zum Finanzamt und zum Steuerberater sprechen und hier wertvolle Tipps mit an die Hand geben, hat sic für sich Klarheit geschaffen. Innerhalb von kürzester Zeit hat sie sich von ihrem hohen Steuersatz getrennt und durch die Unterstützung eines unserer Netzwerkpartner, einem Steuerberater der AHB Steuerberatungsgruppe, ihre optimale Steuerstrategie umgesetzt.

Timo, 28, ist Softwareentwickler und seit seinem Studium als Informatiker tätig. Neben der eigentlichen Entwicklungsarbeit hat er sich auch als Berater in diesem Bereich bereits einen Namen gemacht. Dementsprechend hat er bei wenigen Kosten (noch nicht verheiratet, keine Kinder, wohnt zur Miete) ein sehr hohes Einkommen und auch den dazu passenden hohen Steuersatz. Da Timo seinen Vermögensaufbau aktiv gestalten will, u. a. durch Investitionen in Aktien, Optionen und ETF und den Kauf von Immobilien, um selbst entscheiden zu können, wieviel er arbeitet, hat er direkt die für ihn relevanten Möglichkeiten aus dem Seminar in die Tat umgesetzt.

Dieter, 52, hat sich über die letzten 25 Jahre ein erfolgreich agierendes Maschinenbauunternehmen aufgebaut. Mit mehr als 40 Mitarbeitern und einem zweitstelligen Umsatz ist die Frage nach steuerlicher optimaler Aufstellung seiner bereits vorhandenen Firmenstruktur alltäglich. Leider hat er sich bisher nicht die Zeit nehmen können, Klarheit zu schaffen. Bereits im Seminar entwickelte sich eine genaue Steuerstrategie für ihn heraus, die er wörtlich „vor seinem geistigen Auge“ sehen kann. Nur wenige Tage nach dem 3-Tages-Intensiv-Seminar schritt er zur Tat, kontaktierte einen unserer Netzwerkpartner und plante mit diesem die Umsetzung seiner Steuerstruktur. Heraus kam eine optimale und auch herausfordernde Konstellation in die Dieter gerade richtig gut „reinwächst“.

Matthias, 45, aus München ist Ingenieur. Er hatte vor zwei Jahren sein Einzelunternehmen in eine GmbH umgewandelt. Er hatte viel über Holdingstrukturen gelesen und hat auch eine Holding gegründet, ohne seine operative GmbH mit der Holding in eine sinnvolle steuerliche Verbindung bringen zu können.

Zu allem Überfluss hat er einen Geschäftspartner kurze Zeit nach der Einbringung des Einzelunternehmens in die GmbH aufgenommen - was zu einer nicht unwesentlichen Steuerzahlung führte. Dazu kam noch, dass beide, er und sein Partner, negative Erfahrungen mit steuerlichen Beratungen gemacht hatten und hier – wie sie sagten – „viel Geld liegen gelassen haben". Nach dem Seminar hatte Matthias genau die Informationen und Methoden an die Hand bekommen, um zusammen mit seinem Geschäftspartner die richtigen Entscheidungen treffen zu können. Das Ergebnis ist eine optimale Firmenstruktur, mit der beide ihren eignen Vermögensaufbau angehen können.

Wenn Du also nachhaltiges, steuerliches Grundwissen für Dich und Dein Unternehmen aufbauen möchtest, um einfach viel schneller finanziell frei zu sein, dann freue ich mich Dich auf einem der Seminare persönlich kennen zu lernen.

Und natürlich haben wir auch durch unser Netzwerk die Möglichkeit Dir kompetente und ganzheitlich arbeitende Steuerberater aus der AHB Steuerberatungsgruppe zu nennen, welche Deine Steuerstrategie aufsetzen und etablieren können und Dich dann im operativen Alltag gerne erfolgreich begleiten. Mehr dazu findest du auf unserer Internetseite.

<u>Und merke</u>: Wenn Du Dir eigenständig Trainer suchen möchtest, solltest Du eine Grundregel beherzigen: Wähle immer einen Mentor, der das, was er Dir beibringen soll, auch selbst macht. Ich würde auch nicht von einem Nichtschwimmer schwimmen lernen wollen.

Abbildung 2: Die Schlüssel zu den Türen der Steuerwelt

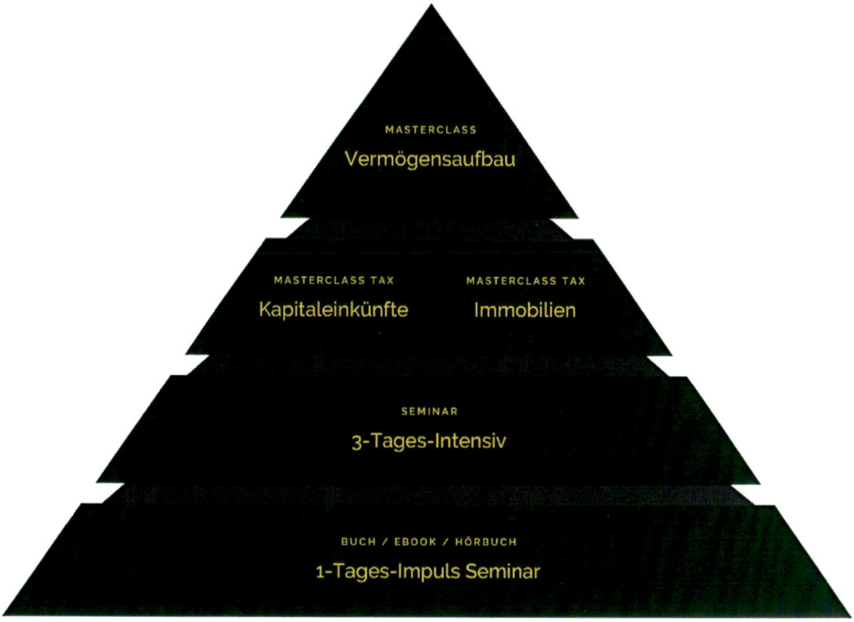

Hausaufgabe: Wo stehst Du?

Nun kennst Du die vier Bereiche, die aus meiner Sicht darüber entscheiden, ob Du die finanzielle Freiheit erlangst. Sie basiert auf der Anwendung dieses Wissens. Vor diesem Hintergrund solltest Du Dir nun die zentrale Frage stellen: wo stehst Du? Um Dir die eigene Situation plastisch vor Augen zu führen, kannst Du einfach die Schnittmenge dieser Bereiche grafisch darstellen. Trage dazu bitte im nachfolgenden Achsenkreuz Deine Position ein; die 10 steht dabei für maximale Intelligenz und die 0 für einen weißen Fleck. Verbinde die vier Punkte kreisförmig und markiere dann die Fläche zwischen den Achsen. Ergebnis ist eine geometrische Figur, meist wahrscheinlich in Form eines Eis. Dieses Ei verkörpert den Stand Deiner gegenwärtigen, finanziellen Intelligenz.

Abbildung 3: Dein aktueller Stand

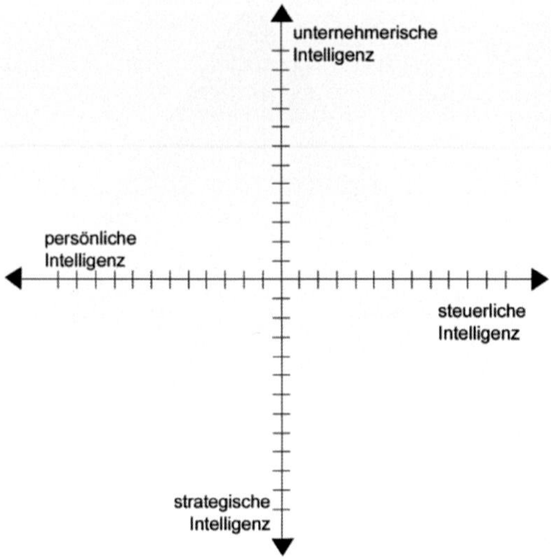

Diese kleine Zeichenübung zeigt sehr deutlich, dass die größte Fläche immer dann entsteht, wenn in allen Bereichen das Wissen gleich verteilt ist. Dann ist Dein Wissen im wahrsten Sinne des Wortes eine runde Sache und Du kannst auf diesem Rad des Wissens gut in Richtung finanzielle Freiheit rollen. Verfügst Du dagegen in einem Bereich über sehr viel Wissen, in einem anderen Teil jedoch über keines, läuft das Rad noch nicht rund und der weitere Weg dürfte kaum zu schaffen sein. Es ist wie in der Schule: Selbst wer fast überall „sehr gut" steht, aber in einem Hauptfach ein „ungenügend" bekommt, wird nicht in die nächste Klasse versetzt.

Stell Dir zur Verdeutlichung bitte eine Person vor, die an ihren Einstellungen gearbeitet und sich viel Wissen zu Steuern und Strategien angeeignet hat, jedoch im unternehmerischen Bereich kein Wissen besitzt. Sehr häufig wird in einem solchen Unternehmen nichts übrig bleiben. Sei es, weil die Vermarktung der Ideen nicht funktioniert oder weil die Kosten aus dem Ruder laufen. Es entsteht eventuell sogar ein Verlust. Auch kann diese Person keine Steuern sparen, schließlich bezahlt sie mangels Gewinn gar keine. Fehlt das Wissen im unternehmerischen Bereich, ist das hohe Niveau im Steuerbereich überflüssig.

Abbildung 4: Unausgewogene, finanzielle Intelligenz

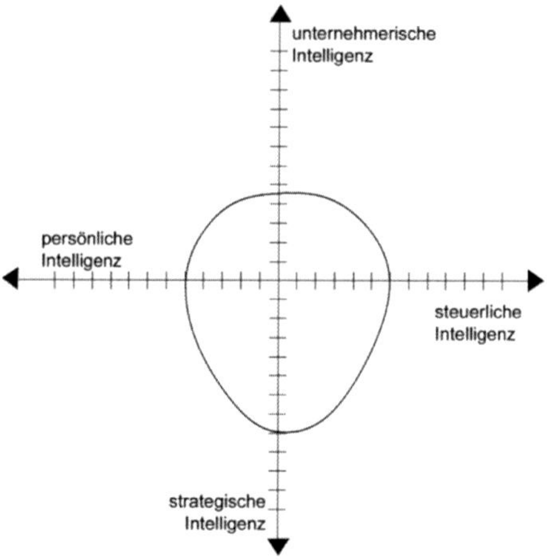

Die dargestellte Person wird aufgrund ihres einseitigen Wissenstandes nie die finanzielle Freiheit erlangen können. Ihr Rad läuft nicht rund und dieses Beispiel zeigt zudem sehr gut, dass man zwar auf einem Bein stehen kann, aber kaum vorwärts kommt.

Selbstverständlich treten die genannten Probleme auch mit einer anders gearteten Unwucht auf. Wer beispielsweise viel unternehmerisches Wissen aufgebaut hat, aber seine Kohle ohnehin verglühen sieht, gibt das verdiente Geld häufig für Konsumzwecke oder zur Befriedigung kurzfristiger Bedürfnisse aus. Auch in diesen Fällen bleibt der Erfolgt meist aus. Das gilt auch, weil derartiges Denken oftmals dazu führt, steuerliches Wissen zu vernachlässigen und auf Strategien zu verzichten. Wie hoch auch immer die Gewinne dann ausfallen: wer nicht in den anderen Intelligenzbereichen Wissen erwirbt, wird bis zum Umfallen in seinem Unternehmen arbeiten. Das Rad der finanziellen Intelligenz läuft nicht rund und die finanzielle Freiheit lässt sich auf diese Weise nicht aufbauen. Ein solches Vorgehen nenne ich Operation Hinkelstein, die folgende Grafik zeigt auch warum.

Abbildung 5: Einseitige Intelligenz

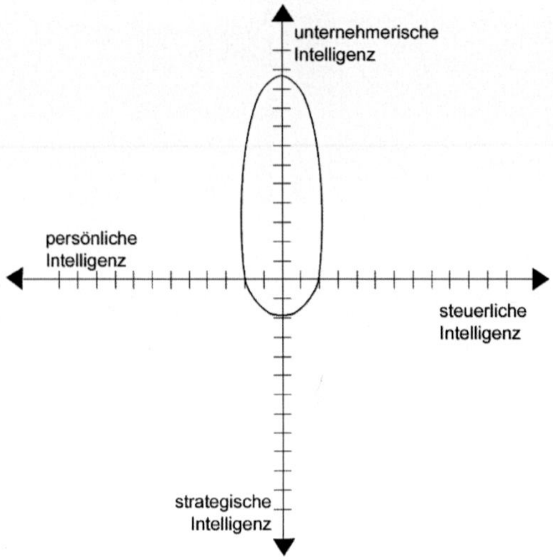

So kommt es also darauf an, die eigene Intelligenz in allen vier Bereichen so weit wie möglich zu steigern. Das klappt sicher nicht von heute auf morgen und der nötige Lernprozess verlangt zudem eine ganze Menge Disziplin und Zielstrebigkeit. Wer jedoch konsequent lernt und dort, wo es erforderlich ist, auf fremde Hilfe zurückgreift, wird spürbare Fortschritte erzielen. Meiner Erfahrung nach lohnt es sich, schrittweise vorzugehen. Daher heißt meine klare Empfehlung: Wachse lieber in gleichmäßigen Kreisen, anstatt so herumzueiern, wie die gezeigten Grafiken darstellen.

Abbildung 6: Ausgewogene, finanzielle Intelligenz

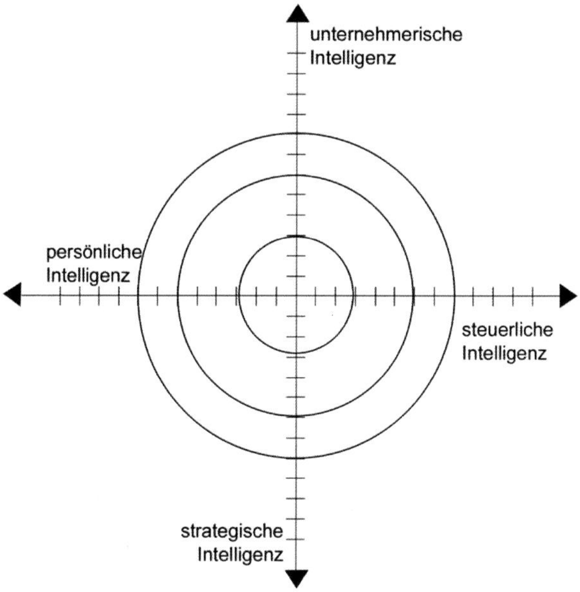

In den letzten Abschnitten ging es um die vier Arten von Intelligenz, die meiner Ansicht nach eine Grundvoraussetzung bilden, um finanziell frei zu werden. Als Steuerberaterin liegt mir die steuerliche Intelligenz naturgemäß am nächsten. Deshalb betrachte ich den Weg zur finanziellen Freiheit vor allem durch die steuerliche Brille. So erschien es mir nur logisch, das Buch am Thema Steuern aufzuhängen.

Dabei kommen unternehmerische, strategische sowie persönliche Aspekte immer wieder zur Sprache und ich habe stets darauf geachtet, das beschriebene Rad so rund wie möglich zu gestalten. Um einen stringenten Aufbau des Buchs zu gewährleisten, tauchen die unterschiedlichen Komponenten auf dem Weg zur finanziellen Freiheit immer im Zusammenhang mit ihren steuerlichen Implikationen auf.

Grundlagen der steuerlichen Intelligenz

Das Einkommensteuersystem in Deutschland

Um steuerliche Intelligenz aufbauen zu können, benötigst Du im ersten Schritt ein paar steuerliche Grundkenntnisse. Vor allem solltest Du wissen, wie die unterschiedlichen Einkommensarten in Deutschland besteuert werden. Unser sogenanntes Ertragsteuersystem – also die Besteuerung der produktiven Tätigkeit – steht auf zwei Beinen. Zum einen gibt es die Einkommensteuer für Einzelunternehmen, Arbeitnehmer, Freiberufler, Vermieter und Rentner; zum anderen die Körperschaftsteuer für Kapitalgesellschaften.

Zunächst zum Thema Einkommensteuer: Diese wirkt sich vor allem für Geringverdiener vorteilhaft aus. Aufgrund von Grundfreibeträgen, die der Fiskus jedes Jahr leicht anhebt, zahlen Ledige bis zu einer Einkommenshöhe von rund 10.000 Euro keine Steuern; zusammenveranlagte Steuerpflichtige können damit rund 20.000 Euro steuerfrei vereinnahmen. Wer kaum etwas verdient, wird also vom Staat verschont. Liegt das Einkommen jedoch über dieser Grenze, greift der Fiskus zu. Da die Einkommensteuer eine progressive Steuer ist, steigt nicht nur der absolute Betrag, den Du in Form von Steuern zahlen musst, sondern auch der relative. Auf gut deutsch: je mehr Du verdienst, desto mehr – prozentual gesehen – musst Du an Steuern zahlen. Ab einem zu versteuernden Einkommen von rund 57.000 Euro giltst Du sogar bereits als Großverdiener und unterliegst einem Grenzsteuersatz von 42 Prozent zuzüglich Solidaritätszuschlag. Wer kirchlich gebunden ist, zahlt darüber hinaus Kirchensteuer. Kommen obendrein gewerbliche Einkünfte hinzu, wird auch noch die Gewerbesteuer fällig. Diese kannst Du immerhin zu einem gewissen Teil auf die Einkommensteuer anrechnen.

Unterschied zwischen Durchschnitts- und Grenzsteuersatz

Vielen Steuerzahlern ist die Unterscheidung zwischen Durchschnittsteuersatz und Grenzsteuersatz nicht bewusst. Daher möchte ich diese zwei Begriffe hier noch einmal kurz erläutern: Bist Du ein sogenannter Vielverdiener, musst Du den Grenzsteuersatz von 42 Prozent nicht auf deine gesamten Einkünfte zahlen. Auch Vielverdiener kommen in den Genuss der Grundfreibeträge, so dass der Durchschnittsteuersatz geringer ist als der Grenzsteuersatz. Der Durchschnittsteuersatz berechnet sich wie folgt:

$$\frac{\text{Steuer}}{\text{zu versteuerndes Einkommen}} = \text{Durchschnittssteuersatz}$$

Ein Beispiel: Laut Steuertabelle von 2020 beträgt der Durchschnittsteuersatz (ohne Solidaritätszuschlag und Kirchensteuer) bei einem Einkommen von 60.000 Euro für einen Alleinstehenden zirka 27 Prozent. Die Progression sorgt also für die goldene Mitte zwischen den Steuersatz von 0 Prozent für die ersten 10.000 Euro und der hohen Belastung von 42 Prozent ab der Grenze von 57.000 Euro.

Demgegenüber steht der Grenzsteuersatz. Dieser gibt an, mit welchem Steuersatz jeder weitere Euro besteuert wird, der zu Deinem bisherigen Einkommen hinzukommt. Das bedeutet: Beziehst Du ein zu versteuerndes Einkommen von 60.000 Euro und erhältst eine Gehaltserhöhung von 6.000 Euro im Jahr, unterliegen diese zusätzlichen Einnahmen einer Einkommensteuerbelastung in Höhe von 42 Prozent zzgl. Solidaritätszuschlag. Von dieser Erhöhung gehen also 2.658,60 Euro an den Fiskus. Leider endet die Belastung damit noch längst nicht, die Beiträge zur Sozialversicherung kommen hinzu.

Der durchschnittliche Einkommensteuersatz sowie der Grenzsteuersatz in Abhängigkeit vom Einkommen entwickeln sich in etwa wie folgt:

Abbildung 7: Einkommensteuerbelastung

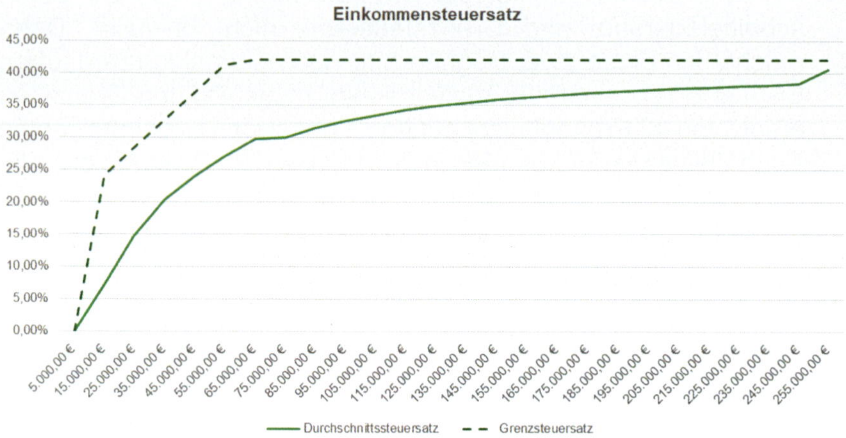

Was in der oben geschilderten Rechnung dramatisch klingt, hat auch einen positiven Effekt: Im Umkehrschluss kannst Du ganz besonders davon profitieren, wenn Du etwas aus der Spitze deines Einkommensteuerbereiches „wegnimmst". Gelingt dies, sparst Du 42 Prozent Einkommensteuer von jedem Euro und minderst dadurch zudem den Durchschnittsteuersatz. Aber einen Schritt nach dem anderen. Um diesen Vorteil nutzen zu können, musst Du die Einkommensteuersysteme für die verschiedenen Einkommensarten verstehen und auf Deine persönliche Situation anwenden. Bei dieser Aufgabe kommt jedoch die steuerliche Intelligenz ins Spiel, auf den ersten Blick bieten sich vielen Arbeitnehmern kaum Gestaltungsmöglichkeiten. Zum Glück gilt dies allerdings nur auf den ersten Blick.

Das Einkommensteuersystem für Arbeitnehmer

Bei Arbeitnehmern wird die Einkommensteuer bereits unterjährig in Form von Lohnsteuer einbehalten. Diesen Ablauf hat der Staat sehr geschickt gewählt, denn der Arbeitnehmer erhält nur das Nettogehalt auf sein Konto und zahlt seine Steuern nicht bewusst. Wer die Differenz zwischen Brutto und Netto jedoch genauer betrachtet, dem steigen oftmals Tränen in die Augen.

Tabelle 2: De facto-Nettolöhne

Steuerklasse 1					
Netto	LSt + Soli + Soz.Vers.	Brutto	AG-Anteil	Mein Wert für den AG	Netto zu meinem Wert
804,25 €	195,75 €	1.000,00 €	193,85 €	1.193,85 €	67,37%
1.140,96 €	359,04 €	1.500,00 €	290,78 €	1.790,78 €	63,71%
1.423,53 €	576,47 €	2.000,00 €	387,70 €	2.387,70 €	59,62%
1.706,44 €	793,56 €	2.500,00 €	484,63 €	2.984,63 €	57,17%
1.980,04 €	1.019,96 €	3.000,00 €	581,55 €	3.581,55 €	55,28%
2.244,12 €	1.255,88 €	3.500,00 €	678,48 €	4.178,48 €	53,71%
2.498,91 €	1.501,09 €	4.000,00 €	775,40 €	4.775,40 €	52,33%
2.744,18 €	1.755,82 €	4.500,00 €	872,23 €	5.372,23 €	51,08%
2.997,17 €	2.002,83 €	5.000,00 €	941,67 €	5.941,67 €	50,44%
Steuerklasse 3					
Netto	LSt + Soli + Soz.Vers.	Brutto	AG-Anteil	Mein Wert für den AG	Netto zu meinem Wert
804,25 €	195,75 €	1.000,00 €	193,85 €	1.193,85 €	67,37%
1.206,37 €	293,63 €	1.500,00 €	290,78 €	1.790,78 €	67,37%
1.608,50 €	391,50 €	2.000,00 €	387,70 €	2.387,70 €	67,37%
1.943,62 €	556,38 €	2.500,00 €	484,63 €	2.984,63 €	65,12%
2.249,16 €	750,84 €	3.000,00 €	581,55 €	3.581,55 €	62,80%
2.534,24 €	965,76 €	3.500,00 €	678,48 €	4.178,48 €	60,65%
2.823,32 €	1.176,68 €	4.000,00 €	775,40 €	4.775,40 €	59,12%
3.107,63 €	1.392,37 €	4.500,00 €	872,23 €	5.372,23 €	57,85%
3.407,48 €	1.592,52 €	5.000,00 €	941,67 €	5.941,67 €	57,35%
Steuerklasse 5					
Netto	LSt + Soli + Soz.Vers.	Brutto	AG-Anteil	Mein Wert für den AG	Netto zu meinem Wert
699,66 €	300,34 €	1.000,00 €	193,85 €	1.193,85 €	58,61%
968,04 €	531,96 €	1.500,00 €	290,78 €	1.790,78 €	54,06%
1.174,37 €	825,63 €	2.000,00 €	387,70 €	2.387,70 €	49,18%
1.416,84 €	1.083,16 €	2.500,00 €	484,63 €	2.984,63 €	47,47%
1.640,67 €	1.359,33 €	3.000,00 €	581,55 €	3.581,55 €	45,81%
1.857,20 €	1.642,80 €	3.500,00 €	678,48 €	4.178,48 €	44,45%
2.073,74 €	1.926,26 €	4.000,00 €	775,40 €	4.775,40 €	43,43%
2.290,18 €	2.209,82 €	4.500,00 €	872,23 €	5.372,23 €	42,63%
2.522,95 €	2.477,05 €	5.000,00 €	941,67 €	5.941,67 €	42,46%

Denn neben der Lohnsteuer muss der Arbeitnehmer auch Sozialversicherungsbeiträge bezahlen, eine Art zusätzliche Zwangsabgabe. Der Arbeitnehmeranteil zur Kranken-, Pflege-, Renten- und Arbeitslosenversicherung geht automatisch vom Bruttolohn ab. All dies zeigt die monatliche Lohnabrechnung – einen großen Anteil offenbart sie jedoch nur sehr versteckt. Zu den Abzügen kommt fast noch einmal der gleiche Anteil des Arbeitgebers zur Sozialversicherung hinzu. Von den vollen Ausgaben eines Arbeitgebers für seinen Arbeitnehmer, (Bruttolohn zuzüglich Arbeitgeberanteil zur Sozialversicherung), sieht letzterer daher nur einen Bruchteil. Und je nach Steuerklasse des Arbeitnehmers, kann dieser Bruchteil deutlich unter 50 Prozent liegen. In der folgenden Tabelle habe ich für unterschiedliche Monatseinkünfte dargestellt, wie sich die komplette Rechnung für Arbeitnehmer und Arbeitgeber darstellt. Dabei kann es aufgrund unterschiedlicher Zusatzbeiträge geringfügige Änderungen an dem Nettoauszahlungsbetrag und an dem Wert für den Arbeitgeber geben. Die Kirchensteuer habe ich, der Einfachheit halber, vernachlässigt.

Fällst Du zum Beispiel unter Steuerklasse 5 und verdienst 5.000 Euro brutto pro Monat, erhältst Du mit ca. 2.520 Euro lediglich die Hälfte von deinem Bruttogehalt auf Dein Konto. Dein Arbeitgeber darf so jedoch nicht rechnen, für ihn bist Du weit mehr wert. Damit sich Dein Arbeitsplatz rechnet, musst Du mindestens ca. 5.950 Euro pro Monat erwirtschaften, denn dieser Betrag kommt durch Nettolohn, Steuern sowie Arbeitnehmer- und Arbeitgeberanteil an der Sozialversicherung zusammen. In meiner Rechnung landen daher nur 42 Prozent der Ausgaben auf Deinem Konto, die Dein Arbeitgeber für Dich aufbringen muss. Oftmals geht das Ganze sogar noch weiter: In vielen Berufen kommen zum Beispiel Pflichtversicherungen oder Beiträge zu Berufsgenossenschaften hinzu. Brutto und netto stellen sich für Arbeitgeber und Arbeitnehmer also ganz unterschiedlich dar und was jeden Monat als Lohn auf Dein Konto fließt, bildet in Wirklichkeit einen noch geringeren Anteil der Arbeitgeberausgaben, als die offizielle Rechnung glauben machen will.

Wann welche Lohnsteuerklasse zur Anwendung kommt, hängt von Deinen persönlichen Rahmenbedingungen ab. Für Ledige ist die Lohnsteuerklasse 1 maßgeblich. Bist Du verheiratet, existiert ein Wahlrecht.

Beide Ehegatten erhalten die Steuerklasse 4 und dabei tut der Fiskus so, als ob sie ledig wären. Der Steuerspareffekt lässt sich dann über die Abgabe der Einkommensteuererklärung realisieren. Der größte Vorteil entsteht, wenn ein Ehegatte viel und einer wenig verdient. Gerade in diesem Fall können die Ehegatten wählen, dass der Ehegatte mit dem höheren Einkommen die Steuerklasse 3 erhält und der Ehegatte mit dem niedrigeren Einkommen die Steuerklasse 5. Bei Steuerklasse 3 wird dann weniger Lohnsteuer einbehalten, bei Steuerklasse 5 mehr.

Das Einkommensteuersystem für Unternehmer und Vermieter

Verglichen mit Arbeitnehmern gelten andere Regeln für Unternehmer oder Vermieter – an dieser Stelle möchte ich mich zunächst auf die Selbstständigen, wie etwa Freiberufler und Gewerbetreibende beschränken. Das System für Unternehmen wie etwa für GmbHs kommt später zur Sprache. Der Unterschied zwischen Selbstständigen und Gewerbetreibenden hat das oberste Steuergericht, den Bundesfinanzhof, schon vielfach beschäftigt. Ganz grundsätzlich lässt sich sagen, dass handwerkliche Betriebe, produzierendes Gewerbe, Vermittlungen und Betriebe mit hohem Kapital- und Maschineneinsatz als Gewerbebetriebe gelten. Dagegen halten die Richter geistige Arbeit, die eine spezielle Ausbildung und einen speziellen Abschluss erfordert eher für selbstständige Arbeit. Zur entsprechenden Gruppe gehören etwa Rechtsanwälte, Künstler, Ärzte oder Steuerberater.

Selbstständige, Gewerbebetriebe und auch Vermieter unterliegen der oben dargestellten Einkommensteuer. Sie müssen aber keine Sozialversicherungsabgaben wie die gesetzliche Kranken-, Pflege-, Arbeitslosen- und Rentenversicherung zahlen. Stattdessen müssen sie sich selbst um eine entsprechende Absicherung kümmern.

Bei Gewerbetreibenden kommt neben der Einkommensteuer auch noch die Gewerbesteuer hinzu. Die Gewerbesteuer ist abhängig vom Ort des Unternehmens. Jede Gemeinde darf den Steuersatz der Gewerbesteuer selbst bestimmen.

Größere Städte haben meist einen höheren Gewerbesteuersatz als kleinere Orte. Die Gewerbesteuer wird zum Großteil auf die Einkommensteuer angerechnet.

Wenn der Gewerbesteuersatz 13,3 Prozent beträgt, ergibt sich keinerlei Mehrbelastung. Bist Du jedoch an einem Ort ansässig, der einen höheren Gewerbesteuersatz hat, ist dies eine zusätzliche Steuerbelastung. In München beispielsweise beträgt die Gewerbesteuer derzeit 17,15 Prozent. Somit sind 3,85 Prozentpunkte der Gewerbesteuer bei einem Münchener Gewerbebetrieb als zusätzliche Kosten zu sehen.

Bei selbständigen oder gewerblichen Unternehmern und Vermietern kommt es nicht zum automatischen Abzug ihrer Steuern und Abgaben. Stattdessen müssen sie vierteljährliche Vorauszahlungen auf das zu erwartende Einkommen zahlen. Dabei nimmt der Fiskus meist die Steuerschuld des Vorjahres als Grundlage und schätzt das Einkommen des nächsten Jahres auf dieser Basis – das Finanzamt geht von mindestens gleichbleibenden Gewinnen aus. Der Steuerpflichtige besitzt jedoch Einflussmöglichkeiten. Wer im Laufe des Jahres erkennt, dass seine Überschüsse sehr viel höher oder niedriger ausfallen werden, kann seine Vorauszahlungen anpassen lassen. Ist das bei Dir der Fall, solltest Du dem Finanzamt tatsächlich Bescheid geben und meine Empfehlung lautet, möglichst realistische Werte vorauszuzahlen. Denn hohe steuerliche Nachzahlungen bringen Unternehmer oder auch Vermieter sehr häufig in finanzielle Schwierigkeiten. Andererseits fühlen sich hohe Erstattungen für viele Unternehmer oder Vermieter zwar wie Weihnachten an, jedoch können sie unterjährig nicht mit dem Geld arbeiten.

Problematisch ist die Praxis der Vorauszahlungen aufgrund vorheriger Gewinne im Fall vieler Neugründungen. So zahlen diese im ersten Jahr kaum Steuern voraus, da der Existenzgründer bei der Anmeldung den Gewinn möglichst niedrig geschätzt hat, um seine Liquidität zu schonen. Häufig versäumen es dann die Gründer, Rücklagen für ihre Steuern zu bilden. Klar, das Geld soll vor allem dazu dienen, das Unternehmen aufzubauen. Geht die Steuererklärung für das erste Jahr am Ende des zweiten Jahres beim Finanzamt ein, setzt dieses die Nachzahlung für Jahr eins und Vorauszahlungen für Jahr zwei fest. Meist fordert der Fiskus zudem noch die erste Quartalsrate für Jahr drei.

Fast auf einen Schlag wird eine große Summe fällig und diese Forderung trieb schon manch einen Existenzgründer in den Ruin.

Es ist daher sehr wichtig, schon zu Beginn der unternehmerischen Tätigkeit an Rücklagen für die Steuern zu denken. Wie Du das im konkreten Fall umsetzen kannst, erfährst Du in späteren Kapiteln.

Das Einkommensteuersystem für Kapitalanleger

Auch die Einkünfte von Kapitalanlagen besteuert der deutsche Fiskus, allerdings unterscheidet sich die Systematik deutlich von der bereits erläuterten Progression bei Arbeitseinkünften und bei den unternehmerischen sowie Vermietungseinkünften. So profitieren Kapitalerträge vor allem von der Besteuerung mit dem relativ niedrigen Abgeltungssteuersatz von 25 Prozent – egal, wie hoch die Erträge ausfallen. Dieser Vorteil wird jedoch durch ein paar Nachteile teilweise wieder geschmälert. Wie die Besteuerung mit der Kapitalertragsteuer funktioniert, erläutere ich in Kapitel **Steueroptimierung für Investoren in Kapitalvermögen** genauer.

Neben dem vergleichsweise niedrigen Steuersatz bieten Kapitalerträge zudem etwas mehr Freiheit als Arbeitseinkünfte – vorausgesetzt, Du investierst über eine ausländische Bank in Aktien oder Kapitalanlageprodukte. In diesem Fall bist Du selbst dazu verpflichtet, Deine Steuern an das Finanzamt zu zahlen. Im Rahmen der Einkommensteuererklärung musst Du diese Kapitalerträge erklären und das Finanzamt erhebt die Abgeltungsteuer im Rahmen der Veranlagung nach. Wenn es sich um signifikante Beträge handelt, kann es auch sein, dass Vorauszahlungen festgesetzt werden. Befindet sich Dein Konto oder Depot dagegen bei einer Bank mit Sitz in Deutschland, wird Dir die Arbeit der Zahlung der Einkommensteuer abgenommen. Einkommen aus Kapitalvermögen unterliegt der Abgeltungsteuer und deutsche Banken sind verpflichtet, diese von den Kapitalerträgen direkt einzubehalten und an das Finanzamt abzuführen.

Hausaufgabe

Vor dem Hintergrund der verschiedenen Einkommensarten und ihrer Besteuerung solltest Du Dir nun einen ersten Eindruck von

Deiner derzeitigen Situation verschaffen und bereits einige Gedanken darüber anstellen, welche Gestaltungsmöglichkeiten sich bieten könnten. Dazu solltest Du Dir zunächst vor Augen führen, in welchen Bereichen Du derzeit Einkommen generierst, wie viel Steuern und Sozialabgaben Du insgesamt zahlst und wie die Verteilung auf die einzelnen Einkünfte aussieht. Die folgende Tabelle soll dabei helfen.

Tabelle 3: Deine Steuer- und Abgabenlast

	Einkommen	Einkommensteuer	Gewerbesteuer	Sozialabgaben
Einkünfte aus Gewerbebetrieb				
Einkünfte als Arbeitnehmer				
Einkünfte aus selbständiger Arbeit				
Einkünfte aus Kapitalvermögen				
Einkünfte aus Vermietung				
sonstige Einkünfte				
Summe der Einkünfte				

Wie bekomme ich meine Finanzen in den Griff?

Wie Du Deine Finanzen meisterst

Ein wichtiger Schritt auf dem Weg zu Deiner finanziellen Freiheit heißt, Deine Steuerlast zu optimieren. Dies lässt sich jedoch nur bewerkstelligen, wenn Du Deine Finanzen im Griff hast. Mit anderen Worten: Du musst Meister über Finanzen, Liquidität und Planung sein. Erst wenn Du Einnahmen und Ausgaben optimal gestaltest, kannst Du aktiv Steuern sparen.

***Merksatz:* Nur wer Meister über seine Finanzen ist, kann Steuern sparen!**

Abbildung 8: Der Meister der Finanzen

Doch was ist unter einem Meister seiner Finanzen zu verstehen? Für mich trifft diese Bezeichnung auf einen Menschen zu, der sämtliche Zahlungen im Blick hat, keine Rechnung aus den Augen verliert und den kein Steuerbescheid in den finanziellen Ruin treibt. Er kennt seinen Bedarf sowie seine Lebenshaltungskosten ganz genau und er hat damit angefangen, sich ein Rücklagenpolster aufzubauen. Damit sind übrigens nicht die Rücklagen für zukünftige Steuern gemeint, sondern Geld für die sprichwörtlichen schlechten Zeiten. Ein wahrer Meister seiner Finanzen sortiert zudem die Belege von Ein- und Ausgaben systematisch, anstatt sie in einem Schuhkarton aufzubewahren.

Mein Merksatz: Wie ich mit Belegen umgehe, spiegelt auch mein Interesse am Geld allgemein und an meinem Unternehmen wider. Dabei ist es gar nicht schwer, zu einem Meister der Finanzen zu werden.

Der erste Schritt besteht darin, in verschiedenen Konten zu denken. Dieser Trick erlaubt es, planvoll und gezielt mit seinem Geld umzugehen. Unterschiedliche Konten schaffen zudem psychologische und ganz konkrete Rahmenbedingungen für den Umgang mit seinen Finanzen.

Das Kontensystem für Arbeitnehmer

Die meisten Arbeitnehmer, Unternehmer oder Vermieter besitzen ein einziges Bankkonto. Darüber laufen so gut wie alle Einnahmen und Ausgaben, seien es Lohn- oder Gehaltszahlungen, Miete, Urlaube, Lebenshaltung und so weiter. Wenn es gut läuft, existiert noch ein zusätzliches Tagesgeldkonto mit immerhin spärlicher Verzinsung. Viele Menschen plündern dieses immer wieder, wenn größere Reparaturen anstehen oder wenn sie sich einen teuren Spaß gönnen möchten.

Diese Vorgehensweise birgt jedoch den großen Nachteil, dass sich Einnahmen und Ausgaben kaum nachvollziehen lassen. Noch viel weniger gestattet sie eine ehrliche Analyse darüber, was sinnvoll ist und was nicht. Deshalb bin ich mit vielen Finanzexperten der Meinung, allen voran mit meinem Finanzmentor Philipp Müller, dass eine Aufteilung der Nettoeinnahmen auf fünf verschiedene Konten sinnvoll ist: Lebenshaltungskosten, Spaß und Bildung, größere Anschaffungen, Investieren und Spenden.

Als Einstieg in die Welt der fünf Konten empfiehlt mein Finanzmentor Philipp Müller die Aufteilung nach einer einfachen Faustregel, die sich jedoch auch für mich bereits bewährt hat. Demnach sollte die Verteilung der Einnahmen in Blöcke zu 60/10/10/10/10 Prozent erfolgen. Wer die hier angegebenen Prozentsätze nicht erreicht, kann auch eine andere Verteilung wählen. Benötigst Du aufgrund geringer Einkünfte beispielsweise 80 Prozent deiner Nettoeinnahmen zur Bestreitung des Lebensunterhaltes, kannst Du auf die anderen Konten jeweils nur 5 Prozent verteilen. Auch das ist OK, mir kommt es dabei jedoch auf eine wesentliche Bedingung an: Wähle eine Verteilung, bei der Du dich anstrengen musst. Denn nur so bist Du gezwungen, Deine Ausgaben zu überdenken.

Für jeden der fünf Bereiche legst Du ein eigenes Giro- oder Tagesgeldkonto an, so dass eine Vermischung der Geldbeträge für die verschiedenen Bereiche nicht mehr möglich ist. Da viele Banken kostenlose Konten anbieten, entstehen dadurch auch kaum Zusatzkosten. Die einzelnen Konten werden wie folgt gefüllt und wieder geleert:

Abbildung 9: Das private Kontensystem

Konto 1: Leben

Konto 1 ist Dein derzeitiges Girokonto, darauf landet wie schon zuvor Dein Nettogehalt. Im Zusammenspiel mit Deinem Arbeitgeber bleibt also alles beim Alten. Doch anders als bislang fließen beispielsweise 40 Prozent davon mit Hilfe von Daueraufträgen zu Beginn des Monats auf die anderen Konten. Von den auf Konto 1 verbleibenden 60 Prozent des Nettogehaltes zahlst Du die laufenden monatlichen notwendigen Lebenshaltungskosten wie Miete, Lebensmittel, Auto, Kleidung, Versicherungen, Aufwendungen für Kinder und gewöhnliche Urlaube. Das Praktische an diesem System: Fast alle Daueraufträge und Lastschriften können unverändert bleiben, es entsteht kaum Aufwand. Wichtig ist zudem, dass Du private Kosten möglichst bar zahlst.

Auf diese Weise bekommst Du ein besseres Gefühl dafür, wie viel Geld Du tatsächlich ausgibst und Du überlegst vor jeder Ausgabe, ob dieser Kauf tatsächlich erforderlich ist. Eine genaue Beschreibung meines Konzepts des privaten Lebensbedarfs und seiner Gestaltungsmöglichkeiten folgt nach Vorstellung der Konten.

Konto 2: Spaß und Bildung

Der Faustregel gemäß sollten 10 Prozent des Nettogehalts auf Konto 2 fließen, möglichst auch auf ein Girokonto. Hier liegt das Einkommen, das Dir über die Lebenshaltung hinaus zur freien Verfügung steht. Mit diesem Geld kannst Du feiern oder ins Kino gehen, es für eine Weltreise sparen, damit richtig schick essen gehen und Dir all das leisten, was nicht unbedingt zum Leben nötig ist. Unter diese Kosten fallen zum Beispiel auch Fortbildungen, die nicht für die weitere Ausübung des Berufs erforderlich sind – also etwa das Börsen- oder Immobilienseminar.

Allerdings ist es wichtig, alle nicht lebensnotwendigen Ausgaben nur von diesem Konto zu bezahlen. Engpässe in Konto 2 mit einem Zuschuss aus Konto 1 zu füllen, solltest Du unbedingt vermeiden! Diese Einschränkung muss sein, sonst ist die Aufteilung überflüssig. Auf der anderen Seite gilt: Wer nicht auf einen teuren Spaß wie eine Weltreise spart, sollte den Topf bis zum Monatsende leeren. Denn aus meiner Erfahrung gehört es dazu, auch den Spaß auszuleben. Derartige Belohnungen wirken als psychologische Tricks und erleichtern es, die Beschränkungen der Kontenverteilung leichter zu nehmen.

Denkanstoß: Ein Urlaub in einem 5-Sterne-Hotel auf Mauritius oder ein neuer Sportwagen gehören nicht zur notwendigen Lebenshaltung und sind daher in Konto 2 richtig aufgehoben. Solange Du noch nicht finanziell unabhängig bist, sollten das Auto nie mehr als 2 Monats-Nettogehälter und der Urlaub nicht mehr als 1 Nettogehalt kosten.

Konto 3: Größere Anschaffungen

Weitere 10 Prozent des Nettogehaltes fließen auf Konto 3. Weil keine laufenden, monatlichen Überweisungen davon abgehen, solltest Du ein Tagesgeldkonto wählen. Außerdem gerätst Du damit nicht in Versuchung, das Angesparte leichtfertig für goldene Felgen oder für das zehnte Paar Schuhe auszugeben. Konto 3 dient stattdessen dazu, Rücklagen zu bilden. Damit kannst Du größere Anschaffungen tätigen, wie etwa eine Immobilie bezahlen oder zumindest anbezahlen, eine Waschmaschine kaufen oder größere Reparaturen vornehmen. Außerdem soll Konto 3 Dich davon abhalten, Kredite aufnehmen zu müssen.

Dieser Trick ist wichtig, weil die heutige Konsumgesellschaft oftmals dazu verführt, größere Anschaffungen per Kredit zu finanzieren. So werben unzählige Anbieter mit Null-Prozent-Finanzierungen oder sehr geringen Zinssätzen. Auch Leasen ist sehr beliebt. Meine klare Empfehlung lautet jedoch, Konsumgüter nie zu finanzieren, sondern sie immer direkt zu bezahlen. Der Grund dafür ist ganz einfach: Kaufst Du beispielsweise für 20.000 Euro ein neues Auto und fährst los, sinkt sein Wert bereits beträchtlich. Deutlich wird dies zum Beispiel nach einem Unfall, dann zahlt die Versicherung nur noch den Zeitwert. Meist liegt der verbliebene Darlehensstand weit höher und für die Differenz musst Du selbst aufkommen. Du finanzierst also ein Gut, über das Du gar nicht mehr verfügen kannst. Daher solltest Du Konsumgüter immer aus frei verfügbaren Mitteln bezahlen und Dich deswegen nicht verschulden. Die einzige Ausnahme von dieser Regel betrifft das Eigenheim. Hier gilt jedoch die eindeutige Empfehlung, zumindest 40 Prozent des Kaufpreises anzusparen. Nur dann bleibt die Zinsbelastung möglichst gering.

Es besteht die Möglichkeit, sich hier auch einen Höchstbetrag für dieses Konto zu setzen, etwa 10.000 Euro. Ist dieser Betrag erreicht, können die 10 Prozent in die anderen Töpfe fließen – vorzugsweise in den Sparen-Topf, um den Weg zur finanziellen Freiheit zu beschleunigen.

Konto 4: Sparen

Als Konto 4 eignen sich Tagesgeldkonten oder Depots und auch hierauf fließen 10 Prozent des Nettogehalts. Es dient für den Vermögensaufbau mit Hilfe von Investitionen und ist dafür gedacht, langfristig Kapital aufzubauen. Dieser Vermögensaufbau kann in unterschiedlichen Formen erfolgen und es ist sinnvoll, hier Knowhow zu erwerben. Denn Geld alleine auf dem Sparkonto zu parken, dürfte kaum zum Erfolg führen. Die heute möglichen Erträge fallen einfach zu gering aus. Oftmals eignen sich Investitionen in Form von Aktien, Immobilien zur Vermietung oder anderen Unternehmen deutlich besser. Ziel dieses Kontos ist es, eine weitere Einnahmequelle aufzubauen, die unabhängig von der eigenen Arbeitskraft sprudelt. Ganz wichtig ist, aus diesem Konto keine Ausgaben zu bestreiten.

Nur wenn die Erträge dieses Topfes groß genug sind, können damit alle anderen Konten befüllt werden. Genau dieser Status führt zur finanziellen Freiheit: Die Erträge der eigenen Werte sollten mindestens so groß sein, damit sie beispielsweise die Lebenshaltungskosten decken.

Konto 5: Spenden

Konto 5 halten manche Leser sicher für überflüssig, mir ist es jedoch sehr wichtig: 10 Prozent des Nettogehaltes spende ich. Hierfür benötigst Du sogar kein eigenes Konto, sondern richtest lediglich einen Dauerauftrag ein. Spenden kannst Du übrigens auch bei sehr knappem Geldbeutel. Denn auch wenn Du die vier weiteren Konten derzeit gerade so befüllen kannst, solltest Du vielleicht über eine zeitliche Spende nachdenken. Wieso unterstützt Du Deine Mitmenschen nicht in Form eines persönlichen Arbeits- und Zeiteinsatzes – anstatt Geld zu geben?

Zu spenden hat aus meiner Sicht zwei wesentliche Vorteile: Erstens tust Du Gutes mit Deinem erwirtschafteten Geld und das gibt Dir wiederum ein gutes Gefühl. Zweitens kommen alle Gaben auf tausend Wegen wieder zurück. Probiere es einfach mal aus!

Hausaufgabe

Diese Hausaufgabe erfordert ein wenig mehr als Stift und Papier: Richte bitte als erstes diese 5 Konten für Dich ein. Zumindest die Konten 2, 3 und 4 erfordern den Gang zur Bank oder den Aufruf der jeweiligen Webseite. Immerhin bieten viele Onlinebanken kostenlose Giro- und Tagesgeldkonten an, manche davon auch erst ab einem gewissen, monatlichen Geldeingang. Gleichzeitig solltest Du Dir bewusst machen, wie viel Geld Du für Deine persönliche Lebenshaltung und den täglichen Bedarf benötigst.

Spätestens hier wirst Du erkennen, ob die vorgeschlagene Verteilung von 60/10/10/10/10 machbar ist. Falls nicht, solltest Du Dir andere Prozentsätze ausdenken, die unter Anstrengungen erreichbar sind. Fließen die Gelder auf die verschiedenen Konten, ist ein entscheidender Schritt zur finanziellen Freiheit geschafft. Sehr schnell wirst Du sehen, wie viel übersichtlicher das Thema Finanzen wird und je schneller sich Konto 4 füllt, desto eher wirst Du Meister Deiner Finanzen.

Zur weiteren Vertiefung dieses Themas bieten wir auf der Internetseite entsprechende Online Kurse an.

Das Kontensystem für Unternehmer und Vermieter

Ebenso wie die meisten Arbeitnehmer, verfügen auch Unternehmer und Vermieter lediglich über ein einziges Konto. Und da in

der Regel alle betrieblichen Vorgänge in Form von Einnahmen und Ausgaben über dieses Konto laufen, zeigt es eine Vielzahl von Zu- und Abbuchungen. So fällt es oftmals schwer, beim Blick auf den Kontoauszug den Überblick zu behalten. Das gilt übrigens auch für den Steuerberater, der meist sämtliche privaten Vorgänge mit erfassen muss, wenn er die betrieblichen Einnahmen und Ausgaben des Kontos bucht.

Einfacher ist es dagegen, wenn das bereits vorgestellte Arbeitnehmer-Kontensystem für Unternehmer und Vermieter erweitert wird. Neben den genannten, privaten Konten empfehle ich weitere vier betriebliche Konten. Beachten solltest Du, dass sich Dein privates Konto 5 „Spenden“ auf den Betrieb verlagern lässt, um anfallende Gewerbesteuer ebenfalls zu mindern. Dann hast Du im Endeffekt vier private und fünf betriebliche Konten:

Abbildung 10: Das betriebliche Kontensystem

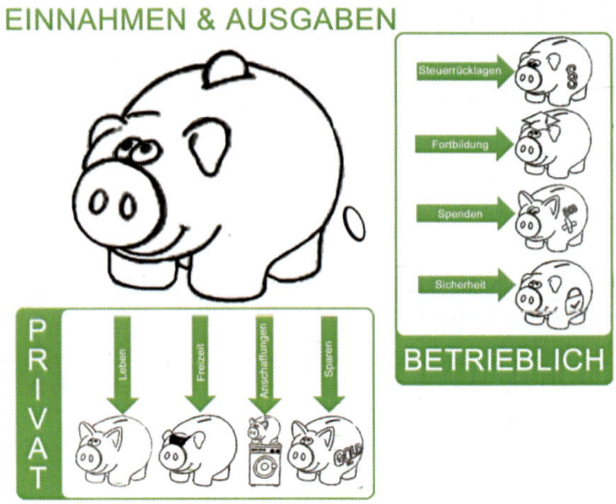

Konto betrieblich 1: Betriebliche Einnahmen und Ausgaben

Über Konto 1 laufen sämtliche betrieblichen Vorgänge in Form von Einnahmen und Ausgaben – möglichst ohne Ausnahmen übrigens. Denn anders als im privaten Rahmen solltest Du versuchen, Barzahlungen zu vermeiden. Nur wenn alles über das Konto läuft, kannst Du genau nachvollziehen, welche Einnahmen und Ausgaben Du getätigt hast und wie liquide sich Dein Unternehmen darstellt. Dieses Prinzip nenne ich „Controlling durch Kontostand“ und es verdeutlicht Deine finanzielle Situation auf einen Blick.

So wird von diesem Konto monatlich Dein Gehalt gezahlt – dabei kann es sich um ein „richtiges“ Gehalt handeln, wenn Du Deinen Betrieb in Form einer Kapitalgesellschaft organisierst. Arbeitest Du als Einzelunternehmer, sind keine derart formalen Vorgänge nötig.

Doch egal in welcher Rechtform, mit diesen Zahlungen beschreibe ich den Teil der Einnahmen, den Du benötigst, um die vier privaten Konten zu füllen. Darüber hinaus kommen nun weitere Abbuchungen hinzu, die auf betriebliche Konten fließen.

Konto betrieblich 2: Betriebliche Steuern

Wenn Du umsatzsteuerpflichtige Leistungen erbringst, musst Du Umsatzsteuer auf die Einnahmen bezahlen. Sie beträgt derzeit grundsätzlich 19 Prozent der Nettoeinnahmen und damit rund 16 Prozent der Bruttoeinnahmen. Dazu musst Du in der Regel eine monatliche oder quartalsweise Umsatzsteuervoranmeldung machen und das Geld daraufhin an den Fiskus zahlen. Umsatzsteuer in der genannten Höhe wird auch auf Leistungen fällig, die Du von anderen Unternehmen beziehst. Diese sogenannte Vorsteuer ist jeweils im Preis der Leistung enthalten und wird vom Verkäufer abgeführt.

Andere Steuersätze gelten beispielsweise für Lebensmittel oder Bücher. Wenn Du die Höhe der laufenden Vorsteuer nicht hundertprozentig kennst, empfehle ich, 16 Prozent Deiner Bruttoeinnahmen direkt auf ein Konto für betriebliche Steuern zu überweisen. Dieses Vorgehen hat zwei Vorteile: erstens verfügst Du immer über genug Geld, um die fälligen Steuern zu bezahlen und zweitens kann das Finanzamt mit Einreichung der monatlichen Voranmeldung die fällige Umsatzsteuer direkt abbuchen.

Solltest Du Arbeitnehmer beschäftigen, musst Du Lohnsteuer und Sozialversicherungsbeiträge bezahlen. Nach der Lohnabrechnung erhältst Du von deiner Lohnabteilung oder deinem Steuerberater die Information, wie viel Geld in Form von Sozialversicherungsträgen fließen muss und welche Beträge das Finanzamt erhält. Sinnvoll ist es, auch diese Beträge auf das Steuerrücklagenkonto zu überweisen.

Hinweis: ***Auch wenn es dem Unternehmen schlecht geht, müssen Umsatzsteuer und Lohnsteuer immer bezahlt werden. Der Unternehmer erhält diese Steuern nur treuhänderisch, also er führt sie für einen anderen ab. Bei säumigen Zahlern dieser Steuern versteht das Finanzamt daher keinen Spaß und steht sehr schnell vor der Tür.***

Damit ist jedoch noch nicht Schluss. Auf das Konto 2 gehört auch der Betrag, der für die Steuerzahlung des laufenden Jahres fällig wird. Gemeint ist nicht nur der Umsatzsteuer-Vorauszahlungsbetrag, sondern auch mögliche Voraus- und Nachzahlungen beispielsweise von Einkommens- oder Körperschaftssteuer sowie Gewerbesteuer.

Hier entscheiden die Absprache mit Deinem Steuerberater und die Angaben in der betriebswirtschaftlichen Auswertung (kurz: BWA). Allerdings fällt es in Bezug auf die Einkommensteuer oftmals schwer, die exakte Höhe der Zahlungen vorab auszurechnen, Positionen aus dem privaten Bereich können auch die betrieblichen Steuern beeinflussen. Je nach Höhe der Gewinne empfiehlt es sich jedoch, pauschal 20, 30 oder sogar 40 Prozent des monatlichen Überschusses zurückzulegen. Auch hier kann der Steuerberater meist Auskunft geben, wenn Du nicht bereits im laufenden Jahr die Vorauszahlungen auf die entsprechende Steuerlast anpassen willst, wie oben beschrieben.

***Tipp:* Erteile dem Finanzamt eine Lastschrifteinzugsermächtigung für dieses Konto. Auf diese Weise vermeidest Du, dass Säumniszuschläge fällig werden, also Strafen für das nicht fristgerechte Zahlen.**

Konto betrieblich 3: Spaß/Bildung

Einen Teil der Ausgaben für Spaß und Bildung kannst Du auf den betrieblichen Bereich verlagern. Gehst Du zum Beispiel mit einem Kunden zu einem Fußballspiel, ist dieser Besuch betrieblich veranlasst und Du kannst zumindest einen Teil der Kosten als Betriebsausgaben absetzen. Für teurere Bildungsmaßnahmen solltest Du ebenfalls Rücklagen bilden. Erfordert Dein Unternehmen spezielle Fortbildungen und sind diese für das Geschäft notwendig, fallen die Kosten dafür unter Konto 1. Wer dagegen Seminare zur Persönlichkeitsentwicklung oder zu Investitionen besucht, übersteigen diese oftmals die Möglichkeiten der Portokasse. Für solche Fälle bietet sich die Bildung von Rücklagen an.

Damit Du derartige Möglichkeiten wahrnehmen kannst, ist jedoch eine gewisse Planung erforderlich.

Konto betrieblich 4: Sicherheit

Auf dieses Konto fließen alle Überschüsse, die nicht in den Privatbereich oder in das Steuerkonto gehören und es dient dazu, unvorhergesehene Risiken abzudecken.

So solltest Du Vorsorge treffen, wenn beispielsweise ein entscheidender Kunde wegbricht, wenn umfangreiche Reparaturen an Gebäuden erforderlich sind oder eine Klage wegen Gewährleistung ansteht. Derart unvorhersehbare Risiken können dazu führen, dass Dein Unternehmen Insolvenz anmelden muss, sollten keine Vorkehrungen getroffen sein.

Selbstverständlich lassen sich derartige Engpässe auch per Bankkredit überbrücken. Ich weiß jedoch aus eigener Erfahrung, dass dies ein langwieriger, anstrengender und nervenraubender Prozess sein kann, der nicht unbedingt Aussicht auf Erfolg hat. Vielleicht kommt die Zusage sogar zu spät. Daher empfehle ich, Rücklagen zu bilden. Damit bist Du zumindest nicht zu 100 Prozent auf eine Bank angewiesen.

Die Höhe dieses Rücklagen-Polsters hängt von den Risiken Deines Geschäfts ab und wie lange es voraussichtlich dauert, bis ein Rückschlag überwunden ist. Als Faustregel empfehle ich mindestens einen Betrag anzusparen, der die Fixkosten eines halben Jahres deckt. Je nach Größe des Unternehmens darf es auch gerne mehr sein. Und Hand aufs Herz: Wer könnte mit einem solchen Polster nicht ruhiger schlafen?

Konto betrieblich 5: Spenden

Für das betriebliche Spendenkonto gelten die gleichen Regeln, wie ich sie für den privaten Bereich bereits geschildert habe. Wer betrieblich spendet, muss daneben nicht auch noch privat spenden.

Hausaufgabe

Neben den vier privaten Konten benötigst Du also fünf betriebliche. Hier empfiehlt es sich, neben dem Girokonto für den laufenden Geschäftsverkehr ein zusätzliches Girokonto für die laufenden Steuerzahlungen einzurichten. Zudem ist ein Tagesgeldkonto für das Sicherheiten-Konto Nummer 4 sinnvoll. Deine Hausaufgabe heißt daher – solltest Du ein Geschäft ausüben – die betrieblichen Konten einzurichten und dafür zu sorgen, dass die Geldströme in der geschilderten Art und Weise fließen.

Der Aufwand sollte niemanden abschrecken, denn was im Privatbereich gilt, zählt für den betrieblichen Bereich umso mehr: Die Aufteilung auf diese verschiedenen Konten erzeugt eine klare Trennung zwischen privaten und betrieblichen Ausgaben. Du wirst sehen, wie sehr dieser Trick bereits bei der Strukturierung Deiner Finanzen hilft. Wer zum Beispiel das Steuerrücklagenkonto konsequent mit den jeweiligen Beträgen füllt, erlebt keine bösen Überraschungen mehr aufgrund von Forderungen des Finanzamts. Zudem lässt sich stets erkennen, wie viel Du wann zahlen musst. Das Sicherheiten-Konto bewirkt schließlich, dass Du jeder Finanz- und Wirtschaftskrise gelassen gegenübertreten kannst.

Zur weiteren Vertiefung dieses Themas bieten wir auch hierzu einen entsprechenden Online-Kurs an. Auf der Internetseite findest Du die Inhalte und Termine.

Der private Lebensbedarf

In den Abschnitten zum ersten, privaten Konto ging es bereits um den Betrag, der für die private Lebenshaltung erforderlich ist. In den folgenden Kapiteln möchte ich die Begriffe „privat" und „betrieblich" ein wenig genauer beleuchten, denn in vielen Haushalten schlummert erhebliches Optimierungspotenzial.

Kennst Du die erforderlichen, privaten Lebenshaltungskosten?

Viele Arbeitnehmer verfügen in der Regel nur über private Ein- und Ausgaben und am Ende des Monats wundern sie sich meist, dass kaum noch Geld auf dem Konto vorhanden ist. Wohin ihr Geld geflossen ist, bleibt für viele Menschen ein Rätsel. Finanz- oder Schuldenberater beklagen diesen sorglosen Umgang mit dem Geld immer wieder. Teilweise ist es jedoch erschreckend, wie wenig auch Unternehmer sich mit ihren eigenen Zahlen auseinandersetzen.

Doch um die individuelle Steuer- und damit Finanzsituation verbessern zu können, ist ein exakter Einblick erforderlich. Eine entscheidende Frage im Rahmen jeder Steueroptimierung lautet daher: „Wie viel Geld benötigst Du tatsächlich zum Leben?" Als mir ein Vater von 5 Kindern sagte, dass er für seine gesamte Familie nur 2.500 Euro im Monat benötigt, war ich verwundert. Entweder hatte dieser Mann seine Finanzen extrem gut im Griff oder überhaupt keine Ahnung, was auf seinen Konten vorging. Leider habe ich nie erfahren, welche der beiden Varianten zutreffend war.

Doch möchte ich diese mangelnde Übersicht keineswegs abwerten, denn ich selbst hatte – als mir die Frage zum ersten Mal gestellt wurde – nur eine grobe Vorstellung von meinen Geldströmen. Bei genauer Betrachtung stellte sich heraus, dass meine Vorstellung ebenfalls kaum der Wahrheit entsprach. Diese Beispiele decken sich übrigens mit meiner Erfahrung als Steuerberaterin, der oben genannte Vater und ich selbst stellen keine Einzelfälle in Bezug auf die Einschätzung der notwendigen Lebenshaltungskosten dar.

Auf die entscheidende Frage für jede Steueroptimierung – „Wie viel benötigst Du zum Leben und wie hoch sind deine monatlichen Kosten?“ – erhalte ich meist Schätzungen, die wesentlich zu niedrig ausfallen.

Meiner Meinung nach gründet sich diese Diskrepanz zwischen den geschätzten und realen Ausgaben auf zwei Ursachen:

Zum einen werden berufliche und private Ausgaben oftmals vermischt. Vor allem, wer eine Einnahme-Überschuss-Rechnung anfertigt, rechnet private Rechnungen in der Regel über das Betriebskonto ab. Das gilt meiner Erfahrung nach auch dann, wenn ein betriebliches Bankkonto vorhanden ist. Schnell verschwinden dann einige Ausgaben vom Radar. Dieses Problem wirst Du mit unseren Kontenmodell lösen können.

Zum anderen fließt oftmals viel Geld in Kleinigkeiten und Schnick-Schnack. 5 Euro hier und 10 Euro dort für Dinge, die schnell verbraucht sind oder überhaupt keinen Wert besitzen. Meine Erfahrung: Gebt einem finanziell ungebildeten Menschen 5.000 Euro und er gibt 5.000 Euro aus. Gebt ihm 10.000 Euro und er gibt 10.000 Euro aus. Egal wie viel Geld dieser Mensch besitzt, er gibt es aus.

Ermittlung der privaten Lebenshaltungskosten

Um diesem Dilemma zu entgehen, solltest Du zunächst einmal die Höhe Deiner privaten Lebenshaltungskosten ermitteln. Als Hilfestellung habe ich eine Tabelle entwickelt, darin kannst Du die anfallenden Kosten eintragen. Um Deine private Lebensführung zu analysieren, solltest Du diese Tabelle für jeden Monat eines Jahres ausfüllen und die Summe dann durch 12 teilen. Diese Rechnung über ein gesamtes Jahr hinweg anzustellen gewährleistet, dass auch einmalige Kosten wie etwa die jährlich fällige Hausratversicherung und der Urlaub nicht in Vergessenheit geraten. Hast Du diese Tabelle für ein Jahr ausgefüllt und nichts dabei vergessen, verfügst Du über ein aussagekräftiges und realistisches Bild deiner Finanzen.

Diese Tabelle ist Teil des Bonus Materials, das du kostenlos erhältst unter www.vermoegensaufbau-steuern.de/bonus.

Mit Hilfe dieser Tabelle bietet sich zudem die Gelegenheit, nicht benötigte Ausgaben oder Leistungen zu identifizieren. Oftmals finden sich dabei obsolete Verträge oder Mitgliedschaften, die nur noch auf dem Papier bestehen. Wer all dies streicht, schafft sich freie Mittel für die übrigen Konten.

Identifizierung der versteckten, betrieblichen Kosten

Doch nicht nur überflüssige Ausgaben lassen sich streichen, Du kannst auch manche bislang privat gedeckten Kosten auf die betriebliche Ebene verlagern. Denn sehr häufig stellt sich die Frage, welche Kosten tatsächlich zu Lasten der Privatschatulle gehen müssen. Viele Posten lassen sich problemlos in das eigene Unternehmen verschieben und damit Gewinn mindernd einsetzen oder sie können sogar durch den Arbeitgeber bezahlt werden. Dabei bieten die deutschen Steuergesetze Möglichkeiten, an die viele meiner Mandanten bislang gar nicht gedacht hatten und sogar bei Punkten wie Kinder oder Urlaub finden sich versteckte, betriebliche Kosten. Folgende Bereiche kommen in Frage:

Arbeitszimmer

Die meisten meiner Mandanten verfügen über ein Arbeitszimmer in ihrer privaten Wohnung oder in ihrem Haus, das sie für betriebliche Zwecke nutzen. Allerdings sind die Kosten eines derartigen Arbeitszimmers im Fall eines Arbeitnehmers oder Einzelunternehmens meist nur beschränkt – wenn überhaupt – abzugsfähig. Damit der Fiskus mitspielt, muss das Zimmer zunächst einmal die Beschaffenheit eines Arbeitszimmers haben. Die entsprechende Definition ist nicht ganz einfach, ein abgetrennter Raum ist in jedem Fall positiv – ein ruhiges Arbeiten sollte gewährleistet sein. So sind Ecken eines anderen Zimmers, Durchgangszimmer oder Flure eher ungeeignet.

Dagegen akzeptiert das Finanzamt ein Durchgangszimmer zum Schlafzimmer, da hier nur einmal am Tag Menschen hindurch gehen. Doch achtet der Fiskus noch auf weitere Rahmenbedingungen.

Demnach spielt die Anzahl der Gesamtzimmer eine Rolle, ebenso die Größe des Arbeitszimmers sowie die Anzahl der Personen, die in der Wohnung oder dem Haus wohnen.

Fazit: Schon die Voraussetzungen, damit das Finanzamt ein „ordnungsgemäßes" Arbeitszimmer akzeptiert, sind nicht eindeutig festgelegt und regelmäßiger Anlass für Rechtsstreitigkeiten.

Damit nicht genug, in einem weiteren Schritt prüfen die Finanzbeamten, ob das Arbeitszimmer den Mittelpunkt sämtlicher beruflicher und betrieblicher Tätigkeiten darstellt. Nur wenn dies der Fall ist, kannst Du alle Kosten des Arbeitszimmers als Betriebsausgaben abziehen.

Nicht ganz so hoch sind die Hürden für einen begrenzten Abzug der Kosten für ein Arbeitszimmer bis zu einer Höhe von jährlich maximal 1.250 Euro. Dieser ist möglich, wenn kein anderer Arbeitsplatz zur Verfügung steht, beispielsweise bei Außendienstmitarbeitern. Deren Tätigkeitsmittelpunkt befindet sich definitiv nicht im Arbeitszimmer und damit ist der Abzug auf maximal 1.250 Euro beschränkt. Nichtsdestotrotz lassen sich 1.250 Euro auf das betriebliche Bankkonto verschieben.

Einen Nachteil besitzt ein solches Arbeitszimmer im Eigenheim jedoch: Sobald Du ein Arbeitszimmer für betriebliche Zwecke nutzt, könnte dies zum Betriebsvermögen zählen. Die Voraussetzungen dafür beschreibe ich in Zusammenhang mit den Grundstücken im Detail. Wenn Du das Haus – auch außerhalb der 10 Jahre Spekulationsfrist – verkaufst, ist der Arbeitszimmeranteil immer steuerpflichtig. Schlimmer noch: Im Fall einer Betriebsaufgabe musst Du eine Entnahme versteuern. Das bedeutet, dass Du erstens fiktiv ermitteln musst, wie hoch der Verkaufspreis im Zeitpunkt der Betriebseinstellung wäre. Zweitens musst Du auf diesen Preis Steuern zahlen, obwohl Du gar kein Geld erhalten hast.

Interessanter und steuerlich ungefährlicher ist es, das Arbeitszimmer an deinen Arbeitgeber zu vermieten, wenn ein eigenbetriebliches Interesse des Arbeitgebers in den Vordergrund gestellt werden kann.

Ein Indiz gegen dieses eigenbetriebliche Interesse ist es, wenn im Betrieb des Arbeitgebers ein Arbeitsplatz vorgehalten wird und das Home-Office vom Arbeitgeber lediglich gestattet oder geduldet wird. Durch die Vermietung fällst Du nicht mehr unter die Arbeitszimmerbeschränkung.

Du erhältst Geld von deinem Arbeitgeber, das nicht der Lohnsteuer und der Sozialversicherung unterliegt und kannst die Kosten für das Arbeitszimmer in der Steuererklärung zu 100 Prozent steuerlich geltend machen. Aber Achtung: Solltest Du durch die Vermietung einen Gewinn realisieren, ist dies wird die Einkommensteuer im Rahmen der Einkommensteuerveranlagung in einem Einkommensteuerbescheid erhoben. Jedoch nur auf den Gewinn. Die Kosten im Zusammenhang mit dem Arbeitszimmer kannst Du in voller Höhe von den Einnahmen abziehen. Zu den Besonderheiten einer Vermietung an Deine eigene GmbH kommen wir später.

Gerade zum Arbeitszimmer bestehen oft Unsicherheiten, ob Du etwas absetzen kannst und wenn ja, wie viel. Für mich ist es vor allem aber entscheidend, ob es überhaupt Sinn macht, ein Arbeitszimmer steuerlich geltend zu machen. Wenn Du dich zu diesem Thema etwas genauer informieren möchtest, melde dich zu unserem Online Kurs. Die Informationen dazu findest Du auf unserer Internetseite

Telefon und Telekommunikationsgeräte

Kommunikationsgeräte wie Telefon, Handy und auch Tablets – egal ob im Festnetz oder mobil – nutzt ein Unternehmer selbstverständlich beruflich. Ist die Tätigkeit als Einzelunternehmen organisiert, muss jedoch immer ein privater Anteil als geldwerter Vorteil versteuert werden.

Dies kann entweder umständlich per Telefonnachweis erfolgen, der den tatsächlichen Anteil der beruflichen Kosten aufführt oder über einen pauschal angegebenen Anteil. Letzterer fällt zumeist sehr viel geringer aus.

Für Angestellte – und damit auch für Geschäftsführer einer GmbH – existieren vorteilhaftere Regeln. Diese können das berufliche Mobiltelefon und den Festnetzanschluss privat mitnutzen, ohne dafür einen geldwerten Vorteil versteuern zu müssen. So musst Du Dein Handy oder auch ein Tablet nicht mehr von deinem privaten Lebenshaltungskonto zahlen.

Der Festnetzanschluss zu Hause wird, so unterstellt zumindest das Finanzamt, hauptsächlich privat genutzt. Meine Lösung für dieses Problem ist ganz einfach, ich besitze einen Anschluss mit drei Telefonnummern.

Dieser ist aufgeteilt in eine private, eine betriebliche und eine Faxnummer. Selbstverständlich gelten die betriebliche Nummer und das Fax als betriebliche Aufwendungen; die private Nummer bezahle ich privat. So teile ich auch immer die Rechnung auf, in der Regel bleibt maximal ein Drittel der Telefonkosten als private Kosten über.

Auto

Die meisten Berufe erfordern Mobilität und oftmals ist ein Auto unverzichtbar, um das Geschäft zu betreiben. Ein betrieblicher Zusammenhang des Fahrzeugs lässt sich daher selten abstreiten. Es gibt aber Verschiedenes zu beachten:

Der Einzelunternehmer muss zunächst nachweisen, dass er das Auto tatsächlich zu mehr als 50 Prozent betrieblich nutzt. Erst dann kann er es ins Betriebsvermögen aufnehmen und darf die Kosten dort geltend machen. Dieses Problem hat ein GmbH-Geschäftsführer nicht. Die GmbH kauft das Auto und überlässt es dem Geschäftsführer als Lohnbestandteil. Für die GmbH gilt das Auto daher immer als Betriebsvermögen, ganz egal, wie das Auto genutzt wird. Ähnliches gilt für Arbeitnehmer, auch wenn er nicht Eigentümer der Firma ist. Auch er kann aushandeln, dass er einen Firmen-PKW erhält, um derart seine Lebenshaltungskosten zu minimieren.

In diesen Fällen stellt sich jedoch die Frage, wie der geldwerte Vorteil versteuert wird. Einerseits existiert die Fahrtenbuchmethode.

Sie ist aber äußerst nervenaufreibend und zeitaufwendig, zudem scheitert sie meistens im Rahmen einer Betriebsprüfung an diversen Kleinigkeiten. Wer sich jedoch diese Arbeit macht, erzielt unter Umständen die günstigste Besteuerung. Auf der anderen Seite existiert die deutlich weiter verbreitete 1-Prozent-Regelung. Diese besagt, dass der geldwerte Vorteil pauschal mit 1 Prozent vom Bruttolistenpreis des Fahrzeugs zuzüglich Sonderausstattung am Tag der Erstzulassung zu versteuern ist – ermittelt wird das Ganze monatlich. Hinzu kommt noch eine weitere Regelung: Befindet sich Dein Büro nicht im Wohnhaus, musst Du weitere 0,03 Prozent des Bruttolistenpreises für jeden Entfernungskilometer zwischen Büro und Heim versteuern. Aber Achtung: Bevor Du ein Arbeitszimmer in Deinem Haus einrichtest, um die 0,03 Prozent zu sparen, denke an die Auswirkungen, wenn dieser Raum zum Betriebsvermögen wird.

Bei Neufahrzeugen kann ich es nachvollziehen, dass der Fiskus den Bruttolistenpreis als Bemessungsgrundlage ansieht. Allerdings lässt sich darüber streiten, ob die Anschaffungskosten nicht die bessere Bemessungsgrundlage wären – denn das sind die tatsächlichen Ausgaben des Unternehmers nach Abzug von Händlerrabatten. Der Bundesfinanzhof hat diesen Sachverhalt jedoch schon mehrfach geprüft und offensichtlich sehen Finanzverwaltung und Rechtsprechung den Bruttolistenpreis als maßgebliche Grundlage.

Vor allem bei gebrauchten Autos scheint mir der Preis am Tag der Erstzulassung nicht der adäquate Gegenwert zu sein, der für die Bemessung des geldwerten Vorteils sinnvoll ist. Wer beispielsweise nur 15.000 Euro für einen PKW aufwendet, der vor 20 Jahren 100.000 Euro gekostet hat, muss nach der pauschalen Methode trotzdem 1 Prozent pro Monat von 100.000 Euro versteuern. In solch ungünstigen Fällen kann es sinnvoller sein, das Auto im Privatvermögen zu halten und pauschal 30 Cent pro gefahrenem Kilometer als Ausgabe abzuziehen. Diesen pauschalen Kilometersatz kannst Du sogar noch erhöhen, wenn Du ein Jahr lang sämtliche Belege über Autokosten sammelst und auf die in diesem Jahr gefahrene Kilometer verteilst.

Derart lassen sich die tatsächlichen Kosten des Autos nachweisen und gegebenenfalls ein höherer Kilometersatz abrechnen.

Nutzt Du das Auto als Einzelunternehmer zu mehr als 50 Prozent betrieblich, zählt es zwingend zum Betriebsvermögen des Einzelunternehmens. In diesen Fällen besteht keine Wahl. Führst Du Dein Unternehmen im Rahmen einer GmbH, kannst Du dir aussuchen, ob die GmbH das Auto kauft oder ob es eher zu Lasten der Privatschatulle gehen soll. Vor allem, wenn es sich um ein gebrauchtes Auto handelt und der Kaufpreis gegebenenfalls ohne Umsatzsteuer ausgewiesen ist, empfehle ich immer eine Prüfung, ob das Auto tatsächlich betrieblich laufen soll. Dein Steuerberater kann sehr leicht ausrechnen, welcher Weg sich anbietet.

Wer den geldwerten Vorteil steuerlich optimieren will, schafft sich einen Oldtimer an. Denn wo die zuvor erläuterte Regel vom Bruttolistenpreis am Tag der Erstzulassung gegen dich arbeitet, wirkt sie sich in diesem Fall positiv aus. Logisch, denn der Bruttolistenpreis eines Oldtimers am Tag der Erstzulassung beläuft sich zumeist auf einen vierstelligen DM-Betrag.

Auch unter Werterhaltungsaspekten kann diese Strategie Sinn ergeben, Oldtimerpreise sind oftmals sehr stabil, wogegen jeder Neuwagen rasant an Wert verliert.

Das Auto ist ein heiß diskutiertes Thema – vor allem im Steuerrecht. Hier bieten sich eine Vielzahl von Gestaltungsmöglichkeiten – allem voran die Frage, ob es überhaupt sinnvoll ist, ein Auto im Betriebsvermögen anzusetzen oder nicht. Deswegen bieten wir auch zu diesem Thema einen Online Kurs an. Hier zeigen wir auch Gestaltungen, wie Du ein Auto sozusagen ohne jegliche Kosten über 6 Jahre nutzen kannst. Auch aktuelle Förderungen, wie beispielsweise die Förderungen von Elektro-Autos zeigen wir hier im Detail. Über unsere Internetseite kannst Du dich dafür anmelden.

Fortbildung

Die meisten, beruflichen Fortbildungen gehören unstrittig zum betrieblichen Bereich und kaum jemand kommt auf die Idee, diese als privat anzusehen.

Dagegen versteht das Finanzamt viele Fortbildungen im Zusammenhang mit Investments oder mit Persönlichkeitsentwicklungen als Privatvergnügen. Für mich gehören diese unbestritten zum notwendigen Wachsen und zum Erfolg eines Unternehmens. Leider argumentiert der Fiskus hier ganz anders: Demnach sind Fortbildungen zu Finanzinvestitionen im Zusammenhang mit deren Kapitalerträgen zu sehen. Seit Einführung der Abgeltungsteuer gelten diese Kosten per Gesetz nicht mehr als abzugsfähig.

Bei Fortbildungen im Zusammenhang mit Immobilien besteht immerhin die Möglichkeit, sie als vorweggenommene Werbungskosten zu Einkünften aus Vermietung und Verpachtung geltend zu machen. Auch diesbezüglich hatte ich jedoch schon umfangreiche Diskussionen mit dem Finanzamt, wenn nicht in absehbarer Zeit tatsächlich eine Immobilie erworben wurde.

Ebenfalls problematisch stellt sich die steuerliche Behandlung von Seminaren zur Persönlichkeitsentwicklung dar. So habe ich sehr viele Angebote aus diesem Bereich wahrgenommen und das erworbene Vertrauen zu mir und meinen Fähigkeiten wirkten als Schlüssel zu wichtigen Schritten in meinem Leben. Meiner Erfahrung nach verstehen die meisten Finanzbeamten jedoch nicht, wozu Persönlichkeitsentwicklungen notwendig sind.

Diese Haltung lässt sich teilweise nachvollziehen, denn ob die Bearbeitung des Unterbewusstseins etwa mit Hilfe eines Laufs über glühende Kohlen tatsächlich dazu nötig ist, persönliche Grenzen zu überwinden, lässt sich zumindest hinterfragen.

Wesentlich einfacher gestaltet sich die Argumentation, wenn diese Fortbildungen über das eigene Unternehmen erfolgen. Wer über sein Unternehmen Kapitalvermögen generiert, unterliegt nicht der Abgeltungsteuer. Das hat den Vorteil, dass sich die Kosten mindernd berücksichtigen lassen. Nachteilig wirkt sich jedoch aus, dass die Einkünfte, also die Einnahmen abzüglich der Kosten, mit der „normalen" progressiven Einkommensteuer besteuert werden. Im Rahmen der Abgeltungsteuer würden die Einnahmen ohne Abzug der Kosten dafür mit 25 Prozent besteuert.

Auch wenn das Unternehmen über eine GmbH geführt wird, können diese Kosten als Betriebsausgaben der GmbH abgesetzt werden. Wie dies genau funktioniert, sehen wir uns später an.

Seminare zur Persönlichkeitsentwicklung können auch das Unternehmen oder die eigene GmbH bezahlen, jedoch nur unter bestimmten Umständen. Nachweise der genauen Inhalte und Abläufe der jeweiligen Seminare sollten den betrieblichen Anlass zweifelsfrei erkennen lassen. Das Finanzamt schaut ganz besonders genau hin, wenn die Fortbildungen beispielsweise an beliebten Reisezielen stattfinden.

Sparen

Ich bin ein Freund davon, sich selbst um seine Finanzen zu kümmern und in den letzten Jahren habe ich viel Zeit investiert, um die richtigen Strategien zu erlernen. Denn bis vor kurzem besaß ich lediglich eine Lebensversicherung zu Zwecken der Geldanlage. Bei einem Finanzseminar habe ich jedoch gelernt, dass deutlich bessere Investmentmöglichkeiten existieren. Beim darauffolgenden Blick auf meine Lebensversicherung kam ich relativ schnell zur Erkenntnis, dass der aktuelle Wert dieser Versicherung, also der Rückkaufswert, deutlich unter den Beträgen lag, die ich eingezahlt hatte. Zudem war nicht zu erwarten, dass sich diese Situation bis zum Ende der Laufzeit verbessern würde.

Dafür verantwortlich ist das Prinzip von Lebensversicherungen: Sie verzinsen nur den Sparanteil – der außerdem recht gering ausfällt, weil er lediglich die Versicherungsrate abzüglich von Provision und Versicherungsprämie sowie sonstigen Kosten umfasst. Aus Sicht der Versicherung ist diese Beschränkung logisch, schließlich soll sie vor allem als Absicherung für den Todesfall dienen und beispielsweise den Hinterbliebenen eines Einzel- oder Hauptverdieners zugutekommen. Nach den Erkenntnissen aus meinem Finanzseminar fand ich Lebensversicherungen als Geldanlage- oder Sparvehikel dann nicht mehr so attraktiv.

Seit Kurzem hinterfrage ich darüber hinaus auch die Kreditwürdigkeit derartiger Lebensversicherungsgesellschaften. Durch einen Spezialisten für betriebliche Altersvorsorge wurde ich für dieses Thema sensibilisiert.

Er hatte mir die Augen geöffnet, in dem er mir die Bilanz einer großen Versicherungsgesellschaft zeigte. In dieser Bilanz und den Erläuterungen zu dieser stand, dass, sollte die Niedrigzinsphase noch länger andauern, würde dies spätestens 2022 zu einer Insolvenz der Gesellschaft führen. In einem Postskriptum stand daneben, dass, sollten die Zinsen angehoben werden, dies zum gleichen Ergebnis führen würde. Seit mir dieses bewusst ist, empfehle ich jedem, seine Lebensversicherungen prüfen zu lassen und lieber jetzt den Rückkaufswert zu erhalten, als in ein paar Jahren nichts mehr. Insbesondere für Arbeitgeber besteht hier ein wesentlich größeres Risiko, wenn sie die betriebliche Altersvorsorge ausgelagert haben. Wenn die Versicherung ausfällt, dürfen sie sämtliche Beträge trotzdem nochmals zahlen.

Neben diesem Risiko eignen sich viele der bekannten Angebote nicht unbedingt für den Vermögensaufbau. So fließt ein Teil des eingezahlten Geldes in Form von Verwaltungskosten oder sonstigen Gebühren an den Anbieter und der Sparer sieht nie wieder etwas von diesen Beträgen. Wer Zeit und Muße dazu hat, sollte sich meiner Meinung nach selbst um die eigenen Finanzen kümmern. Denn wer kennt Dich und Deine Ansprüche besser als Du selbst?

Für die Eigeninitiative in punkto Geldanlage spricht meiner Meinung nach noch ein anderer Grund: Die Sozialversicherung und das Hoffen auf eine staatliche Rente zählen für mich nicht zum Sparen für das Alter und ich sehe nur eine Entwicklung mit Sicherheit: Ich werde keine Rente mehr bekommen.

Dabei erscheint mir die private Altersvorsorge in Form von Versicherungen und/oder Einzahlungen in Fonds nicht viel besser als die staatliche Rente. Zwar bieten sie ein wenig zusätzliche Sicherheit, leider fließt ein Großteil meiner Beiträge jedoch in Form von Gebühren an die Verwaltungsgesellschaft. Zudem weiß ich nicht genau, wie die Fondsmanager mein Geld anlegen und ob die jeweilige Strategie Sinn ergibt.

Zudem unterliegen die Verwaltungsgesellschaften strengen Regulierungsbestimmungen, sie müssen beispielsweise immer in bestimmte Anlageprodukte investieren – wenn Staatsanleihen keine Rendite erzielen, dürfen sie nur begrenzt ausweichen. Und zu allem Überfluss sind sie so träge wie große Containerschiffe, da sie Milliardenbeträge verwalten.

Wie ein Containerschiff 7 bis 10 Kilometer Bremsweg hat, benötigen Versicherungs- und Fondgesellschaften viel Zeit zum Umschichten der Anteile. Das Problem der geringen Renditen macht auch das Sparen in Form von Tagesgeldkonten eher uninteressant. Ebenso kritisch sehe ich mittlerweile eine weitere beliebte Form des Sparens, Bausparverträge. Auch hier existieren hohe Abschlussgebühren, die bereits am Anfang einbehalten werden.

So ergeben sich meiner Meinung nach nur noch wenige Möglichkeiten, um Geld anzusparen. Dazu gehören vor allem Investitionen in Form von Sachwerten wie Immobilien, Rohstoffen oder Aktien. Detaillierte Einzelheiten dazu liefern die Kapitel **Vermieter und Kapitalanleger** und folgende.

Abschließend möchte ich noch die Frage nach dem richtigen Rahmen für die Geldanlage beantworten – privat oder betrieblich? Hier bietet die Privatebene nicht unbedingt die optimalen Bedingungen und wer sein Unternehmen in Form einer GmbH führt, sollte sein Geld eher darin ansparen. Die Rechnung dahinter: Verbleiben 1.000 Euro Gewinn in der GmbH, kannst Du 700 Euro davon investieren. Fließen diese 1.000 Euro dagegen privat, stehen nur etwa 520 Euro für Investitionen zur Verfügung. Verantwortlich für diese Diskrepanz sind die verschiedenen Steuersätze. So zahlen Unternehmen Körperschafts- und Gewerbesteuer, die zusammen zirka 30 Prozent ausmachen. Einzelunternehmer oder Angestellte unterliegen dagegen dem Grenz- Einkommensteuer in Höhe von maximal 45 Prozent.

Wer hier wählen kann und jahrelang von niedrigeren Steuersätzen profitiert, erwirtschaftet durch den Zinseszins-Effekt wesentlich mehr Geld.

Also lass die Zeit für dich arbeiten!

Abbildung 11: Zinseszinseffekt bei 1.000 Euro

Verzinsung	Einlage	Jahr 5	Jahr 10	Jahr 15	Jahr 20
1%	1.000,00 €	1.051,01 €	1.104,62 €	1.160,97 €	1.220,19 €
2%	1.000,00 €	1.104,08 €	1.218,99 €	1.345,87 €	1.485,95 €
3%	1.000,00 €	1.159,27 €	1.343,92 €	1.557,97 €	1.806,11 €
4%	1.000,00 €	1.216,65 €	1.480,24 €	1.800,94 €	2.191,12 €
5%	1.000,00 €	1.276,28 €	1.628,89 €	2.078,93 €	2.653,30 €
6%	1.000,00 €	1.338,23 €	1.790,85 €	2.396,56 €	3.207,14 €
7%	1.000,00 €	1.402,55 €	1.967,15 €	2.759,03 €	3.869,68 €
8%	1.000,00 €	1.469,33 €	2.158,92 €	3.172,17 €	4.660,96 €
9%	1.000,00 €	1.538,62 €	2.367,36 €	3.642,48 €	5.604,41 €
10%	1.000,00 €	1.610,51 €	2.593,74 €	4.177,25 €	6.727,50 €
11%	1.000,00 €	1.685,06 €	2.839,42 €	4.784,59 €	8.062,31 €
12%	1.000,00 €	1.762,34 €	3.105,85 €	5.473,57 €	9.646,29 €
13%	1.000,00 €	1.842,44 €	3.394,57 €	6.254,27 €	11.523,09 €
14%	1.000,00 €	1.925,41 €	3.707,22 €	7.137,94 €	13.743,49 €

In dieser Tabelle ist noch nicht einmal berücksichtigt, dass Du jedes Jahr 1.000 Euro mehr zurücklegen kannst.

Kinder

Vielen Eltern und Familien geht es vermutlich ähnlich wie mir, meine Kinder bilden eine der größten Kosten-Positionen in meinem Haushalt. Mein Sohn ist jetzt 6 und meine Tochter 4. Sie sind mein WARUM im Leben – aber auch ein nicht unerheblicher Teil meiner Kosten. Doch muss ich nicht all diese Kosten privat bezahlen, wie viele Leser vielleicht denken.

Meine Tochter geht in den Kindergarten. Kindergartenbeiträge lassen sich innerhalb bestimmter Grenzen und Höchstbeträge als Sonderausgaben abziehen. Das Essensgeld für das Mittagsessen ist selbstverständlich nicht abzugsfähig. Doch bieten die bestehenden Regeln noch weitere Möglichkeiten.

So kannst Du als Arbeitnehmer oder angestellter Geschäftsführer Deiner GmbH im Rahmen der nächsten Gehaltsverhandlung vereinbaren, dass Dein Arbeitgeber die Kindergartenbeiträge inklusive des Essensgeldes zusätzlich zum Arbeitslohn trägt.

Anstatt einer teuren Gehaltserhöhung, um diese Beträge netto zu erwirtschaften, kann Dir der Arbeitgeber die Kosten steuer- und sozialversicherungsfrei zukommen lassen, ohne dass versteckte Kosten auf ihn zukommen. Bei einem Bruttogehalt von 4.000 Euro müsste Dein Arbeitgeber für dich insgesamt (also inkl. seinem Arbeitgeberanteil) rund 222 EUR mehr aufwenden, damit Du rund 90 Euro netto mehr erhältst. Ist er sowieso bereit, das Gehalt zu erhöhen, bietet sich damit die angenehmere Möglichkeit. In diesem Fall kommt alles, was Du ihm wert bist, auch bei Dir an.

Lesern mit einem eigenen Unternehmen oder eigener GmbH bieten sich noch weitere Chancen in Bezug auf ihre Kinder: Ab 14 Jahren können diese Arbeitsverhältnisse eingehen. Wer seine Kinder in seinem eigenen Unternehmen auf Minijob-Basis einstellt, schlägt zwei Fliegen mit einer Klappe: Er funktioniert erstens das Taschengeld als Betriebsausgabe um und bringt den Kindern zweitens auch die Arbeitswelt näher. Möglichkeiten bieten sich viele. Kinder können viel lernen, wenn sie beispielsweise Hilfstätigkeiten in Büro oder Werkstatt übernehmen. Derart wissen Sie auch den Wert des Geldes zu schätzen. Mein Sohn kann es kaum erwarten, 14 zu werden.

Reisen

Für den Badeurlaub auf den Malediven oder ähnliche Unternehmungen finden sich sicher kaum geschäftliche Anlässe, Teile anderer Urlaube verfügen jedoch durchaus über betriebliche Anteile. Wichtig ist immer, dass ein Zusammenhang mit einem betrieblichen Grund besteht. Ein Beispiel aus meiner eignen Praxis: Besuche ich meine Schwiegereltern in Brandenburg, plane ich immer Termine bei einigen meiner Mandanten in Berlin mit ein – schließlich muss ich diese ohnehin regelmäßig treffen. Auf diese Weise kann ich zumindest einen Teil der Kosten abziehen.

Ebenfalls mit Urlaubszwecken verbinden lassen sich andere, geschäftlich bedingte Reisen. Wer beispielsweise Aktien einer bestimmten Firma hält, kann deren Aktionärsversammlungen besuchen.

Dabei bleibt es jedem Investor selbst überlassen, ob er in Unternehmen zum Beispiel in München oder Kalifornien investiert.

Wer diese Aktien im Privatvermögen hält, kann derartige Reisen lediglich privat unternehmen und muss sie daher selbst bezahlen. Befinden sich die Aktien im Besitz der eigenen GmbH, lässt sich zumindest einen Teil der Reisekosten als Betriebsausgabe geltend machen.

Hausaufgabe

Lade die Exceltabelle mit den privaten Lebenskosten von unserer Internetseite runter und nehme Dir Zeit, diese auszufüllen. Ich empfehle, die Ausgaben für ein ganzes Jahr zu analysieren und nicht nur für drei Monate exemplarisch. Sonst entsteht eine ungenaue Auflistung, die Dir nur bedingt weiterhilft.

Im nächsten Schritt schaue Dir an, welche Kosten gegebenenfalls überflüssig sind – etwa Ausgaben für eine Mitgliedschaft im Fitnessstudio, die nicht genutzt wird – und eliminiere sie schnellstmöglich.

Im letzten Schritt solltest Du anhand der genannten Möglichkeiten prüfen, welche Kosten über Deinen Arbeitgeber laufen könnten oder welche Du in Dein Unternehmen verlagern kannst. Danach kennst Du Deine tatsächlichen, persönlichen Lebenshaltungskosten.

Steueroptimierung für Arbeitnehmer und Arbeitgeber

Lasten von Arbeitnehmern und -gebern

Im Kapitel zur Systematik der Einkommenssteuer kam bereits die Diskrepanz zwischen brutto und netto zur Sprache. So zahlen Arbeitnehmer neben der Lohnsteuer auch noch die Sozialversicherungsbeiträge. Damit ist jedoch noch nicht Schluss mit den Belastungen; der Arbeitgeber muss zudem seinen Anteil zur Sozialversicherung begleichen. Damit besteht ein großer Unterschied zwischen der Rechnung von Arbeitgebern und Arbeitnehmern, die Lohnnebenkosten bewegen sich in Deutschland auf einem relativ hohen Niveau.

Merke: ***Von den Zahlungen eines Arbeitgebers für seinen Arbeitnehmer kommt ein Großteil nicht beim Arbeitnehmer an.***

Lohnoptimierung

Wo derart hohe Belastungen existieren, stellt sich selbstverständlich die Frage nach Möglichkeiten zur Verbesserung der Situation und wie so oft im deutschen Steuerrecht ist auch der genannte Merksatz nicht in Stein gemeißelt. So lässt sich der Nettolohn durchaus mit einer Reihe von steuerfreien Vorteilen optimieren. Wer diese genießen will, braucht eine Absprache zwischen Arbeitgeber und Arbeitnehmer und im Endeffekt profitieren beide Seiten. Der Arbeitgeber kann eine Erhöhung der gesamten Zuwendungen – nicht nur in Form von Gehalt – ohne wesentliche Kostensteigerung gewähren und der Arbeitnehmer erhält einen höheren Nettolohn. So verändert sich der Merksatz leicht:

Der Arbeitnehmer erhält mehr von dem Gesamtbetrag, den er seinem Arbeitgeber wert ist.

Nötig dazu ist jedoch eine Voraussetzung: Der Arbeitgeber muss mitspielen.

Da die Einzelheiten dieses komplexen Themas den Rahmen dieses Buches sprengen würden, bieten wir einen Online Kurs dazu auf unserer Internetseite an. Dort findest Du auch die Termine und genauen Inhalte. Auch im Rahmen unseres 1-Tages-Impuls-Seminares werden wir hier einen umfassenden Überblick über die Gestaltungsmöglichkeiten der Lohnoptimierung geben. Die Termine und Veranstaltungsorte findest Du ebenfalls auf unserer Internetseite.

An dieser Stelle können nur die wichtigsten Grundlagen der verschiedenen Möglichkeiten zur Optimierung des Nettolohns Erwähnung finden.

Geldwerte Vorteile bis 44 Euro im Monat

Vielleicht am bekanntesten und am weitesten verbreitet sind geldwerte Vorteile bis 44 Euro. Diese Leistungen kann der Arbeitgeber seinem Arbeitnehmer steuer- und sozialversicherungsfrei zukommen lassen. Der Begriff „geldwerter Vorteil" bezeichnet eine Leistung in Form von Sachwerten. Reine Geldgeschenke sind von der Begünstigung daher ausgenommen.

Unter diese geldwerten Vorteile können kleinere Geschenke fallen, etwa die verbilligte Verköstigung in der Kantine oder die einmalige Gestellung von Firmen-Fahrzeugen; denkbar sind auch Gutscheine über einen Sachwert. Oftmals zum Einsatz kommen Essensmarken oder Benzingutscheine, wenn diese nicht als Zahlungsmittel eingesetzt werden. Erhält der Begünstigte mehrere Vorteile in einem Monat, sind diese zusammenzurechnen.

Gerade die Möglichkeit von Gutscheinen bot bis Ende 2019 eine sehr gute Gestaltung. Auch Prepaid-Kreditkarten und Geldkarten wurden von der Finanzverwaltung als Gutscheine akzeptiert. Die einzige Voraussetzung war, dass das gespeicherte Guthaben nicht als Geldbetrag ausgezahlt werden konnte. Das führte zu Angeboten von Karten, die überall als Zahlungsmittel akzeptiert wurden und somit eigentlich fast wie Bargeld waren. Da dies nicht im Sinne des Erfinders dieser Regelung war – Barzahlungen sollten ja gerade nicht begünstigt sein – wurde das Gesetz zum 1.01.2020 geändert.

Demnach fallen sogenannte Open-Loop-Karten, also Karten, die überall als Zahlungsmittel akzeptiert werden, nicht mehr unter diese Begünstigung.

Closed-Loop-Karten, also Karten, die nicht überall als Zahlungsmittel anerkannt sind, fallen weiter unter die Begünstigung dieser Steuerfreiheit. Wo genau die Grenze verläuft, ist derzeit noch ungewiss.[2] Die meisten Kartenanbieter haben die Zahlung im Ausland beschränkt oder bestimmte Onlineshops. Ob dies ausreichend ist, werden wir vermutlich wieder erst im Nachhinein feststellen, wenn entsprechend viele Fälle bei einem der höchsten Gerichte anhängig und entschieden werden. Bis dahin sollte man im Vorhinein mit dem Finanzamt diese Fälle absprechen. Derart hat man die Gewissheit und kann ggf. auf simple Tankgutscheine zurückgreifen, wenn die bislang genutzte Karte in einen Graubereich fällt. Wenn Du es erst im Rahmen einer Sozialversicherungs- oder Lohnsteuerprüfung feststellst, könnte es ansonsten teuer werden.

Ganz besonders beachten musst Du auch, dass es sich um eine Freigrenze handelt. Das bedeutet, ein geldwerter Vorteil ab einem Wert von 44,01 Euro stellt einen für den Arbeitnehmer steuer- und sozialversicherungspflichtigen Arbeitslohn dar. Diese Steuerpflicht gilt dann ab dem ersten Euro und nicht nur für den übersteigenden Betrag; ob es sich um Vorteile im Wert von 44,01 oder 637 Euro handelt, ist also egal. Wer den Nettolohn mit Hilfe des geldwerten Vorteils optimieren will, muss also immer unter dieser Freigrenze bleiben.

Arbeitgeberwaren oder -dienstleistungen

Eine weitere Möglichkeit zur Optimierung bietet sich, wenn ein Arbeitgeber Waren oder Dienstleistungen am Markt anbietet, die auch der Arbeitnehmer nutzt – etwa Konsumgüter. In diesem Fall kann der Arbeitgeber seinem Arbeitnehmer Waren und/oder Dienstleistungen im Wert von insgesamt 1.080 Euro pro Jahr steuer- und sozialversicherungsfrei zukommen lassen.

[2] Stand Februar 2020

Überlässt Dir Dein Arbeitgeber die Waren oder Dienstleistungen lediglich verbilligt – also etwa in Form von Rabatten für Arbeitnehmer in Kaufhäusern – darf die Summe der Rabatte diesen jährlichen Freibetrag nicht übersteigen.

Im Gegensatz zum geldwerten Vorteil in Höhe von 44 Euro handelt es sich hierbei um einen Freibetrag. Du kannst diese Begünstigungen bis zu einem Wert von 1.080 Euro daher immer steuer- und sozialversicherungsfrei vereinnahmen und musst lediglich den übersteigenden Betrag versteuern. Nimmst Du also einen Rabatt im Mitarbeitershop Deines Arbeitgebers in Höhe von 2.000 Euro in Anspruch, musst Du für 920 Euro Steuern und Sozialabgaben bezahlen.

Vermietung des Arbeitszimmers

Kannst Du die Arbeit auch von zu Hause erbringen und/oder sind umfangreiche Vorbereitungs- oder Nachbereitungsarbeiten erforderlich, ist es möglich, mit deinem Arbeitgeber einen Mietvertrag über diesen Home-Office-Platz abzuschließen. Wichtig ist, dass dokumentiert wird, dass der Arbeitgeber ein betriebliches Interesse an der Anmietung des Arbeitszimmers hat, beispielsweise, da er selbst nur eingeschränkt Räumlichkeiten zur Verfügung hat. Bei diesem Vorgehen profitiert der Arbeitgeber davon, dass die Miete keinen sozialversicherungspflichtigen Arbeitslohn darstellt. Zudem unterliegt die Miete auch nicht der Lohnsteuer, schließlich stellt sie keinen Arbeitslohn dar.

Wo Dein Arbeitgeber uneingeschränkt profitiert, birgt diese Mietlösung für Dich auch einen kleinen Wermutstropfen: Du musst diese Einkünfte im Rahmen deiner Einkommensteuererklärung angeben und als Mieteinnahmen versteuern. Diese lassen sich jedoch mindern, indem Du Deine laufenden Kosten für das Arbeitszimmer als Werbungskosten zu diesen Einnahmen geltend machst.

Unter diese Kosten des Arbeitszimmers fallen sämtliche Aufwendungen in Zusammenhang mit der Wohnung, wie zum Beispiel Miete oder Abschreibung, Versicherungen, Grundbesitzabgaben und die Nebenkosten – anteilig umgelegt auf den prozentualen Anteil des Arbeitszimmers an der Gesamtwohnung. Idealerweise orientiert sich die Höhe der Einnahmen an der Höhe der anteiligen Kosten, so dass kein großer Überschuss entsteht. In diesem Fall gibt es im Rahmen der Einkommensteuererklärung auch kaum etwas zu versteuern.

Telefon und Telekommunikationsgeräte

Überlässt Dir Dein Arbeitgeber Telefon, Handy, Smartphone, Tablet, PC und/oder Notebook, erzeugt die private Mitbenutzung dieser Geräte keinen Vorteil, den Du versteuern musst. Stellt der Arbeitgeber Dir im Rahmen eines Home-Office-Platzes zudem einen Arbeitsplatz inklusive Drucker zur Verfügung, ist dies ebenfalls kein geldwerter Vorteil.

In diesem Fall gehören Dir diese Gegenstände zwar nicht, Du reduzierst jedoch Kosten, weil Du keinen teuren Handvertrag oder Anschaffungskosten eines hochwertigen Telekommunikationsgerätes privat aufbringen musst.

Reisekosten

Für Fahrten zwischen Wohnsitz und erster Tätigkeitsstätte kannst Du keine Reisekosten geltend machen, hier ermöglicht das Steuerrecht lediglich die Anrechnung von Werbungskosten in Form einer Entfernungspauschale. Erste Tätigkeitsstätte bezeichnet den Ort, an dem Du regelmäßig tätig wirst; also zum Beispiel Dein Büro oder Deine Werkstatt. Die Entfernungspauschale beträgt nur 0,30 Euro pro Entfernungskilometer. Das bedeutet, dass Du nur die Hinfahrt steuerlich geltend machen kannst. Die Kosten entstehen aber für die Hin- und Rückfahrt. Es ist jedoch gesetzlich vorgegeben, dass Du nur die einfache Fahrt als Kosten berücksichtigen kannst.

Seit 2020 kann der Gesetzgeber ein Jobticket für Fahrten Wohnung-Arbeitsstätte steuerfrei zahlen.

Dann kannst Du in deiner Steuererklärung jedoch nicht mehr die Werbungskosten geltend machen. Alternativ besteht jedoch auch die Möglichkeit, dass der Arbeitgeber diesen Vorteil pauschal versteuert.

Für dich hat dies im Rahmen der Lohnabrechnung den gleichen Effekt, da die pauschale Steuer der Arbeitgeber für dich trägt. Für ihn sind es daher höhere Kosten. Der Vorteil für dich besteht dann jedoch, dass Du die Fahrtkosten weiterhin in der Steuererklärung als Werbungskosten geltend machen. Lohnen würde sich diese Variante nur, wenn der Werbungskostenpauschbetrag durch weitere Kosten überschritten ist.

Im Vergleich zu der Entfernungspauschale für Fahrten zwischen Wohnung und erster Tätigkeitsstätte bieten Fahrtkosten im Rahmen einer Dienstreise die Möglichkeit, Hin- und Rückfahrt zu berücksichtigen. Wir sprechen also hier von den doppelten Kosten, die Du steuerlich geltend machen kannst. Daher ist es bereits beim Abschluss des Arbeitsvertrages sinnvoll, zu entscheiden, wo die erste Tätigkeitsstätte liegen soll. Derzeit folgt die Finanzverwaltung der Angabe im Arbeitsvertrag.

Als Reisekosten gelten diejenigen Kosten eines Arbeitnehmers, die er für andere, betrieblich veranlasste Reisen aufbringen muss. Dazu zählen Reisen außerhalb des Wohnsitzes und der ersten Tätigkeitsstätte. Die meisten Arbeitgeber erstatten derartige Reisekosten in Höhe der gesetzlichen Pauschalen. Darunter fallen:

- **Fahrtkosten bei einer Dienstreise**

Als Fahrtkosten gelten die tatsächlich entstehenden Kosten für jeden Kilometer der betrieblichen Fahrt, egal ob Du mit öffentlichen Verkehrsmitteln fährst oder mit dem eigenen PKW. Besitzt Du keinen Nachweis über die tatsächlichen Kosten, kannst Du je nach Beförderungsmittel auch pauschale Kilometersätze ansetzen. Für den PKW beträgt sie wiederum 0,30 Euro je gefahrenen Kilometer.

Stellt Dir der Arbeitgeber dagegen einen Firmen-PKW, kannst Du keine Abzüge steuerlich geltend machen, schließlich hattest Du auch keine Kosten.

- **Verpflegungsmehraufwendungen**

Es ist nicht möglich, die tatsächlichen Kosten für Verpflegung bei einer Dienstreise geltend zu machen. Stattdessen existieren Pauschalen, abhängig von der Dauer der Abwesenheit von der ersten Tätigkeitsstätte oder Wohnung des Arbeitnehmers.

Bei einer Abwesenheit von mehr als 8 Stunden oder bei einem An- oder Abreisetag mit einer Übernachtung beträgt die Pauschale in Deutschland 14 Euro[3], bei einer ganztägigen Abwesenheit in Deutschland liegt sie in Höhe von 28 Euro[4]. Wenn Du auf einer Dienstreise in anderen Ländern unterwegs bist, gewährt der Fiskus andere Pauschalen.

Diese Pauschalen sind zu kürzen, wenn die Verpflegung durch den Arbeitgeber erfolgt. Dabei werden 20 Prozent der Verpflegungsmehraufwendungen für ein gewährtes Frühstück gekürzt und jeweils 40 Prozent für ein Mittag- oder Abendessen. Es wird jedoch maximal auf 0 EUR gekürzt, auch wenn der so berechnete Kürzungsbetrag eigentlich den Verpflegungsmehraufwand des Tages überschreiten würde (Beispielsweise bei einem Anreisetag, an dem Mittag- und Abendessen vom Arbeitgeber gezahlt wird).

Diese Verpflegungsmehraufwendungen dürfen maximal 3 Monate lang vom Arbeitgeber steuerfrei erstattet werden bzw. im Rahmen der Einkommensteuererklärung als Kosten angegeben werden, wenn der Arbeitnehmer in dieser Zeit ununterbrochen zur gleichen Auswärtstätigkeit fährt. Wechselt die Arbeitsstätte, existiert diese zeitliche Beschränkung nicht.

[3] Bis 2019: 12 EUR

[4] Bis 2019: 24 EUR

Wenn der Arbeitnehmer länger als 3 Monate eine auswärtigen Tätigkeitstätte besucht und dann für 4 Wochen woanders arbeitet oder in Urlaub geht, fängt die oben genannte 3 Monatsfrist wieder neu an und der Arbeitnehmer kann wieder neue Verpflegungsmehraufwendungen geltend machen. Jedenfalls für die nächsten 3 Monate.

- **Übernachtungskosten**

Die reinen Übernachtungskosten wie zum Beispiel Hotelrechnungen können in der tatsächlichen Höhe erstattet werden.

Wird auch das Frühstück gewährt, muss der Verpflegungsmehraufwand des Tages entsprechend um 20 Prozent gekürzt werden.

- **Reisenebenkosten**

Unter Reisenebenkosten fallen beispielsweise Kosten für Sitzplatzreservierungen bei der Bahn, Zusatzkosten für das Gepäck bei Flügen, Telefon- und Internetkosten im Hotelzimmer. Diese Kosten kannst Du Dir grundsätzlich in voller Höhe steuerfrei erstatten lassen.

Die genannten Regeln beschränken die Erstattungsmöglichkeiten von Reisekosten sehr deutlich. Allerdings lassen sich Konstellationen gestalten, die mehr Möglichkeiten zum Ansetzen der Kosten eröffnen. Verfügt der Arbeitgeber beispielsweise über zwei Niederlassungen und bist Du hauptsächlich in Niederlassung 1, könnte im Arbeitsvertrag geregelt werden, dass deine erste Tätigkeitsstätte in Niederlassung 2 liegt, sofern Du auch dort ab und zu vorbeischaust. Die Konsequenz: Die Fahrten zur Niederlassung 1 stellen immer Dienstreisen dar und die Kosten dafür werden mit 0,30 Euro pro Kilometer erstattet. Auch kann der Arbeitgeber Verpflegungsmehraufwendungen – zumindest für 3 Monate – steuerfrei zahlen. Fährst Du vier Wochen einmal nicht zu dieser Dienststelle, etwa aufgrund eines Urlaubes, können weitere drei Monate Verpflegungsmehraufwendungen gewährt werden.

Doppelter Verpflegungsmehraufwand

Eine weitere Möglichkeit zur Vereinnahmung steuer- und abgabenreduzierter Lohnbestandteile existiert im Bereich der Verpflegungsmehraufwendungen und pauschalen Fahrtkostenerstattungen.

Anstatt einem Gehaltsplus kann Dein Arbeitgeber die doppelten Beträge der steuerlich zulässigen Sätze zahlen. Wie bereits erläutert, bleibt die einfache Höhe dieser Aufwendungen lohnsteuer- und sozialversicherungsfrei. Den darüber hinausgehenden Betrag kann der Arbeitgeber pauschal versteuern, so dass der Arbeitnehmer nichts davon merkt. Der pauschale Arbeitslohn wird vom Arbeitgeber geschuldet und mindert nicht den Nettobetrag des Arbeitnehmers.

Diese Variante ist im Regelfall günstiger, als einen höheren Lohn zu zahlen und kann vor allem im Fall zahlreicher Dienstreisen eine Möglichkeit sein, das Nettogehalt aufzubessern.

PKW-Gestellung

Ein weit verbreitetes Gestaltungsinstrument nutzen viele Arbeitgeber, indem sie ihren Beschäftigten einen Firmen-Pkw überlassen. Von dieser Lösung profitierst Du als Arbeitnehmer, weil Du kein Geld mehr für die Anschaffung und/oder den Unterhalt eines Autos aufbringen musst. Dir obliegt es lediglich, den geldwerten Vorteil zu versteuern. Dafür gelten die bereits erläuterten Regeln zur Fahrtenbuchmethode oder dem 1 Prozent.

Derzeit werden Elektroautos sehr gefördert und durch steuerliche Anreize soll deren Anschaffung unterstütz werden. Wenn Du ein Elektro- oder Hybridauto als Firmen-PKW nutzen darfst, musste in 2019 nur die halbe 1%-Regel angewendet werden, sofern die Reichweite dieses PKWs mindestens 40 km beträgt[5] oder die Kohlendioxidemission höchstens 50 Gramm beträgt.

---

[5] Bei Anschaffung in späteren Jahren wird diese Voraussetzung **stufenweise verschärft**. Bei Anschaffung ab 2022 steigt die Reichweiten-Voraussetzung auf 60 km, ab 2025 auf 80 km.

Wenn reine Elektroautos ab 2020 als Firmenwagen genutzt werden, muss sogar nur ¼ des Bruttolistenpreises versteuert werden, wenn dieser nicht mehr als 40.000 EUR beträgt.

Um den Umweltschutz noch weiter zu fördern, besteht auch die Möglichkeit, den Mitarbeitern steuerfrei ein Fahrrad, E-Bike oder Pedelecs zur Verfügung zu stellen, sofern es sich nicht um ein Kraftfahrzeug handelt. Es können sogar mehrere derartiger Fortbewegungsmittel ist steuerfrei zu behandeln.

Fortbildungskosten

Betriebliche Fortbildungen zur Weiterbildung von Arbeitnehmern liegen im Interesse der Arbeitgeber und werden von diesen auch meist bezahlt. Bei höheren Fortbildungskosten, wie etwa im Falle eines Studiums, rate ich Arbeitgebern immer, die Fortbildungskosten als Darlehen zu gewähren. In der Praxis schließt der Arbeitnehmer den Fortbildungsvertrag in seinem Namen ab und leiht sich das nötige Geld beim Arbeitgeber. Von dieser Konstruktion profitieren beide Seiten: Der Arbeitnehmer zahlt das Darlehen monatlich durch seine Arbeitsleistung nach Abschluss des Studiums zurück, kann diese Kosten als Werbungskosten ansetzen und spart damit Steuern. Der Arbeitgeber wiederum bindet den Mitarbeiter an sein Unternehmen und sorgt gleichzeitig für die Weiterbildung der eigenen Mitarbeiter. Üblicherweise unterliegen derartige Darlehen der Auflage, sie bei vorzeitigem Verlassen der Firma zurückzahlen zu müssen. So kann der Vertrag beispielsweise auf drei Jahre abgeschlossen werden und das Darlehen verliert damit jeden Monat 1/36 seines Werts.

Wo viele Unternehmen die Weiterbildung ihrer Beschäftigten als Standard sehen, werden Persönlichkeitsentwicklungen bislang selten gefördert. Wenn derartige Angebote existieren, handelt es sich meist um ungefragt angebotene Schulungen für Führungskräfte. Arbeitgeber können jedoch auch darüber hinaus gehende Persönlichkeitsentwicklungen bezahlen – etwa zur Abgeltung besonderer Leistungen anstatt der Zahlung von Tantiemen oder Prämien. Weil derartige Zahlungen in der Regel nur zu einem Bruchteil tatsächlich bei Arbeitnehmern ankommen, könntest Du Deinen Arbeitgeber zur Übernahme derartiger Persönlichkeitsschulungen bewegen.

Damit der Fiskus hier mitspielt, ist es meiner Meinung nach jedoch hilfreich, wenn Du als Arbeitnehmer Personalverantwortung besitzt und darlegst, wie diese Schulung Deiner Arbeit zugutekommt.

Erholungsbeihilfen

Einmal im Jahr kann der Arbeitgeber seinen Arbeitnehmern eine Erholungsbeihilfe gewähren. Diese beträgt derzeit 156 Euro für den Arbeitnehmer, 104 Euro für seinen Ehepartner und 52 Euro für jedes Kind.

Erholungsbeihilfen müssen im Zusammenhang mit Erholungsmaßnahmen stehen – etwa mit einem Urlaub von mindestens einer Woche Dauer. Auch derartige Erholungsbeihilfen kann der Arbeitgeber pauschal versteuern. Das bedeutet wieder, dass der Arbeitgeber diese Lohnsteuer schuldet und der Arbeitnehmer dadurch nicht belastet wird. Diese Variante kommt in der Regel günstiger, als diese Beträge mit der normalen Lohnsteuer zu versteuern.

Achtung: Bei den genannten Beträgen handelt es sich um Freigrenzen. Zahlt der Arbeitgeber versehentlich zu viel, liegt steuer- und sozialversicherungspflichtiger Arbeitslohn für die gesamte Zahlung und nicht nur für den übersteigenden Betrag vor.

Gesundheitsfördernde Maßnahmen

Arbeitgeber können ihren Beschäftigten bis zu 500 Euro für gesundheitsfördernde Maßnahmen im Jahr steuer- und sozialversicherungsfrei zuwenden. Beiträge für Sport- und Fitnessstudios fallen nicht ohne weiteres unter diese Begünstigung, jedoch solche Kurse, die die Krankenkasse als Prävention einstuft. Dazu gehören beispielsweise Programme zu Bewegung (insbesondere Rückenmaßnahmen), Stressbewältigung, Entspannung, Ernährung und zur Raucherentwöhnung.

Anders als die Beihilfen zur Erholung gelten diejenigen für gesundheitsfördernde Maßnahmen jedoch als Freibeträge. Die 500 Euro sind daher immer steuerfrei, nur übersteigender Beträge unterliegen der Steuer- und Abgabenpflicht.

Arbeitskleidung

Stellt der Arbeitgeber Arbeitskleidung zur Verfügung, werden dafür selbstverständlich keine Steuern fällig. Der Arbeitnehmer kann diese Kleidung sogar privat waschen (lassen) und dafür pauschal Waschkosten als steuermindernde Kosten im Rahmen seiner Einkommensteuer absetzen.

Unter Arbeitskleidung fallen etwa typische Handwerkerkleidung oder auch einheitliche Kleidung im Servicebereich.

Typische Bürokleidung wie Anzüge und Kostüme akzeptiert der Fiskus grundsätzlich nicht als abzugsfähige Arbeitskleidung.

Dies gilt auch dann, wenn der Arbeitnehmer nachweist, dass er diese Kleidung nicht privat nutzt. Legt der Arbeitgeber Wert darauf, dass Arbeitnehmer auch im Büro in einheitlicher Business-Kleidung auftreten, könnten diese Anzüge beispielsweise mit Logos bestickt werden. Damit lässt sich ein einheitliches Auftreten nachweisen und die Überlassung wäre steuerfrei und der Arbeitnehmer könnte die Waschkosten absetzen.

Kindergartenbeiträge

Kindergartenbeiträge sowie das Essensgeld für die Kinder in der jeweiligen Einrichtung kann der Arbeitnehmer in voller Höhe steuerfrei vereinnahmen, sofern es zusätzlich zum geschuldeten Arbeitslohn gezahlt wird.

Gestaltung durch Minijobs

Eine sehr interessante Möglichkeit zu kostensparenden Gehaltssteigerungen bietet sich, wenn ein Arbeitgeber mehrere Unternehmen besitzt. In diesen Fällen sind die Mitarbeiter oftmals für mehrere davon tätig und beziehen ihr Gehalt jedoch trotzdem nur von einem. Hier ergibt es Sinn, diese Angestellten auf Minijob-Basis in (einem) weiteren Unternehmen anzustellen. Auf diese Weise erhalten die Arbeitnehmer 450 Euro netto, sie kosten den Arbeitgeber aber nur 600 Euro.

Wird eine Gehaltserhöhung um 450 Euro dagegen zum üblichen Einkommensteuertarif versteuert, kann sie den Arbeitgeber bis zu 900 Euro kosten. Von dieser Gestaltung profitieren daher beide Parteien.

Selbstverständlich muss der Arbeitnehmer tatsächlich für alle Unternehmen tätig sein, von denen er Geld erhält. Dabei ist es wichtig, diese Tätigkeiten durch Stundennachweise zu dokumentieren.

Beteiligung am Unternehmen

Sehr viele Unternehmen bezahlen ihren Mitarbeitern finanzielle Anreize wie Tantiemen oder Umsatz- und Gewinnbeteiligungen. Die Folge: Derartige Zahlungen bieten längst keine Garantie mehr, dass sie die Arbeitnehmer im Unternehmen halten. Will ein Arbeitgeber die Mitarbeiter langfristig an sein Unternehmen binden, bieten Beteiligungen oftmals bessere Chancen dazu. Denn wer an einem Unternehmen beteiligt ist, wird dieses seltener verlassen. Der Teilhaber gewöhnt sich zudem unternehmerisches Denken an – bei seiner Arbeit geht es auch um sein eigenes Geld sowie um sein eigenes Unternehmen – und damit ist er am langfristigen Erfolg des Unternehmens interessiert.

Planen Arbeitgeber und Arbeitnehmer eine konkrete Beteiligung, sollten sie deren Details unbedingt mit dem Steuerberater besprechen. Dabei kommt es beispielsweise darauf an, den Wert der Firma zu ermitteln und vor diesem Hintergrund zu entscheiden, wie und in welchem Umfang der Arbeitnehmer beteiligt werden soll. Auch existieren unterschiedliche Möglichkeiten in punkto Umsetzung der Beteiligung und jede einzelne zieht andere, steuerliche Konsequenzen nach sich. So stellt eine Schenkung der Beteiligung steuerpflichtigen Arbeitslohn dar. Erwirbt der Arbeitnehmer dagegen den Anteil am Unternehmen, muss er zunächst eigenes Geld investieren.

Wichtig ist es vor allem, mit dem jeweiligen Arbeitnehmer zusammen die passende Möglichkeit zu finden. In meiner Steuerberatungspraxis habe ich gute Erfahrungen damit gemacht, wenn der Arbeitgeber seinem Arbeitnehmer ein Darlehen für den Anteilskauf gewährt. Dieses lässt sich beispielsweise mit zukünftigen Gewinnausschüttungen abtragen.

Auf diese Weise erwächst für den Arbeitnehmer im ersten Schritt keine Belastung, er profitiert jedoch schon vom Wertzuwachs der Firma.

Die Übereignung von Anteilen kann jedoch auch die Rechtsform beeinflussen und große Veränderungen für den bisherigen Arbeitnehmer mit sich bringen. Wer bislang ein Einzelunternehmen geführt hat, schafft durch die Aufnahme eines Arbeitnehmers als Teilhaber eine Personengesellschaft.

Dadurch gilt der bisherige Arbeitnehmer in Zukunft als Selbständiger und unterliegt damit veränderten Rahmenbedingungen; Lohnsteuer und Sozialversicherungspflicht können unter Umständen dann vollständig entfallen.

Firmiert der Arbeitgeber als GmbH und erwirbt der Arbeitnehmer Anteile an dieser GmbH, bleibt er weiterhin Arbeitnehmer. An seinem Status ändert sich also nichts, im Gegensatz zum Arbeitslohn unterliegen Gewinnausschüttungen jedoch nicht der Lohnsteuer und der Sozialversicherung. Vielmehr gelten sie als Kapitaleinkünfte, die der Abgeltungsteuer von 25 Prozent unterliegen.

Lohnoptimierung aus Sicht des Arbeitgebers

Die vorigen Kapitel drehten sich vor allem um die vielfältigen Möglichkeiten, mit deren Hilfe sich die Nettolöhne von Arbeitnehmern optimieren lassen. Findest Du als Arbeitgeber diese Abschnitte interessant und willst Deinen Beschäftigten nun etwas Gutes tun, könntest Du jedoch eine unangenehme Überraschung erleben. Denn viele meiner Mandanten berichten von vielfältigen Begründungen, warum die genannten Lohnoptimierungen keineswegs auf Zustimmung stoßen.

So schauen manche Arbeitnehmer nur auf das Bruttogehalt, damit sie sich mit Kollegen, Freunden und Bekannten vergleichen können. Andere werfen ihrem Arbeitgeber vor, sich an ihnen bereichern zu wollen. Die Minijob-Gestaltung dagegen wird oft mit der Begründung abgelehnt, dass dadurch der Anspruch in der Rentenversicherung sinkt.

Die Überlassung eines Telefons sehen viele Menschen kritisch, weil sie Angst haben, am Wochenende erreichbar sein zu müssen. Stößt Du also auf Ablehnung Deiner Belegschaft, nimm Dir diese nicht zu Herzen. Manche Arbeitnehmer denken einfach anders.

Schritte in die Selbstständigkeit

Die einzig wahre Steueroptimierung

Die oben beschriebenen Möglichkeiten der Lohnoptimierung – abgesehen von der Beteiligung an einem Unternehmen – lassen sich lediglich als Tropfen auf dem heißen Stein bezeichnen. Sie erlauben noch keine wirkliche Optimierung der Steuerlast, diese gestaltet sich unter den Rahmenbedingungen des Arbeitnehmerdaseins schwierig. Der Grund: Arbeitnehmer sind im Einkommensteuersystem gefangen und dieses bietet abgesehen von den genannten Kniffen kaum Ansatzpunkte. Solltest Du Dein Geld als Arbeitnehmer verdienen und Deinen Status nicht in eine wie auch immer geartete Selbstständigkeit ändern können, kannst Du der Einkommensteuer und der Sozialversicherungspflicht nicht entgehen. Deshalb ist es aus steuerlichen Gesichtspunkten sinnvoll, über Wege in die Selbständigkeit nachzudenken. Erst dann bieten sich vielfältige Möglichkeiten für die Optimierung und es existieren unterschiedliche Ansatzpunkte; vor dem Hintergrund des beruflichen und privaten Umfelds kann ein guter Steuerberater die passenden Modelle mit Dir zusammen konzipieren.

Achtung: Scheinselbstständigkeit!

Eine solche Veränderung des Status gestaltet sich jedoch nicht immer ganz unproblematisch. Denn in vielen Fällen dürfte es sinnvoll sein, die bisherige Tätigkeit mehr oder weniger unverändert fortzusetzen und dazu braucht es erstens die Zustimmung des Arbeitgebers; er muss den Arbeitnehmer aus dem Angestelltenverhältnis entlassen und auf selbstständiger Basis anstellen. Zweitens besitzt dieser Übergang einen gefährlichen Haken: Die Verträge und auch die konkrete, selbständige Arbeit müssen so gestaltet und organisiert werden, dass keine Scheinselbstständigkeit vorliegt.

Von einer Scheinselbstständigkeit gehen die Behörden aus, wenn Du zwar Rechnungen wie ein Selbstständiger schreibst, aber eigentlich in das Unternehmen Deines Auftraggebers eingegliedert bist.

Damit bleibst Du dessen Arbeitnehmer, auch wenn kein Arbeitsvertrag vorliegt. Aus der Perspektive des Fiskus arbeitest Du nur zum Schein selbstständig, um die Sozialversicherungspflicht zu umgehen. Zur Sicherheit für Arbeitgeber und Arbeitnehmer empfehle ich daher ein Statusfeststellungsverfahren. Erst dieses bringt die nötige Sicherheit, dass keine Sozialversicherungspflicht besteht.

Dabei existieren diverse Möglichkeiten, den Vorwurf der Scheinselbstständigkeit zu entkräften. Wirbst Du beispielsweise auf einer eigenen Homepage für Deine Tätigkeit, suchst aktiv andere Auftraggeber und hast sogar mehrere davon, gelten diese Merkmale als gute Zeichen für eine echte Selbstständigkeit. Auch wenn Du einen sozialversicherungspflichtig Angestellten beschäftigst, kann dies die Scheinselbstständigkeit entkräften.

Sollte Dein bisheriger Arbeitgeber jedoch Bedenken gegen den Schritt in die Selbständigkeit anführen, kannst Du der Einkommensteuer und der Sozialversicherungspflicht über diesen Weg kaum entgehen.

Möglichkeit der nebenberuflichen Selbstständigkeit

Spielt Dein Arbeitgeber nicht mit und Du weißt aber, dass Du nicht bis ans Lebensende Arbeitnehmer bleiben möchtest? In diesem Fall existieren Möglichkeiten, nebenberuflich eine Selbstständigkeit aufzubauen. Welche geeignet sind, hängt vor allem von Persönlichkeit, Interessen und Know-how ab. Wenn Interesse besteht, solltest Du daher eine genaue Analyse anstellen und Szenarien durchspielen.

Wenn Du dich nicht im deinem Fachgebiet selbstständig machen kannst oder möchtest, kann ich Network-Marketing empfehlen. Hier ist keine große Investition erforderlich, meist nur einen Mindestkonsum von Produkten, von denen Du überzeugt bist und diese Produkte musst Du weiterempfehlen.

Natürlich erfordert dies auch Zeit, sich in die Materie einzuarbeiten und ein Netzwerk aufzubauen. Aber wenn Du ein Produkt gefunden hast, hinter dem Du stehst, ist es auch nicht schwierig, dieses weiterzuempfehlen. Wir Menschen machen dies ständig. Und für jede Weiterempfehlung bekommst Du eine Provision. Natürlich musst Du aber der Typ dafür sein.

Auch existieren im Internet unzählige Möglichkeiten, Geld zu verdienen und wer eine clevere Geschäftsidee hat, kann sie meist schnell und kostengünstig verwirklichen. Dabei kommt es jedoch darauf an, nie das Risiko aus den Augen zu verlieren. Doch Dir sollte stets klar sein, dass das schnelle Geld selten vorkommt. Beruflicher Erfolg ist immer mit Arbeit und Zeit verbunden.

Bist Du dann nebenberuflich selbstständig tätig, kannst Du diverse Kosten aus dem privaten in den betrieblichen Bereich verlagern. Das betrifft beispielsweise Telefon- und Reisekosten, Ausgaben für die Bewirtung von Geschäftspartnern oder Fortbildungen. Du musst jedoch darauf achten, nicht über mehrere Jahre Verluste zu generieren. Das Finanzamt macht eine derartige Praxis nicht auf Dauer mit und erkennt die Verluste steuerlich nicht an. Ohnehin sollte ein dauerhaftes Minus nicht im Fokus liegen, vielmehr bezweckt eine selbständige Tätigkeit meiner Ansicht nach die Erzielung von Gewinnen. Fließen sie, kannst Du Dich vollständig in die Selbstständigkeit begeben und die wahren Potentiale der Steueroptimierung ausschöpfen.

Folgen der Selbstständigkeit

Diese bestehen vor allem darin, dass Du weder der bislang unumgänglichen Lohnsteuer unterliegst, noch unter die Sozialversicherungspflicht fällst. Wo Dein früherer Arbeitgeber Steuern und Sozialabgaben direkt vom Lohn abgezogen und an das Finanzamt abgeführt hat, zählt ab sofort der Gewinn Deiner selbständigen Tätigkeit als Grundlage für den Fiskus. Das Gute daran: Wie hoch der Gewinn und damit die Steuer ausfallen, lässt sich weit mehr beeinflussen, als mit Hilfe der bereits erwähnten Optimierungsmöglichkeiten für Arbeitnehmer.

Als Selbständiger musst Du zunächst einmal in punkto Steuern und Abgaben umdenken. So wird nicht mehr automatisch die Lohnsteuer einbehalten, stattdessen musst Du nun Einkommensteuer auf Deinen Gewinn zahlen und die jeweiligen Zahlungen eigenverantwortlich einmal im Quartal an das Finanzamt leisten. Auch für Kranken- und Pflegeversicherung sind Selbständige alleine verantwortlich, es gibt keinen Zuschuss vom Arbeitgeber mehr. Allerdings lassen sich die Kosten in voller Höhe von der Steuer absetzen.

Ob Du dich für die gesetzliche oder eine private Krankenversicherung entscheidest, ist dann Dir selbst überlassen. Viele Selbständige sehen es als großen Vorteil, dass sie von der gesetzlichen Rentenversicherung und von der Arbeitslosenversicherung befreit sind. Das bedeutet, dass rund 22 Prozent des Einkommens zur Verfügung stehen, um es selbst anzulegen und zu verwalten.

Exkurs: Umsatzsteuerlicher Kleinunternehmer

Viele Existenzgründer freuen sich am Beginn ihrer selbständigen Tätigkeit, dass sie keine Umsatzsteuer (im Folgenden auch mit USt abgekürzt) zahlen müssen, weil sie als umsatzsteuerlicher Kleinunternehmer gelten. Diese Regel in Anspruch zu nehmen, stellt aber nur in wenigen Fällen tatsächlich eine gute Alternative dar. Der Hintergrund:

Als Kleinunternehmer gilt, wer im laufenden Jahr nicht mehr als 22.000 Euro[6] Umsatz und im darauf folgenden Jahr weniger als voraussichtlich 50.000 Euro Umsatz generiert. Bleibt ein Unternehmer unter diesen Grenzen, muss er keine Umsatzsteuer erheben. Brutto-Einnahmen sind also tatsächlich Erlöse. Die Rechnung darf in diesem Fall keine Umsatzsteuer ausweisen, sie muss jedoch einen Hinweis auf die Anwendung der Kleinunternehmerregelung enthalten.

[6] Bis einschließlich 2019: 17.500 EUR

Diese Regelung verfügt jedoch über einen gewichtigen Nachteil: Ein umsatzsteuerlicher Kleinunternehmer erhält auch keine Vorsteuer vom Finanzamt erstattet, also an andere Unternehmer gezahlte Umsatzsteuer. Wer in der Anfangsphase große Investitionen tätigen will, sollte sich seine Einstufung daher genau vorab überlegen. Oft ist es sinnvoll, Umsatzsteuer auf geringe Umsätze zu zahlen, dafür aber die Vorsteuer bei großen Investitionen vom Finanzamt erstattet zu bekommen. Auf diese Weise lässt sich ein Liquiditätsvorteil erzielen, da das Finanzamt einen Teil der Investitionen über die Vorsteuer mitträgt.

Belieferst Du lediglich Unternehmer mit Deinen Waren oder Dienstleistungen, spielt die Umsatzsteuer, die Du in Rechnung stellst, in der Regel keine Rolle.

Vermutlich kommt es für Deine Kunden sogar günstiger, denn Du wirst die Gewinnmarge nur auf Deinen Netto-Einkaufspreis aufschlagen, weil Du ja nur durch diesen belastet bist.

Beispiel:

Du stellst eine Rechnung von 1.000 Euro zzgl. 190 Euro Umsatzsteuer. Dein Kunde erhält vom Finanzamt 190 Euro zurück, so dass er nur in Höhe von 1.000 Euro tatsächlich belastet wird.

Stellst Du 1.000 Euro ohne Umsatzsteuerausweis in Rechnung, wird Dein Kunde ebenfalls in Höhe von 1.000 Euro belastet.

Anders sieht diese Rechnung aus, wenn Du hauptsächlich Privatkunden belieferst. In diesem Fall ist es von Vorteil, wenn Du keine Umsatzsteuer auf die Produkte ausweisen musst. Denn ein Privatkunde trägt die Umsatzsteuer effektiv; er erhält keine Erstattung vom Finanzamt und sein Einkaufspreis steigt entsprechend.

Die Umsatzsteuerpflicht führt jedoch zu höheren administrativen Kosten. Denn bereits im ersten Jahr fordert das Finanzamt monatliche Umsatzsteuervoranmeldungen[7] und nach Ende des Geschäftsjahres eine Umsatzsteuerjahreserklärung.

---

[7] Ab 2021 bis 2026 soll dies auf viertejährliche Vorauszahlungen für Neugründungen geändert werden.

Es gilt daher genau abzuwägen, ob die Kleinunternehmerregelung im konkreten Fall Vor- oder Nachteile erbringt.

Auch bei diesem Thema bringt ein Gespräch mit Deinem Steuerberater meist Klarheit.

Abbildung 12: Vor- und Nachteile des umsatzsteuerlichen Kleinunternehmers

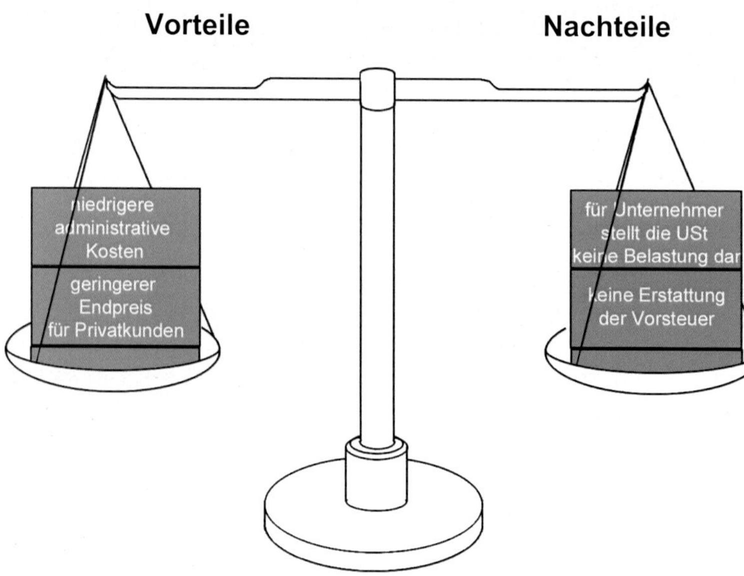

Hausaufgabe

Bist Du als Arbeitnehmer beschäftigt, solltest Du überlegen, ob Du diesen Status auch in Zukunft dauerhaft beibehalten möchtest. Falls ja, denke über mögliche Lohnoptimierungen nach, damit Du mehr von Deinem Brutto erhältst und besprich diese mit Deinem Arbeitgeber. Zudem solltest Du das vorgestellte Kontensystem nutzen, um ein zweites, finanzielles Standbein durch Investments aufzubauen. Eines sollte Dir jedoch klar sein: Die diversen Optimierungsmöglichkeiten und vor allem der Einstieg in das Kontensystem werden Deine finanzielle Situation zwar verbessern, ein wirklicher Sprung ist innerhalb des Arbeitnehmerdaseins kaum möglich. Steuer- und Abgabensystem setzen hier sehr enge Grenzen.

Ganz anders sieht es aus, wenn Du Dich auf längere Sicht selbstständig machen möchtest. Für Unternehmer bieten sich unzählige Gestaltungsmöglichkeiten und Du findest in den kommenden Kapiteln zahlreiche Ansatzpunkte für eine wirkliche Steueroptimierung. Du lernst die Chancen kennen, die ein Ausstieg aus dem staatlichen Zwangsabgabe- und Zwangsversorgungssystem mit sich bringt. Zudem erhältst Du Einblicke in unterschiedliche Strategien, mit deren Hilfe Du Dich eigenverantwortlich um Vermögensaufbau und Absicherung kümmern kannst. Erst dann kannst Du Dich wirklich in eine Situation bringen, in der Deine Kohle nicht mehr verglüht.

Merke: Bevor Du weiterliest, solltest Du Deine Ziele klären und Deine Einnahmequellen sowie die Ausgaben strukturieren.

Rechtsformwahl

Entdecke die Möglichkeiten

Wer als Vermieter, Investor oder Unternehmer agiert, kann sich die Rechtsform seiner Tätigkeit(en) aussuchen. Arbeitnehmer dagegen haben keine Chance, eine geeignete Rechtsform zu wählen und sie müssen ihren Arbeitslohn als Privatperson beziehen.

Doch leider machen sich auch viele Unternehmer, Investoren oder Vermieter keine Gedanken über die Rechtsform ihrer Tätigkeit und legen einfach los. Die Folge: Sie erzielen ihre Einkünfte im Einkommensteuerbereich. Unter gewissen Umständen mag diese Wahl sinnvoll sein, oftmals eignen sich andere Rechtsformen jedoch besser – vor allem bieten sie mehr Möglichkeiten für die Steueroptimierung. Für mich ist ganz entscheidend, dass Du Dir bewusst machst, warum Du ein Wahlrecht ausübst. Nur dann weißt Du auch über die Grenzen Bescheid und kannst Schritte einleiten, wenn eine Änderung erforderlich ist.

Einzelunternehmen oder Freiberufler

Stehst Du am Beginn Deiner unternehmerischen Tätigkeit, kannst Du vieles nur schlecht abschätzen. So weißt Du zum Beispiel noch nicht, ob Deine Geschäftsidee tatsächlich funktionieren wird und aufgrund des geringen Aufwandes ist es oftmals sinnvoll, das Geschäft über ein Einzelunternehmen zu starten. Das gilt auch, weil in der Regel Anfangsverluste auftreten. Denn diese lassen sich mit etwaigen anderen Einkünften verrechnen und wenn das Geschäft nicht gut läuft, kann es relativ schnell eingestellt werden. Auch wenn Du niedrige Gewinne erzielst, bist Du im Einkommensteuerbereich gut aufgehoben; denn die Progression beschert in diesem Fall einen niedrigeren Steuersatz.

Ein Einzelunternehmen muss bei der jeweiligen Kommune und beim Finanzamt angemeldet werden; die Aufnahme einer freiberuflichen Tätigkeit nur beim Finanzamt.

Damit halten sich die Gründungskosten eines Einzelunternehmens in engen Grenzen.

Einen gesonderten Vertrag oder gar den Gang zu Notar oder Registriergericht benötigst Du nicht, da Du das Geschäft allein betreibst. Verfügt Dein Einzelunternehmen über einen größeren Umfang und giltst Du damit als Kaufmann, braucht es den Eintrag ins Handelsregister. In diesem Fall musst Du Dich e. K. (eingetragener Kaufmann) nennen und Du unterliegst diversen, handelsrechtlichen Pflichten. Ein Freiberufler dagegen ist niemals Kaufmann und benötigt daher auch keine Eintragung ins Handelsregister.

Die Wahl der Rechtsform sollte sich vor allem nach Deinen individuellen, geschäftlichen und finanziellen Rahmenbedingungen richten. Solange Dein gesamter Verdienst in die privaten Konten fließt, bieten das Einzelunternehmen oder die freiberufliche Tätigkeit die richtige Rechtsform. Denn in diesem Fall laufen Deine gesamten Einnahmen und Ausgaben ohnehin über den Einkommensteuerbereich. Ein Wechsel der Rechtsform würde in diesem Fall keinen finanziellen Vorteil bringen.

Das Nachdenken über die Rechtsform verfügt jedoch auch über eine nicht-steuerliche Dimension. So sollte ein Unternehmensgründer immer sein Haftungsrisiko im Blick behalten. Wer ein sehr risikobehaftetes Geschäft betreibt, sollte auf jeden Fall über eine Kapitalgesellschaft nachdenken. Dies gilt auch dann, wenn es steuerlich gesehen noch nicht sinnvoll ist. Denn scheitert ein Einzelunternehmen oder eine freiberufliche Tätigkeit, können die Gläubiger des Einzelunternehmens auch auf das Privatvermögen des Inhabers zugreifen. Dann muss das privat gekaufte und hart erarbeitete Eigenheim im Zweifel für die betrieblichen Schulden als Tilgungsmasse herhalten. In diesen Fällen empfiehlt es sich aus rechtlichen Gesichtspunkten oft, das Geschäft in der Rechtsform einer Kapitalgesellschaft zu führen.

Personengesellschaften

Selbständigkeit wird in der Praxis vor allem in Form von Einzelunternehmen oder freiberuflicher Tätigkeit organisiert. Weit verbreitet sind zudem die Personengesellschaften.

Dabei handelt es sich um Zusammenschlüsse von mindestens zwei Personen zur Verfolgung eines gemeinsamen Zweckes.

Beispiele für Personengesellschaften sind die GbR (Gesellschaft bürgerlichen Rechts), die OHG (offene Handelsgesellschaft) sowie die KG (Kommanditgesellschaft) und die GmbH & Co. KG.

Auch Personengesellschaften sind relativ schnell gegründet. Ein schriftlicher Vertrag empfiehlt sich zwar, muss aber nicht sein. Existiert kein Vertrag, regeln diverse Gesetze die einzelnen, wesentlichen Punkte der Zusammenarbeit. Die Personengesellschaft muss auch beim Finanzamt und – sofern sie ein Gewerbe betreibt – bei der Stadt angemeldet werden.

Steuerlich gesehen sind Personengesellschaften transparent. Das bedeutet: für einkommensteuerliche Zwecke schaut der Fiskus durch diese Gesellschaft auf die dahinterstehenden Gesellschafter. Der Gewinn der Personengesellschaft wird zwar auf Ebene der Personengesellschaft ermittelt, jeder einzelne Gesellschafter muss jedoch seinen Gewinnanteil selbst versteuern. Handelt es sich dabei um eine Privatperson, unterliegt der Gewinnanteil der Einkommensteuer. Tritt dagegen eine Kapitalgesellschaft als Gesellschafter auf, muss sie ihren Gewinnanteil mit der Körperschaftsteuer versteuern.

Wie Einzelunternehmer oder Freiberufler können sich auch Personengesellschaften mit dem Problem der Haftung konfrontiert sehen. So haften die Gesellschafter einer Personengesellschaft mit Ihrem Privatvermögen für die Schulden der Gesellschaft. Einzig der Kommanditist einer KG profitiert von einer Haftungsbeschränkung auf das im Handelsregister eingetragene Haftkapital. Der zweite Gesellschafter – der sogenannte Komplementär – haftet unbeschränkt mit seinem Privatvermögen für die Schulden der Gesellschaft.

Eine GmbH & Co. KG stellt eine Sonderform der KG dar. Hier tritt keine Privatperson als Komplementär auf, sondern eine GmbH. Da die GmbH nur mit Ihrem Vermögen haftet und nicht auch die Gesellschafter der GmbH mit ihrem Privatvermögen, lässt sich die Haftung bei dieser Rechtsform massiv beschränken. Ebenso wie die GmbH & Co. KG erfordern OHGs und KGs den Eintrag ins Handelsregister. Damit greifen die handelsrechtlichen Pflichten wie etwa diejenige zur Erstellung einer Bilanz.

Genau wie Einzelunternehmen machen Personengesellschaften steuerlich Sinn, wenn das Geschäft am Anfang steht, mit Anfangsverlusten gerechnet wird oder noch nicht absehbar ist, ob der Betrieb erfolgreich arbeitet. Auch wenn anfangs nur niedrige Gewinne auflaufen, empfiehlt sich die Gründung einer Personengesellschaft. Wir erinnern uns, dass sich dann die Verluste der Personengesellschaft mit Gewinnen im Privatbereich des Gesellschafters verrechnen lassen.

Doch Vorsicht: Auch in dieser Beziehung spielen außersteuerliche Gründe eine wichtige Rolle. Das gilt vor allem für Situationen, in denen Du das Unternehmen gemeinsam mit anderen Personen führst und nicht weißt, wie Deine Geschäftspartner agieren. In derartigen Fällen empfehle ich Rechtsformen, die die Haftung beschränken. Denn noch schlimmer als der Verlust des eigenen Hauses aufgrund eigener Verluste ist es, Dein Haus aufgrund fremder Schulden zu verlieren.

Vermieter und Kapitalanleger

Auch Vermieter und Kapitalanleger agieren meist im Bereich der Einkommensteuer und den meisten ist nicht bewusst, dass sie unter einer Vielzahl von anderen Rechtsformen wählen können. Diese Wahlfreiheit gilt übrigens auch für Arbeitnehmer, die in Immobilien investieren. Denn jeder Angestellte dürfte Immobilien in einer GmbH oder in einer anderen Form organisieren. Wir schauen uns in den nächsten Kapiteln im Detail an, welche Vor- und Nachteile unterschiedliche Rechtsformen für Vermieter und Kapitalanleger bieten und welche Du für Dich am besten nutzen kannst.

Kapitalgesellschaften

GmbH

Vielfältige Pflichten kommen auch auf die Gründer einer GmbH zu, diesen Schritt gilt es daher sorgfältig zu bedenken. Dabei dreht sich die Diskussion meiner Erfahrung nach häufig um Mindestumsatz oder Mindestgewinn und ich werde häufig gefragt, ab welchen Schwellen sich die Umstellung auf die GmbH-Konstruktion lohnt. Doch spielen Umsatz und Gewinn meiner Erfahrung nach nicht die entscheidende Rolle, die ihnen häufig zugedacht wird. Ich stelle lieber eine andere Frage: Gibst Du Deinen gesamten Verdienst wieder aus und wie sieht Deine **Sparrate** aus?

Merke: Nur wenn Du mehr verdienst, als Du ausgibst, kannst Du eine GmbH steuerlich für Dich nutzen.

Zunächst soll es jedoch um die formalen Grundlagen der GmbH gehen. Als Kapitalgesellschaft bildet sie eine juristische Person; rechtlich gesehen entsteht durch die Gründung einer GmbH eine weitere Rechtspersönlichkeit. Als Gesellschafter-Geschäftsführer einer GmbH bist Du sozusagen eine multiple Persönlichkeit. Einmal trittst Du als natürliche Person auf und zum anderen agierst Du im Namen einer rechtlich geschaffenen Person. Doch gerade diese Verbindung macht die Angelegenheit so schön, denn die GmbH ist immer deiner Meinung. Dabei kommt es darauf an, dass Du als GmbH-Geschäftsführer vom Verbot des sogenannten Insichgeschäfts befreit bist und daher Verträge mit dir selbst schließen kannst. Du als Arbeitnehmer gehst dann in harte Gehaltsverhandlungen mit Dir als Geschäftsführer der GmbH und darfst den daraus entstehenden Arbeitsvertrag für beide Seiten unterschreiben.

Die Abkürzung GmbH steht für Gesellschaft mit beschränkter Haftung. Diese Beschränkung bedeutet in der Praxis, dass ein GmbH-Gesellschafter nicht mit seinem Privatvermögen für Schäden der Firma haftet. Die Stammeinlage zur Gründung der Gesellschaft und ihr Vermögen sind die einzigen Beträge, die Du als GmbH-Gesellschafter aufwenden musst. Sobald die Gesellschaft eingetragen ist, bist Du – sofern Du die Geschäfte nach bestem Wissen und Gewissen führst – für Schulden der Gesellschaft nicht mehr privat haftbar zu machen.

Damit steht ein GmbH-Gesellschafter deutlich besser da, als der Gesellschafter einer Personengesellschaft.

Was die Pflicht, Geschäfte nach bestem Wissen und Gewissen zu führen genau bedeutet, erläutern wir Dir gerne in einem entsprechenden Online Kurs. Du findest es auf unserer Internestseite und es stellt alle wichtigen Besonderheiten dieses Bereichs im Detail vor.

Die Gründung einer GmbH erfolgt durch einen Vertrag beim Notar, dieser sorgt auch für die Einhaltung der nötigen Formalitäten beispielsweise beim Registergericht. Im Anschluss an diesen Gründungsakt müssen die Gesellschafter das Stammkapital auf das Konto der GmbH einzahlen, so dass diese frei darüber verfügen kann. Deshalb ist es wichtig, das Bankkonto vor Eintragung der GmbH zu eröffnen. Im Gegenzug erhalten die Gesellschafter Anteile an der GmbH. Das Stammkapital beträgt mindestens 25.000 Euro und muss mindestens zur Hälfte eingezahlt werden. Wir empfehlen jedoch, immer die gesamten 25.000 Euro sofort einzuzahlen. Schließlich soll die GmbH ja Geschäfte tätigen und dafür ist ein gewisses Startkapital erforderlich. Wird das Stammkapital der GmbH auf dem Bankkonto gutgeschrieben, kann sie damit nach freiem Ermessen agieren. Fließen die 25.000 Euro, handelt es sich um eine Bargründung – die Gründung erfolgt mit barem Geld.

Außerdem besteht die Möglichkeit einer Sachgründung. Dabei fließen keine 25.000 Euro in bar auf das Bankkonto der GmbH, stattdessen erhält sie Sachwerte in diesem Wert. Als Sachwerte können beispielsweise Autos, Wertpapiere, Büroausstattungen oder ein komplettes Unternehmen dienen. Doch verfügen Sachgründungen über einen großen Nachteil: Du musst den Wert der eingebrachten Sachwerte nachweisen. Meist fordert das Registergericht Gutachten für die Wertermittlung, was wiederum bei der Gründung Geld kostet. Auch wenn das Gericht keine Gutachten anfordert, sollte der Wert der Sachwerte genau dokumentiert werden. Denn wenn sich im Anschluss an eine Sachgründung herausstellt, dass der angegebene Wert zu niedrig festgesetzt wurde, muss der Gesellschafter die Differenz zwischen dem tatsächlichen Wert der Sache und dem erforderlichen Stammkapital nachzahlen. Doch kann sich diese Aufgabe als schwierig herausstellen.

So lässt sich der Wert einer Sache kaum rückwirkend feststellen – vielleicht ist sie schon gar nicht mehr vorhanden.

Im Zusammenhang mit Sachwerten existiert noch eine weitere Stolperfalle: Verkauft der GmbH-Gesellschafter innerhalb von zwei Jahren nach Gründung Sachwerte an die Gesellschaft, wertet der Fiskus diesen Verkauf mitunter als verdeckte Sacheinlage, weil das Stammkapital wieder zurück an den Gesellschafter fließt.

Lässt sich dieser Fall nicht vermeiden, empfehlen wir immer objektive Gutachten zur Wertermittlung dieser Sachwerte. Mit deren Hilfe lässt sich belegen, dass das Stammkapital nicht zurückgewährt wurde.

Wurden die 25.000 Euro der GmbH in bar oder in Form von Sachwerten zur Verfügung gestellt, kann sie das Gericht ins Handelsregister eintragen. Erst wenn dieser Vorgang abgeschlossen ist, handelt es sich um eine Gesellschaft mit beschränkter Haftung. Dagegen haftet der Gesellschafter während des Gründungsprozesses noch persönlich. Daher empfiehlt es sich, keine großen Kosten vor der Eintragung zu produzieren. Sonst besteht die Gefahr, im Schadenfall privat dafür aufkommen zu müssen.

Eine GmbH erzielt immer gewerbliche Einkünfte, so dass hier Körperschaftsteuer und Gewerbesteuer von insgesamt rund 30 Prozent anfallen. Hast Du also hohe Einkünfte und benötigst diese nicht zum Leben, ergibt es Sinn, diese über eine GmbH zu beziehen. Denn steuerlich gesehen zeichnet sich eine GmbH durch eine geringere, laufende Besteuerung hoher Einkünfte aus, wogegen die Einkommenssteuerbelastung privater Einkünfte bis zu 45 Prozent betragen kann.

Nachteilig wirkt sich an einer GmbH aus, dass sich ihre Verluste nicht mit den Gewinnen des Gesellschafters verrechnen lassen. In Verlustsituationen ergeben GmbHs daher keinen Sinn, sie erzeugen sogar eher Ärger. Auch erhöht die Haftungsbeschränkung die handelsrechtlichen und insolvenzrechtlichen Pflichten in Verlustsituationen. Wird das Stammkapital der Gesellschaft durch Verluste angegriffen, müssen diverse Formalien eingehalten werden.

Im Fall einer Insolvenz kann es sonst zu einer Anzeige wegen Insolvenzverschleppung kommen. Das gilt vor allem dann, wenn das Kapital zur Hälfte durch Verluste aufgezehrt wurde.

Diese Regeln bedeuten jedoch nicht, dass die 25.000 Euro Stammkapital für immer auf dem Bankkonto liegen bleiben müssen. Die GmbH darf dieses Geld investieren und wer beispielsweise Aktien im Wert von 10.000 Euro erwirbt, hat damit noch keinen Verlust erzielt. Vielmehr hat er ein Anlagegut erworben.

Sollte der Kurswert der Aktien jedoch dramatisch sinken, muss der Geschäftsführer schnell reagieren und Formvorschriften einhalten.

Angesichts der zahlreich einzuhaltenden Regeln und aufgrund der sonstigen Hürden empfehle ich GmbHs in der Regel erst dann, wenn sicher und dauerhaft Gewinne auflaufen oder wenn eine Haftungsbeschränkung unbedingt notwendig ist.

UG

Das Kürzel UG bedeutet Unternehmergesellschaft (haftungsbeschränkt), diese Rechtsform ist eine Unterform der GmbH und wird auch liebevoll als kleine GmbH bezeichnet. Gedacht ist sie als Antwort auf die englische Limited. Die englische Limited erfreute sich vor dem Brexit einer großen Beliebtheit, da sie im Vergleich zu einer deutschen GmbH sehr niedrige Gründungskosten und niedrige Stammkapitalerfordernisse hatten.

Alle bereits erläuterten Regeln zur GmbH etwa in Bezug auf deren rechtliche Einordnung sowie zu Haftungsbeschränkungen und steuerlichen Vorteilen gelten auch für die UG. Deshalb soll es an dieser Stelle lediglich um die wesentlichen Unterschiede sowie um Vor- und Nachteile gehen.

Zunächst einmal kannst Du eine UG bereits mit einem Euro Stammkapital gründen, ein großer Vorteil im Vergleich zur GmbH. So ist kaum Startkapital nötig, um loszulegen – diese niedere Schwelle kann allerdings auch sehr verführerisch wirken.

So halte ich die Gründung einer Gesellschaft mit nur einem Euro Startkapital für alles andere als vernünftig. Denn wer das tut, ist direkt nach der Gründung überschuldet, da sich die Gründungs- und Anlaufkosten meist im drei- oder vierstelligen Bereich bewegen. Zudem musst Du bereits außerordentliche Gesellschafterversammlungen einberufen, wenn die Hälfte des Stammkapitals aufgebraucht ist. Das bedeutet, dass Du Dich nach der Gründung rein formal bei einem Euro Startkapital nur noch mit Gesellschafterversammlungen beschäftigen müsstest.

Die GmbH mit einem Stammkapital in Höhe von 25.000 Euro ergibt meines Erachtens daher Sinn, um nicht direkt nach der Gründung in die Gefahr einer Insolvenz zu geraten.

Und vor allem ist die Möglichkeit der Gründung einer UG mit kleinen Geldbeträgen in der Praxis bekannt. Wer größere Geschäfte machen will, sollte daher nicht als UG auftreten. Sonst fehlt es vielen Geschäftspartnern berechtigterweise an Vertrauen.

Die UG verfügt noch über weitere Nachteile. So muss sie einen Teil ihres Gewinns in gesetzlich vorgeschriebene Rücklagen einstellen, bis das Stammkapital einer GmbH erreicht ist. Doch auch dann darf sie sich nicht ohne Weiteres GmbH nennen, Registergerichte verlangen zumeist ein Testat eines Wirtschaftsprüfers. Dieser muss bestätigen, dass die 25.000 Euro Gewinnvortrag tatsächlich werthaltig sind. Damit nicht genug, die Erstellung solcher Testate durch Wirtschaftsprüfer kosten vier- bis fünfstellige Beträge.

Daher lautet meine Empfehlung, direkt eine „richtige" GmbH zu gründen. Dies erfordert am Anfang zwar eine größere Investition, aber langfristig zahlt es sich aus. Nichtsdestotrotz gelten die Inhalte der noch folgenden Kapitel zu GmbHs sinngemäß auch für UGs.

Ausländische Gesellschaften

In letzter Zeit wurde ich auch oft nach osteuropäischen Gesellschaftsformen gefragt, bei denen Flattax-Systeme gelten und wofür man sich lediglich online als Bürger des jeweiligen Landes registrieren lassen kann.

Ich persönlich sehe keinen Vorteil an diesen ausländischen Gesellschaften; es sei denn Du hast einen Fable für das entsprechende Land und bist tatsächlich nicht an den deutschen Markt gebunden. Denn wer sein Geschäft in Deutschland betreibt und somit an Deutschland gebunden ist, muss grundsätzlich in Deutschland Steuern zahlen – egal wo sich der Sitz der Gesellschaft befindet. Auch ergibt sich meiner Erfahrung nach das Problem, zwei Steuererklärungen einreichen zu müssen und somit doppelte, administrative Kosten zu produzieren. Ggf. muss auch im Ausland noch ein kleines Büro mit Angestellten geführt werden, was zu weiteren administrativen Kosten führt. Noch schlimmer kommt es, wenn die beiden Staaten über das Besteuerungsrecht streiten und sogar die Gefahr entsteht, doppelt Steuern zahlen zu müssen.

Nach meiner Meinung existiert noch ein weiterer Grund, bei einer deutschen Gesellschaft zu bleiben: Das Finanzamt schaut bei ausländischen Gesellschaften immer etwas genauer hin, weil dem deutschen Staat das Besteuerungsrecht unberechtigterweise entzogen werden könnte.

Meine Empfehlung fällt daher eindeutig aus: Solange Du Dich geschäftlich hauptsächlich innerhalb Deutschlands bewegst und nicht aktiv im Ausland präsent bist, solltest Du das deutsche Steuersystem und damit auch deutsche Rechtsformen nutzen. Ich bin überzeugt davon, dass, wenn Du hier in Deutschland aus dem vom Gesetzgeber angebotenen Portfolio an Gesellschaften das für dich richtige System wählst, Du deine Steuerlast bestimmt optimieren kannst.

Stiftung

Woran denkst Du, wenn Du den Begriff „Stiftung" hörst?

Vermutlich geht es Dir ähnlich wie mir. Bevor ich mich zum ersten Mal mit dem Thema Stiftungen befasst habe, dachte ich vor allem an die gemeinnützige Stiftung oder an etwas Dubioses in Liechtenstein. Doch weit gefehlt, hierzulande gibt es die seriöse Familienstiftung und wer sich die großen Unternehmerfamilien anschaut, macht eine überraschende Entdeckung: An fast allen Konzernspitzen stehen Stiftungen. Verantwortlich dafür sind steuerliche und privatrechtliche Gründe.

Bevor ich diese näher beleuchte, möchte ich zunächst auf die formalen Eigenschaften und Rahmenbedingungen von Stiftungen eingehen. Da Du bereits die GmbH kennengelernt hast, werde ich Stiftungen mit einer GmbH vergleichen.

Warum eine Stiftung überhaupt empfehlenswert ist, werde ich nachstehend Schritt für Schritt erläutern. Zum einen existieren rechtliche Gründe, die eine Stiftung sehr interessant machen. Für mich als Steuerberaterin sind jedoch natürlich auch die steuerlichen Vorteile nicht von der Hand zu weisen.

- **Rechtswirkung einer Stiftung**

Eine Stiftung ist – und das macht sie der GmbH vergleichbar – eine Körperschaft. In der Praxis bleibt die Haftung daher auf das Vermögen der Stiftung beschränkt und der Stifter haftet nicht mit seinem Privatvermögen für die Schulden der Stiftung.

Aber, und das ist das Besondere, hat eine Stiftung keine Gesellschafter. Im Zuge der Stiftungsgründung erhält der Stifter keine Anteile, stattdessen schenkt er der Stiftung das Stiftungskapital. Eine Stiftung lässt sich daher als verselbstständigtes Vermögen bezeichnen. Und genau dieses Merkmal sorgt für die rechtlichen Vorteile:

Das Vermögen der Stiftung gehört sich selbst, es bildet keinen Teil des Vermögens des Stifters mehr. So gehört es auch nicht zur Erb- oder Scheidungsmasse. Darüber hinaus kann die Pflegeversicherung nicht darauf zugreifen, wenn beispielsweise die Eltern des Stifters pflegebedürftig werden. Das Vermögen einer GmbH rechnet der Fiskus dagegen indirekt dem GmbH-Gesellschafter zu. Im Falle einer Scheidung zum Beispiel wird der Wert der GmbH festgestellt und fließt in einen etwaigen Zugewinnausgleich ein.

GmbH und Stiftung lassen sich daher als zwei Stufen einer Sicherheitsleiter beschreiben. Eine GmbH beschränkt das Risiko des Unternehmens auf die Gesellschaft. Das private Vermögen ist dadurch abgesichert. Die Stiftung beschränkt zusätzlich die privaten Risiken auf den Privatbereich, diese können das Stiftungsvermögen nicht mehr beeinflussen.

- **Stiftungskapital**

Da Du einer Stiftung bei Gründung das Stiftungskapital schenkst, liegt ein schenkungssteuerpflichtiger Vorgang vor. Welche steuerlichen Regelungen dafür Anwendung finden, bemisst sich am Verwandtschaftsgrad der Begünstigten. Soll die Stiftung nur Dir, Deinem Ehepartner und Deinen Nachkommen zugutekommen, gilt ein Freibetrag von 100.000 Euro.

Damit kannst Du der Stiftung bis zu 100.000 Euro schenken, ohne dafür Steuern bezahlen zu müssen. Was Du der Stiftung darüber hinaus zukommen lässt, unterliegt der Schenkungsteuer nach der Steuerklasse 1. Die Höhe des Steuersatzes richtet sich nach der Höhe des steuerpflichtigen Betrages, also dem gestifteten Kapital abzüglich des genannten Freibetrags. Gründest Du eine Stiftung gemeinsam mit Deinem Ehegatten, kannst Du laut einem Urteil eines Finanzgerichtes sogar 200.000 Euro steuerfrei auf die Stiftung übertragen.

Eine Stiftung erfordert laut Gesetz grundsätzlich kein Mindestkapital. Stiftungsrecht ist jedoch Landesrecht und jede Stiftungsbehörde hat ihre eigenen Vorstellungen. Als ich das letzte Mal bei der Berliner Stiftungsbehörde nachgefragt habe, war es aufgrund des aktuellen Zinsniveaus in Berlin erforderlich, eine Stiftung mit einem Kapital von mindestens 300.000 Euro Kapital auszustatten. In NRW nimmt die Stiftungsaufsicht eine moderatere Position ein; dort genügen derzeit bereits 100.000 Euro.

Dem Stifter steht es grundsätzlich frei, den Sitz der Stiftung an einen beliebigen Ort in Deutschland zu legen. Er muss an diesem Ort lediglich postalisch erreichbar sein und kann die Geschäftsadresse der Stiftung immer noch in ein anderes Bundesland verlegen.

- **Erbfall**

Es kam bereits zur Sprache, dass das Vermögen der Stiftung nicht mehr zum Vermögen des Stifters gehört. Im Falle des Todes des Stifters unterliegt das Vermögen der Stiftung daher nicht der Erbschaftssteuer. Im Gegensatz dazu gehen die Anteile eines GmbH-Gesellschafters nach seinem Tod an die Erben. Im Zuge dessen verlangt der Fiskus die Bewertung der GmbH und setzt vor diesem Hintergrund – sofern keine Steuerbefreiungen und Freibeträge greifen – die Höhe der Erbschafsteuer fest.

Ganz anders verhält es sich bei Stiftungen. Da sie sich selbst gehören, können sie auch nicht vererbt werden.

In ihrem Fall unterstellt der Gesetzgeber stattdessen alle 30 Jahre einen Generationswechsel und bringt eine sogenannte Erbersatzsteuer zum Abzug.

Grundlage dafür sind das Vermögen der Stiftung sowie der Verwandtschaftsgrad der Begünstigten. Dabei wird unterstellt, dass das Vermögen auf zwei Kinder übergeht; es werden Freibeträge für zwei Kinder gewährt, somit wird ein Vermögen im Wert von 800.000 Euro nicht beteuert. Ist das Vermögen größer, wird der übersteigende Anteil mit Steuerklasse eins besteuert – sofern die Satzung der Stiftung nur den Stifter, seinen Ehepartner, Kinder und Kindeskinder begünstigt.

Die Erbersatzsteuer besitzt den großen Vorteil, dass sie sich gestalten lässt. Es ist stets genau bekannt, wann diese Steuer entstehen wird und daher lässt sich das Vermögen der Stiftung vorab entsprechend beeinflussen. Dagegen ist der Tod des GmbH-Gesellschafters selten planbar und stellt die Angehörigen vor Probleme, die oft mit der Versilberung des Unternehmens gelöst werden. Der Tod des Stifters hingegen zieht keine Folgen für die Stiftung nach sich; aufgrund ihrer Selbstständigkeit führt sie ihre Tätigkeit einfach fort.

Die aktuelle Rechtslage gestattet es, die Erbersatzsteuer über 30 Jahre zu stunden. Die Erben können sie daher in 30 Teilraten zahlen, dafür werden jedoch Zinsen in Höhe von 5,5 Prozent fällig.

- **Steuerliche Besonderheit**

Stiftungen genießen im Vergleich zu einer GmbH diverse, steuerliche Vorteile. So erzielt eine GmbH immer Einkünfte aus einem Gewerbebetrieb. Einer Stiftung dagegen stehen alle Einkunftsarten offen und nur wenn sie tatsächlich gewerblich tätig ist, muss sie für diesen Bereich Gewerbesteuer zahlen. Bei allen anderen Einkunftsarten fällt nur Körperschaftsteuer und Solidaritätszuschlag an.

Das bedeutet in der Praxis: Auf Einkünfte aus Kapitalvermögen bezahlt eine Stiftung nur 15 Prozent Steuern zuzüglich Solidaritätszuschlag, ebenso auf die Einkünfte aus Vermietungstätigkeiten. Bei Vermietungsgeschäften lässt sich zwar auch für GmbHs eine Gewerbesteuerbefreiung erwirken; diese ist jedoch sehr eng gefasst und Kleinigkeiten können diese Befreiung bereits kippen.

Stiftungen bieten den weiteren Vorteil, dass sie Immobilien steuerfrei verkaufen können; sofern sie diese länger als 10 Jahre halten. Bei einer GmbH fallen beim Verkauf von Immobilien immer Steuern an – egal wie lange sie gehalten wurden.

Die Stiftung bietet daher die besten, steuerlichen Voraussetzungen für den Aufbau von sogenannten passiven Einkunftsströmen.

Genossenschaften

Genossenschaften sind, nach meiner Einschätzung, noch weniger bekannt als Stiftungen. Natürlich kennt jeder die Volksbank, die als Genossenschaft organisiert ist. Aber darüber hinaus? Bis 2016 habe ich die Genossenschaften auch als eher uninteressant abgetan. Doch es bestehen durchaus sehr sinnvolle steuerliche Vorteile.

Diese Vorteile sind gerade Mitte 2019 sehr in den Fokus der Öffentlichkeit gerückt mit der Folge, dass sehr kurzfristig zum 20.12.2019 eine Änderung für Immobiliengenossenschaften in das Gesetz aufgenommen wurde, was die steuerliche Begünstigung derer sehr einschränkt.

Es bleibt abzuwarten, ob die anderen Vorteile der Genossenschaften auch eingeschränkt werden. Daher empfehle ich die Genossenschaft derzeit nur unter großem Vorbehalt. Aber nichtsdestotrotz musst du die Möglichkeiten einmal gehört haben.

Da auch Genossenschaften im normalen Alltagsgebraucht eher unbekannt sind, möchte ich auch hier die Besonderheiten kurz skizzieren.

Genossenschaften sind – genau wie GmbHs und Stiftungen - Körperschaften.

Während Du sowohl die GmbH als auch die Stiftung alleine gründen kannst, benötigst Du zur Errichtung einer Genossenschaft mindestens 3 Personen – also neben Dir noch 2 weitere Personen. Dabei muss es sich nicht um natürliche Personen handeln. Es können auch juristische Personen sein, die wiederum Dich als alleinigen Gesellschafter haben. Es müssen jedoch bei Gründung zwei natürliche Personen unter den Gründungsgesellschaftern sein, damit die Genossenschaft handlungsfähig ist. Somit kannst Du nicht ganz wie bei einer GmbH de facto alleine eine Genossenschaft gründen.

Anbieten würden sich jedoch auch Familiengenossenschaften, in denen der Ehegatten oder die Kinder mitbeteiligt sind. Achtung bei Gründungen mit minderjährigen Kindern muss das Familiengericht ggf. zustimmen.

Das Genossenschaftskapital ist frei wählbar. Hier gibt es keine Vorgaben wie bei einer GmbH oder einer Stiftung. In der Praxis hat sich durchgesetzt, dass ein Anteil 50 Euro, 100 Euro oder 200 Euro beträgt. Das bedeutet, dass eine Genossenschaft mit einem Kapital von 150 Euro bereits wirksam gegründet werden kann.

Auch bei einer Genossenschaft gilt, dass die Gläubiger der Genossenschaft nicht auf die Mitglieder der Genossenschaft zurückgreifen können. Von der anderen Seite aus betrachtet, sind deine Anteile an der Genossenschaft nur unter gewissen Umständen pfändbar.

Eine Genossenschaft hat im Vergleich zu einer GmbH wesentlich höhere administrative Kosten. Sie muss neben den normalen Buchführungs-, Bilanzierungs- und Offenlegungspflichten auch zu einem Prüferverband anmelden. Je nach werden die Bücher dieser Genossenschaft geprüft.

Es gibt drei Punkte, die eine Genossenschaft steuerlich sehr interessant machen.

Zum einen ist der Zweck einer Genossenschaft die Förderung ihrer Mitglieder. Das bedeutet, dass die Genossenschaft ihren Mitgliedern Vorteile anbieten kann, dabei muss dieser Vorteil jedem ordentlichen Mitglied (also Mitglieder, die diese Genossenschaft gegründet haben oder als solche in die Genossenschaft aufgenommen werden) gewährt werden. Für den jeweiligen Genossen ist dies kein geldwerter Vorteil im steuerlichen Sinne. Er hat hier keinen Zufluss zu versteuern. Das bedeutet im Klartext, dass die Genossen einen Teil ihrer Lebenshaltungskosten über die Genossenschaft finanzieren können, die Genossenschaft diese Kosten steuermindernd geltend machen kann und gleichzeitig der Genosse keinen Zufluss versteuern muss. Dies ist im deutschen Steuersystem einzigartig.

Denn normalerweise führt dieser Zufluss bei allen anderen Steuerarten zumindest zur Besteuerung mit der Abgeltungsteuer (die wir uns in den folgenden Kapiteln genauer ansehen werden). Beispielsweise kann die Genossenschaft daher ihren Genossen einen PKW anbieten und dieser muss kein Fahrtenbuch führen oder 1%-Regel versteuern. Wichtig ist jedoch, dass ALLEN Genossen dieses angeboten wurde. Hier bleibt aber auch abzuwarten, ob diese Begünstigung in einer Form eingeschränkt wird, da dies einer der Punkte war, die in der Presse sehr auf Kritik gestoßen sind.

Ein zweiter sehr interessanter Punkt, der jedoch in der Literatur etwas umstritten ist, ist die Tatsache, dass die Anteile an der Genossenschaft zum Nennwert (also zu den ursprünglichen Einlagepreis) vererbt werden können.

Egal wie viel Vermögen im Rahmen der Genossenschaft aufgebaut wurde, und egal wie viel die Genossenschaft tatsächlich wert ist, in der Erbschaftsteuererklärung sind lediglich besagte 50 EUR anzugeben. Dies gilt jedoch nicht, wenn die Anteile bereits veräußert wurden. Wie gesagt, dieser Punkt war bereits umstritten, bevor die Genossenschaft in den Medien derart hochgekocht wurde. Es bleibt abzuwarten, ob der Gesetzgeber dies nicht in Zukunft klar regelt und wie diese Regel dann aussehen wird. Im Zweifel wird diese Begünstigung vermutlich eher aufgehoben werden.

Der dritte Punkt, an denen Genossenschaften ganz besonders interessant werden, ist die steuerliche Behandlung von Genossenschaften, die zu mehr als 90% ihrer Umsätze aus der Vermietung an ihre Mitglieder zu Wohnzwecken erzielen. Wenn nur an Mitglieder der Genossenschaft zu Wohnzwecken vermietet wird, sind die Einkünfte aus dieser Vermietung sowohl von der Körperschaftsteuer als auch von der Gewerbesteuer befreit. Sämtliche Einkünfte, die nicht begünstigt sind, unterliegen der Körperschaftsteuer und der Gewerbesteuer. Seit 2020, durch einen Nebensatz zum 20.12.2019 in das Gesetz aufgenommen, wurde diese Begünstigung jedoch etwas erschwert.

Bis 2019 war es so, dass es sich bei den Mietern lediglich um investierende Mitglieder handeln musste. Investierende Mitglieder haben nicht die gleichen Rechte wie die ordentlichen Mitglieder.

Sie haben nicht dieselben Stimmrechte und nehmen auch nicht an der Förderung der Genossen teil. Im Vergleich zu „normalen“ Mietern war der einzige Nachteil, dass sie nicht kündbar waren und der Anteil, den dieser Mieter zur Aufnahme in die Genossenschaft geleistet hatte, nicht pfändbar war.

Ab 2020 greift diese Begünstigung nicht mehr für investierende Mitglieder. Um also von der Steuerbefreiung profitieren zu können, müssen alle Mieter ordentliche Mitglieder werden. Dies führt dazu, dass die Mieter plötzlich Stimmrechte erhalten und je nach Größe des Mietobjektes ggf. den Vermieter überstimmen können.

Und darüber hinaus müssen diesen Mitgliedern dann dieselben Förderungsmöglichkeiten geboten werden wie den Gründern. Fraglich ist, welcher Vermieter diese Nachteile in Kauf nehmen möchte.

Da das Thema Genossenschaft bislang noch ein recht unbekanntes Gebiet ist, und hierzu sehr umfangreiche Voraussetzungen geschaffen werden müssen, ist dies ein Kapital das wir in unserem 3-Tages-Inensiv-Seminar ausführlich diskutieren. Auf unserer Internetseite findest Du hier die Termine und kannst Du Dich anmelden.

Zusammenfassung

Die steuerlichen Rahmenbedingungen unterscheiden sich je nach Rechtsform also fundamental und vor allem Arbeitnehmern stehen nur wenige Möglichkeiten zur Verfügung, um ihre Situation zu optimieren. Deutlich besser gestellt sind Unternehmer und Investoren. Sie können entscheiden, ob sie als Einzelunternehmen, über eine GmbH, über eine Genossenschaft oder sogar über eine Stiftung agieren wollen.

Abbildung 13: Überblick Rechtsformen

	EinzelU	PersG	GmbH	Stiftung	Genos.
Haftung mit Privatvermögen	x	x	-	-	-
Teil des Scheidungs-/Erbvermögens	x	x	x	-	-
Erbersatzsteuer	-	-	-	x	-
Teil der Erbmasse	x	x	x	-	ggf.
Zugriff durch Pflegevers.	x	x	x	-	ggf.
Einkommensteuer	x	x	-	-	-
Gewerbesteuer	ggf.	ggf.	x	ggf.	ggf.
Körperschaftsteuer	-	-	x	x	ggf.

So bieten sich jedem von uns passende Strategien für den Weg zu finanzieller Freiheit und die Einrichtung der unterschiedlichen Konten stellt einen ersten Schritt dazu dar. Schon am Beginn des Wegs ist es jedoch sinnvoll, wenn Du Dir Gedanken über die Gestaltung Deiner Einkünfte sowie deines Vermögens machst. Denn ein paar Prozent Einsparung pro Jahr ergeben über die Lebenszeit hinweg gesehen große Summen.

Deshalb schauen wir uns in den folgenden Kapiteln genauer an, welche Rechtsform bei welcher Tätigkeit am sinnvollsten ist. Für unterschiedliche Tätigkeiten und Vorhaben bieten sich jeweils eher passende oder eher unpassende, rechtliche Gestaltungsoptionen an. Am besten ist es daher, verschiedene Rechtsformen in die Auswahl aufzunehmen. So hast Du immer den passenden Baustein für Dein Vorhaben parat.

Steueroptimierungen für Immobilienbesitzer

Finanzielle Freiheit beruht nach meinem Verständnis darauf, mit eigenen Vermögenswerten Erträge zu erzielen und dadurch die aktive Erwerbstätigkeit zu ersetzen. In Zeiten niedriger Zinsen beschränkt sich die Auswahl an geeigneten Investitionsmöglichkeiten auf wenige Anlageklassen. Nach meiner Meinung eignen sich vor allem Immobilien und Wertpapiere dazu, nachhaltig nennenswerte Renditen zu erzielen. Deshalb werde ich auf den folgenden Seiten erläutern, welche Steueroptimierungen sich für diese Bereiche anbieten. Los geht es mit Vermietung und Verpachtung.

Grunderwerbsteuer

Kauf und Verkauf von Immobilien

Ändert sich der Eigentümer eines Grundstücks und liegt damit ein Rechtsträgerwechsel vor, fällt Grunderwerbsteuer an. Deren Höhe ist Ländersache und jedes Bundesland legt den Steuersatz selbst fest. Bis 2010 betrug er fast einheitlich 3,5 Prozent, seitdem haben die meisten Bundesländer den Satz jedoch deutlich erhöht – Tendenz weiter steigend. Die folgende Tabelle zeigt die derzeit geltenden Steuersätze der 16 Bundesländer.

Aufgrund der relativ hohen Steuersätze solltest Du Dir vor dem Erwerb einer Immobilie genau überlegen, unter welcher Rechtsform Du sie erwirbst. Die spätere Übertragung könnte nochmals Grunderwerbsteuer und zudem Notarkosten nach sich ziehen.

Der Verkauf sowie Schenkungen und Erbfälle sind zwischen Familienmitgliedern gerader Linie und zwischen Ehegatten nicht grunderwerbsteuerpflichtig. Auch die Übertragung einer privat gehaltenen Immobilie auf eine Personengesellschaft ist ebenfalls nicht steuerpflichtig – zumindest in Höhe des Anteils, an der der Grundstückseigentümer an der Personengesellschaft beteiligt ist. Diese Regel gilt auch im umgekehrten Fall, wenn die Personengesellschaft an ihren Gesellschafter verkauft. Hier liegt aufgrund der bereits angesprochenen Transparenz der Personengesellschaft kein Rechtsträgerwechsel vor.

Auch für Zwecke der Grunderwerbsteuer wird durch die Gesellschaft auf die dahinterstehenden Gesellschafter geschaut. Es müssen jedoch bestimmte Haltefristen beachtet werden.

Tabelle 4: Grundsteuersätze nach Bundesländern (Stand 02/2020)

Bundesland	Steuersatz
Baden-Württemberg	5,00%
Bayern	3,50%
Berlin	6,00%
Brandenburg	6,50%
Bremen	5,00%
Hamburg	4,50%
Hessen	6,00%
Mecklenburg-Vorpommern	6,00%
Niedersachsen	5,00%
Nordrhein-Westfahlen	6,50%
Rheinland-Pfalz	5,00%
Saarland	6,50%
Sachsen	3,50%
Sachsen-Anhalt	5,00%
Schleswig-Holstein	6,50%
Thüringen	6,50%

Geht die Immobilie jedoch auf eine Kapitalgesellschaft über, fällt Grunderwerbsteuer an. Dies gilt auch, wenn der Gesellschafter 100 Prozent der Anteile besitzt. Weil die Kapitalgesellschaft rechtlich als eigene Person gilt, liegt hier ein Rechtsträgerwechsel vor.

Kauf und Verkauf von Gesellschaften, die Immobilien besitzen

Werden Anteile einer Gesellschaft verkauft, kann ein grunderwerbsteuerbarer Vorgang vorliegen. Dabei spielt es keine Rolle, ob es sich dabei um eine Personengesellschaft oder um eine Kapitalgesellschaft handelt. Der Gesetzgeber geht stets davon aus, dass die Immobilie indirekt den Besitzer gewechselt hat.

Gehört eine Immobilie zum Betriebsvermögen einer Personengesellschaft und werden mindestens 95 Prozent der Gesellschaftsanteile innerhalb von fünf Jahren auf neue Gesellschafter übertragen, setzt der Fiskus dafür Grunderwerbsteuer fest. Wechseln 94 Prozent oder weniger den Besitzer, bleibt der Verkauf grunderwerbsteuerfrei. Derzeit ist in der Diskussion die Grenze auf 90 Prozent und eine Haltefrist von 10 Jahren zu etablieren.

Auch außerhalb dieser Fünfjahresfrist kann Grunderwerbsteuer anfallen, wenn mindestens 95 Prozent der Anteile an einer Personen- oder Kapitalgesellschaft den Besitzer wechseln oder ratierlich auf einen Erwerber übergehen. Diese Regel gilt selbstverständlich nur, wenn die Gesellschaft eine Immobilie besitzt.

Wer Immobilien im Betriebsvermögen hält und eine Umstrukturierung plant, muss diesen Umstand unbedingt berücksichtigen. Gerät diese Regel in Vergessenheit, können ansonsten vermeidbare Steuerbelastungen in meist nicht zu vernachlässigender Höhe entstehen.

Ermittlung der Einkünfte

Wer Einkünfte aus Vermietung und Verpachtung von Immobilien erzielt und diese im Privatvermögen hält, muss eine Einnahme-Überschuss-Rechnung durchführen. Zu den Einnahmen zählen alle Zuflüsse wie etwa Kaltmiete oder gegebenenfalls Nebenkosten sowie Umsatzsteuer. Davon abziehen lassen sich die sogenannten Werbungskosten, also steuermindernde Ausgaben. Darunter fallen alle Abflüsse, auch die umlagefähigen Kosten und die Umsatzsteuerzahlungen an das Finanzamt. Typische Beispiele für Werbungskosten sind Schuldzinsen, Grundsteuer, Versicherung, Hausmeister- und Hausverwaltungskosten, Instandhaltung, Strom, Wasser, Kosten für die Erstellung der Anlage V der Steuererklärung, Fahrtkosten, Anwaltskosten bei Streit mit dem Vermieter, kurz: alles, was im Zusammenhang mit dieser vermieteten Immobilie steht.

Nicht als Einnahme gilt die Aufnahme eines Kredites, die Tilgungszahlungen lassen sich dementsprechend nicht als Werbungskosten abziehen. Ebenfalls keine Werbungskosten sind Anschaffungen von Wirtschaftsgütern. Klar, wer Geld gegen ein Anlagegut tauscht, macht keinen Verlust. Erst durch die Nutzung verliert das Wirtschaftsgut an Wert und diese sogenannte Absetzung für Abnutzung (AfA) kann steuermindernd erfasst werden.

Gebäude unterliegen einer derartigen Abnutzung und das Finanzamt setzt pauschal je nach Baujahr 2 oder 2,5 Prozent der Anschaffungskosten des Gebäudes pro Jahr als Kosten an. Grund und Boden unterliegen keiner Abnutzung und lassen sich daher nicht abschreiben. Als Immobilienbesitzer musst Du folglich den Kaufpreis auf Gebäude sowie Grund und Boden aufteilen, denn Du kannst nur den Gebäudeteil abschreiben. Wie sich der Kaufpreis auf Gebäude sowie Grund und Boden aufteilt, diskutieren Steuerberater und Finanzamt oftmals heiß. Denn das Finanzamt hat selbstverständlich ein Interesse daran, den Gebäudeteil möglichst niedrig einzustufen – schließlich wirkt nur dieser steuermindernd.

Eine wichtige Komponente des Themas Abschreibung bildet die Regel der anschaffungsnahen Herstellungskosten. Wer innerhalb von drei Jahren nach Erwerb einer Immobilie umfangreiche Sanierungen vornimmt und wenn deren Kosten 15 Prozent der Anschaffungskosten der Immobilie übersteigen, entstehen sogenannte anschaffungsnahe Herstellungskosten. Diese lassen sich nicht sofort geltend machen, stattdessen müssen sie mit 2 oder 2,5 Prozent jährlich abgeschrieben werden. Wer mit dem sofortigen Abzug und der damit verbundenen Steuerersparnis rechnet, erlebt eine bittere Enttäuschung. Denn in diesem Fall lassen sich die Kosten nur über 50 oder 40 Jahre verteilt steuerlich geltend machen.

Ebenso unter diese Abschreibungsregeln fallen Maßnahmen, die etwas Neues schaffen (beispielsweise der Einbau eines Aufzuges), den Standard heben (zum Beispiel die Umrüstung auf eine Zentralheizung) oder zusätzlichen Wohnraum schaffen. Gleiches gilt, wenn in drei von vier Kernbereichen der Wohnung (Heizung, Fenster, Elektro oder Sanitär) wesentliche Verbesserungen vorgenommen werden. In all diesen Fällen kannst Du die Kosten nicht sofort als Werbungskosten geltend machen, sondern musst sie über die Laufzeit des Gebäudes abschreiben. Grundsätzlich nicht unter diese Regel fallen übliche Renovierungen, wie etwa Tapetenwechsel oder Streichen.

Wer weitere Wirtschaftsgüter wie zum Beispiel eine Küche oder ein Gartenhaus mitvermietet, darf diese über die betriebsgewöhnliche Nutzungsdauer abschreiben. Dazu werden die Anschaffungskosten auf die Nutzungsdauer des Wirtschaftsgutes aufgeteilt und der Eigentümer kann jedes Jahr den entsprechenden Anteil steuermindernd geltend machen.

Wer Einnahmen und Ausgaben erfasst, muss sich nach dem Datum der Zahlungen richten. Eine Ausnahme bilden regelmäßig wiederkehrende Einnahmen wie etwa Mieten und regelmäßig wiederkehrende Ausgaben wie zum Beispiel Umsatzsteuerzahlungen. Wer diese innerhalb von zehn Tagen vor oder nach Ende des Kalenderjahres zahlt oder erhält, muss sie in dem Jahr erfassen, zu dem sie wirtschaftlich gehören. Das heißt: Fließt etwa die Miete für Januar 2020 bereits am 26.12.2019, wird diese Miete erst 2020 berücksichtigt. Wird die Miete für Dezember 2018 dagegen erst am 10.01.2019 gezahlt, ist diese Zahlung noch im Jahr 2018 zu erfassen.

Vor- und Nachteile

Die einfachste Form eines Immobilieninvestments besteht darin, privat eine Wohnung oder ein Haus zu kaufen und diese zu vermieten. Die Einnahmen aus Vermietung und Verpachtung unterliegen wie auch die übrigen Einkünfte des Haushalts der Einkommensteuer und sind mit unterschiedlichen Vor- und Nachteilen behaftet.

Als Vorteil der Ansiedlung von Vermietungseinnahmen im Einkommensteuerbereich wirkt sich aus, dass Du Verluste mit anderen Einkünften verrechnen kannst. Zudem ist die Veräußerung von vermieteten Immobilien nach Ablauf einer Haltefrist von zehn Jahren steuerfrei.

Nachteilig wirkt sich dagegen aus, dass die laufenden Gewinne aus der Vermietung der normalen Einkommensteuer unterliegen. Wer bereits durch (Berufs-)Tätigkeiten unter einem hohen Grenzsteuersatz leidet, muss jeden weiteren Euro aus der Vermietung darunter versteuern. Zudem kann die Veräußerung innerhalb der zehnjährigen Spekulationsfrist zu einer hohen Steuerlast führen.

Abbildung 14: Vor- und Nachteile privater Immobilien

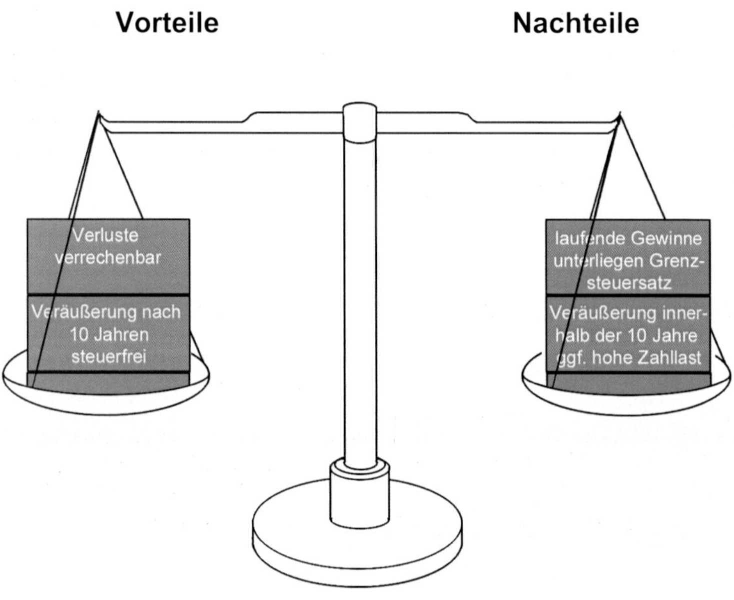

Um die Vorteile so gut wie möglich ausnutzen zu können und gleichzeitig die Nachteile zu umgehen, bieten sich unterschiedliche Gestaltungsmöglichkeiten bei Kauf, Halten und Veräußern von Immobilien an. Die wichtigsten davon möchte ich in den folgenden Kapiteln kurz vorstellen.

Gestaltungsempfehlung 1: Optimierte Darlehen

Die erste Empfehlung lautet, intelligente Darlehensverträge zur Finanzierung abzuschließen. Da sich die Tilgung des Darlehens steuerlich nicht geltend machen lässt, sollte sie die Höhe der jährlichen Abschreibung des Gebäudes nicht übersteigen. Auf diese Weise bewegen sich Cash-Flow und Einkünfte aus der Vermietung etwa in gleicher Höhe. Sollte die Tilgung sogar niedriger ausfallen, entstehen gegebenenfalls ein steuerlicher Verlust und gleichzeitig ein positiver Cash-Flow.

Der Verlust mindert die übrigen Einkünfte und spart dadurch Steuern. Vor diesem Hintergrund ist ein endfälliges Darlehen aus steuerlicher Sicht empfehlenswert. Soll die Tilgung erst nach einer Laufzeit von 10 Jahren erfolgen, kann sie aus dem steuerfreien Verkaufspreis geleistet werden.

Wer eine gemischt genutzte Immobilie besitzt, sollte den Eigenkapitalanteil immer zum Kauf des privaten Teils nutzen. Auf diese Weise bleiben die privaten Zinsen möglichst gering, schließlich lassen sie sich nicht steuerlich geltend machen. In solchen Fällen ist es zudem sinnvoll, mehrere Darlehensverträge abzuschließen und die Konditionen steueroptimal zu verteilen.

Gestaltungsempfehlung 2: Verschieben von Einnahmen und Ausgaben

Willst Du Deine Steuern optimieren, musst Du zudem immer die Höhe der anderen Einkünfte im Auge behalten. Entwickelt sich beispielsweise Dein Unternehmen dieses Jahr sehr gut oder steigt Dein Arbeitslohn durch Tantiemen überdurchschnittlich an, solltest Du Investitionen gegebenenfalls vorzuziehen.

Steht in nächster Zeit etwa eine Dachreparatur an und kennst Du Deine positive, finanzielle Situation, solltest Du den Handwerker schon im aktuellen Jahr bestellen und seine Leistung kurzfristig bezahlen. Mit guter Planung lassen sich hohe Erträge senken und damit die Steuerlast oftmals spürbar verringern.

Auch anders herum wird ein Schuh daraus: Wer Einnahmen in das nächste Jahr verschiebt (wichtig: nach dem 10.01. darf die Einnahme erst auf dem Bankkonto eingehen), kann auch die Steuerschuld verschieben.

Allerdings hast Du mit Zitronen gehandelt, wenn die Einkünfte im nächsten Jahr unerwartet noch höher ausfallen. Daher ist eine solche Gestaltung immer nur dann sinnvoll, wenn im betreffenden Jahr außerordentlich hohe Einkünfte anfallen und dieses Modell eignet sich nicht zum Steuern sparen, sondern nur zum Aufschieben. Auf weitere Einzelheiten werde ich unter Vor- und Nachteile der Einnahme-Überschuss-Rechnung nochmals eingehen.

Gestaltungsempfehlung 3: Verlagerung in eine GmbH

Wer ein anderes Unternehmen in der Rechtsform einer GmbH betreibt, kann die Verwaltung der Immobilie von dieser GmbH vornehmen lassen. Damit erbringt die GmbH eine Leistung und kann eine Rechnung dafür stellen, die hohe Einkünfte im Einkommensteuerbereich mindert und sie stattdessen unter die niedrigere Körperschaftsteuer verschiebt.

Auch kann Deine GmbH umfangreiche Instandhaltungsmaßnahmen finanzieren. Dieser Weg ergibt Sinn, weil Instandhaltungen sofort abzugsfähige Werbungskosten darstellen und der Cash-Flow nicht belastet wird. Für das Darlehen musst Du Deiner GmbH Zinsen zahlen, die wiederum Werbungskosten darstellen. Zu beachten ist aber, dass Du das Darlehen zurückzahlen musst.

Gestaltungsempfehlung 4: Vermietung an nahe Angehörige

Manche Immobilienbesitzer überlassen ihre Immobilien unentgeltlich an nahe Angehörige, können die Kosten der Immobilie vor diesem Hintergrund jedoch nicht steuerlich geltend machen.

Steuerlich interessanter ist es, die Immobilie zu 75 Prozent des markiiblichen Wertes zu vermieten. Diese Prozentzahl ergibt sich aus den Vorgaben des Gesetzgebers. Demnach darf ein Vermieter nur die anteiligen Kosten geltend machen, wenn er seine Immobilie für weniger als 66 Prozent der marktüblichen Warmmiete vermietet. Beträgt die Miete zwischen 66 und 75 Prozent der marktüblichen Miete, muss der Vermieter dem Finanzamt eine Überschusserzielungsabsicht nachweisen, um alle Kosten geltend machen zu können. Ab 75 Prozent der marktüblichen Warmmiete ist dieser Aufwand nicht mehr erforderlich und alle Kosten dürfen angesetzt werden.

Ein gutes Beispiel für eine derartige Gestaltung bieten studierende Kinder. Selbstverständlich darfst Du dein Kind auch weiterhin finanziell unterstützen, aus steuerlicher Sicht solltest Du dies jedoch nicht in Form einer unentgeltlichen Wohnungsüberlassung tun.

Stattdessen zahlst Du einen monatlichen Betrag auf das Konto des Kindes und wenn Du jetzt eine Wohnung vermietest, zahlt Dein Kind die monatliche Miete auf Dein Mietkonto und Du kannst die Kosten der Wohnung zu 100 Prozent absetzen.

Gestaltungsempfehlung 5: Verkauf an Ehepartner

Wer eine Immobilie mindestens 10 Jahre besitzt und wenn ihr Wert gestiegen ist, kann der Verkauf von einem an den anderen Ehepartner Sinn ergeben. Verkäufe unter Ehepartnern unterliegen nicht der Grunderwerbsteuer und nach Ablauf der Haltefrist fällt auch keine Einkommensteuer an. Einzig Notar- und Grundbuchkosten werden in Rechnung gestellt.

Diese Variante ist vor allem dann interessant, wenn die Immobilie abgeschrieben ist oder die Finanzierung ausläuft. Nach dem Verkauf hat der neue Eigentümer Anschaffungskosten und kann dadurch eine höhere Abschreibung geltend machen.

Gestaltungsempfehlung 6: Denkmäler

Bei vielen Immobilienbesitzern bekannt und Gegenstand vielfältiger Steuersparmodelle sind Denkmäler. Jeder kennt die Vergünstigungen bei der Sanierung von Denkmälern.

Anstatt über die normalerweise bei 40 oder 50 Jahren liegende Nutzungsdauer des Gebäudes, können die Besitzer von Denkmalobjekten die Kosten umfangreicher Sanierungen mit 9 Prozent der Kosten in den ersten 8 Jahren geltend machen; in weiteren 4 Jahren sind es jeweils 7 Prozent. Dadurch lässt sich ein sehr hoher Anteil der Kosten über eine kurze Laufzeit geltend machen. Voraussetzung dafür ist jedoch eine Bescheinigung der Denkmalschutzbehörde.

Bei Denkmälern gilt es jedoch zu beachten, dass viele, externe Unternehmer oder Planer diese Möglichkeit kennen, den steuerlichen Vorteil einkalkulieren und auf die Kosten aufschlagen. Daher solltest Du immer darauf achten, welche Beträge Du welchem Dienstleister bezahlst. Wer sich selbst um Angebote und Details kümmert, spart immer noch das meiste Geld.

Wer eine derartige Immobilie bereits besitzt und die 12 Jahre der Sonderabschreibung hinter sich gebracht hat, kann einen Verkauf an den Ehepartner in Erwägung ziehen. Der Grund: Nach Ende der Sonderabschreibung bleiben kaum „normale“ Abschreibungen übrig und der Verkauf schafft wiederum neues Abschreibungspotential.

Achtung: Gewerblicher Grundstückshandel

Es kommt immer wieder vor, dass ein Grundstück vor Ablauf der zehn Jahre Haltefrist verkauft werden muss. In derartigen Fällen unterliegt der Gewinn aus dieser Veräußerung der Steuer. Diese Situation ist zwar nicht schön, aber je nach Höhe des Verkaufspreises durchaus erträglich.

Wichtig ist jedoch, dass Du nicht mehr als drei Objekte innerhalb von fünf Jahren mit einer Haltedauer von weniger als fünf Jahren veräußerst. Überschreitest Du diese sogenannte Drei-Objekt-Grenze, stuft der Fiskus Deine Tätigkeit als sogenannten gewerblichen Grundstückshandel ein. Daraus erwachsen diverse Pflichten: Für diese Tätigkeit ist eine Bilanz erforderlich, die Grundstücke werden als Umlaufvermögen behandelt und Du kannst keine Abschreibung geltend machen. Zudem löst jeder Verkauf einen Gewerbesteuerfall aus und die Grundstücke kommen ins Betriebsvermögen.

Doch Vorsicht: In Ausnahmefällen sieht das Finanzamt auch eine längere Haltedauer als gewerblichen Grundstückshandel an.

Abbildung 15: Zeitstrahl für ein Beispiel des gewerblichen Grundstückshandels

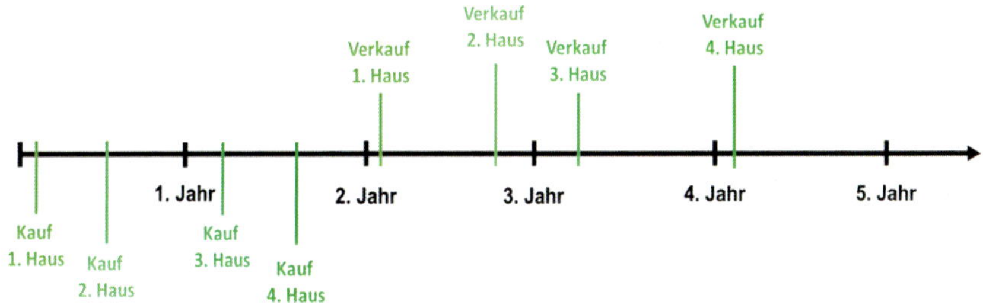

Wer tatsächlich in den gewerblichen Grundstückshandel einsteigen möchte, sollte diese Tätigkeit über eine GmbH abwickeln und nicht über das Privatvermögen. Warum das so ist, erläutere ich in den folgenden Kapiteln.

Immobilien im Betriebsvermögen

Die betriebliche Immobilie

Nutzt Du eine Immobilie oder einen Teil einer Immobilie im Rahmen Deines Einzelunternehmens oder Deiner freiberuflichen Tätigkeit, zählt dieser Teil automatisch zum Betriebsvermögen. Eine Ausnahme besteht nur dann, wenn der betriebliche Teil der Immobilie von untergeordneter Bedeutung ist. Konkret: Der betriebliche Anteil bleibt unter 20 Prozent und ist weniger als 20.500 Euro wert. Ist deine Immobilie 300.000 Euro wert und das Arbeitszimmer macht eine Fläche von 5 Prozent des Hauses aus, beträgt der Wert des Arbeitszimmers nur 15.000 Euro. In diesem Fall kannst Du die Kosten steuerlich berücksichtigen, musst aber den Teil der Immobilie nicht im Betriebsvermögen ausweisen.

Abbildung 16: Die Betriebsaufspaltung

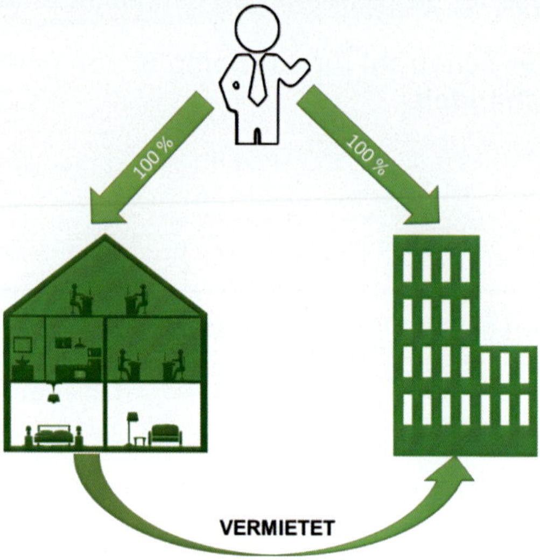

Eine Immobilie oder ein Teil davon zählen ebenso zum Betriebsvermögen, wenn eine sogenannte Betriebsaufspaltung vorliegt. Damit bezeichnet man die Verknüpfung einer GmbH und eines privat gehaltenen Wirtschaftsguts – davon geht der Fiskus aus, wenn Du beispielsweise eine Immobilie und eine GmbH besitzt und über beide entscheiden kannst. Die Immobilie gilt als betriebsnotwendig für die GmbH und wird ihr entgeltlich oder unentgeltlich überlassen.

Eine derartige Betriebsaufspaltung hat zur Folge, dass eine private Immobilie steuerlich gesehen Betriebsvermögen darstellt und damit steuerverhaftet ist. Auch die Anteile an dieser GmbH werden dann in diesem künstlich geschaffenen Betriebsvermögen erfasst. Bei einer späteren Veräußerung oder einer Beendigung der Betriebsaufspaltung – auch nach Ablauf der Zehnjahresfrist – wäre der Veräußerungsgewinn als Gewinn aus Gewerbebetrieb zu versteuern. Gleichzeitig wird auch der Wertzuwachs der GmbH steuerlich erfasst. Und wenn die Geschäfte gut gelaufen sind, kann dies teuer werden.

Abbildung 17: Vor- und Nachteile einer Immobilie im Betriebsvermögen

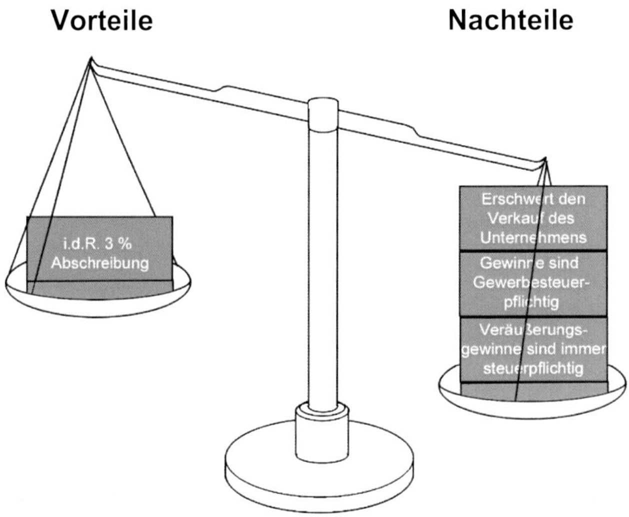

Noch schlimmer ist es, wenn Du das Gewerbe oder die freiberufliche Tätigkeit einstellst. Dann musst Du den betrieblichen Anteil der Immobilie entnehmen und die Finanzverwaltung behandelt diese Entnahme so, als ob Du die Immobilie veräußert hättest. In der Konsequenz unterliegt der betriebliche Anteil am fiktiven Veräußerungsgewinn der Steuer – ohne dass Geld dafür geflossen ist.

Immerhin existiert ein Vorteil im Rahmen der laufenden Besteuerung: Anstatt der 2 oder 2,5 Prozent lassen sich in der Regel 3 Prozent Abschreibung geltend machen. Verglichen mit dem Nachteil, dass die Immobilie ganz oder teilweise der Steuer unterliegt, ist das aber nur ein kleines Trostpflaster.

<u>**Merke:**</u> **Vermeide es, Immobilien im Betriebsvermögen zu halten.**

Vermeidung von Immobilien im Betriebsvermögen

Mitunter ist es jedoch gar nicht so einfach, diese Empfehlung zu befolgen. Denn wer als Einzelunternehmer, Freiberufler oder im Rahmen einer Personengesellschaft tätig ist, eine Immobilie besitzt und diese betrieblich nutzt, verfügt kaum über Möglichkeiten, diese Immobilie im Privatvermögen zu halten.

In derartigen Fällen ist es optimal, wenn nicht die Betriebsinhaber, sondern nahestehende Familienmitglieder die Immobilie erwerben und an den Betriebsinhaber vermieten. Hier bieten sich Ehegatten, volljährige Kinder oder Eltern an. Diese Konstruktion birgt einen weiteren, entscheidenden Vorteil. Läuft das Unternehmen nicht gut, können die Gläubiger nicht auf diesen Vermögensgegenstand zugreifen; schließlich befindet er sich nicht im Privatvermögen des Betriebsinhabers.

Auch im Hinblick eines späteren Verkaufs des Einzelunternehmens ist es günstig, die Immobilie nicht im Betriebsvermögen zu halten. Zum einen lassen sich durch die weitere Vermietung Einnahmen erzielen, losgelöst vom Einzelunternehmen. Zum anderen ist es einfacher, einen Erwerber zu finden. Denn ohne die Immobilie fällt der Kaufpreis wesentlich geringer aus, als wenn die Immobilie mitveräußert würde. Gerade wenn der Erwerber neu ins Geschäft einsteigt, wird er dankbar sein, dass er nicht noch einen höheren Kaufpreis finanzieren muss.

Wer diese Konstruktion wählt, muss jedoch einen Faktor unbedingt beachten: Die Immobilie darf nicht einmal teilweise dem Betriebsinhaber gehören. Denn jeder noch so kleine Teil gilt sofort als Betriebsvermögen – es sei denn, es handelt sich um ein Grundstücksteil von untergeordneter Bedeutung.

Ein weiteres Risiko besteht, wenn es zu einem familiären Bruch kommt. Der Vermögensgegenstand gehört nicht dem Betriebsinhaber und er hat daher kein Nutzungsrecht, sollte der Eigentümer entscheiden, zukünftig getrennte Wege zu gehen. Diese Konstruktion erfordert daher bereits vorab klare Regelungen, wie in einem solchen Fall verfahren wird. Wer sich im Guten und frühzeitig auf vernünftige Lösungen einigt, dürfte diese Lösungen später umso seltener benötigen.

Befindet sich die Immobilie bereits im Betriebsvermögen, ist das Kind in den Brunnen gefallen. Um hier einen steuerlichen Schlussstrich zu ziehen, bietet es sich an, die Immobilie an eine Person des Vertrauens zu verkaufen. Beim Verkauf aus dem Betriebsvermögen an einen nahen Angehörigen fallen jedoch Nebenkosten der Veräußerung an. Je nach Käufer existieren zwar Grunderwerbsteuerbefreiungen, aber zumindest der Notar und das Grundbuchamt wollen bezahlt werden. Zweitens unterliegt der Gewinn aus der Veräußerung der Einkommensteuer. Auch eine Schenkung an nahe Angehörige ist nicht empfehlenswert. Zwar lässt sich die Grunderwerbsteuer durch eine Schenkung vermeiden, es muss aber ein fiktiver Gewinn versteuert werden – der sogenannte Entnahmegewinn. Damit besteuert der Fiskus einen Gewinn aus einer Veräußerung, obwohl gar kein Geld geflossen ist. Noch schlimmer, zur Steuer auf den normalen, laufenden Gewinn kommt damit auch noch die Steuer auf diesen Veräußerungs- oder Entnahmegewinn. Die Folge ist eine sehr hohe Steuerbelastung.

Lohnen würde sich der Verkauf aus dem Betriebsvermögen in solchen Jahren, wo nur ein sehr niedriger Gewinn aufläuft und wenn zudem der Gewinn aus der Veräußerung überschaubar ausfällt. Ein weiterer, günstiger Zeitpunkt für eine derartige Übertragung bietet sich meist dann, wenn ein Unternehmen in eine andere Rechtsform überführt werden soll. Derartige Situationen bringen oftmals eine steuerliche Begünstigung der Übertragung im Rahmen der Einkommensteuer mit sich, die sich auch für die Versteuerung eines etwaigen Veräußerungs- oder Entnahmegewinns nutzen lassen. Die Einzelheiten dazu kommen in Kapital Übergang auf das Holdingsystem ausführlich zur Sprache.

Rücklage nach § 6b EStG

Unter gewissen Voraussetzungen ist es möglich, eine steuerfreie Rücklage in Höhe des Gewinnes aus der Veräußerung einer Immobilie zu bilden und diesen Gewinn damit zunächst nicht versteuern zu müssen. Fällt aus einem solchen Verkauf also ein Gewinn in Höhe von 50.000 Euro an, kannst Du im gleichen Jahr eine Rücklage bilden und damit den Gewinn um diesen Betrag mindern.

Damit der Fiskus diese Rücklagenbildung akzeptiert, muss sie innerhalb einer gewissen Zeit auf eine neue Immobilie übertragen werden. Dabei wird die Rücklage von den Anschaffungskosten der neuen Immobilie abgezogen und mindert damit die jährliche Abschreibung – wenn der Gewinn auf die neue Immobilie übertragen wird.

Mit dieser Übertragung auf die neue Immobilie ist das Problem jedoch nur vertagt; dieser Gewinn schlummert jetzt im neuen Objekt und wer es später verkauft, muss den Gewinn dieses Verkaufs sowie den übertragenen Gewinn versteuern.

Auch vor diesem Hintergrund lautet meine Empfehlung, das Halten von Immobilien im Betriebsvermögen möglichst zu vermeiden. Stattdessen solltest Du in den sauren Apfel beißen und den Gewinn versteuern; vielleicht lassen sich sogar steuerliche Begünstigungen geltend machen. Dagegen halte ich es für keine gute Idee, diese Steuerlast ewig über Dir oder Deinen Nachfolgern schweben zu lassen.

Vermeidung von Betriebsaufspaltungen

Ähnlich wie bei der Vermeidung von Immobilien im Betriebsvermögen ist mindestens eine weitere Person nötig, um Betriebsaufspaltungen zu vermeiden. Eine Betriebsaufspaltung liegt vor, wenn eine Person den Geschäftsverlauf im Besitzunternehmen (der Immobilie) und im Betriebsunternehmen (der GmbH) beeinflussen kann. Besitzt diese Person beide Unternehmen zu 100 Prozent und fungiert sie auch als Geschäftsführer der GmbH, bestimmt sie die Richtung beider Einheiten. Wer eine Betriebsaufspaltung vermeiden will, benötigt daher unbedingt eine weitere Person.

Allerdings muss diese Person die Immobilie nicht komplett besitzen, ein kleiner Teil genügt. In diesem Fall entsteht eine vermögensverwaltende Personengesellschaft – zwei Personen haben sich in einer GbR zusammengeschlossen, um eine Immobilie zu vermieten. Entscheidend ist, dass in dieser GbR Einstimmigkeitsabrede besteht. Damit entscheidet bei einem Geschäft nicht die Höhe der jeweiligen Beteiligung, vielmehr müssen alle Entscheidungen einstimmig getroffen werden.

Eigentlich gibt das Gesetz diese Einstimmigkeitsabrede vor. Um Missverständnisse und Diskussionen mit dem Finanzamt zu vermeiden, solltest Du diese Abrede ausdrücklich in einer privatschriftlichen Vereinbarung beschließen. So lässt sich gewährleisten, dass der Betriebsinhaber seinen Willen in der Grundstücksgesellschaft nicht alleine durchsetzen kann.

Wie im vorher geschilderten Fall besteht auch hier das Risiko familiärer Brüche. Doch wer sich im Guten zusammensetzt und eine vernünftige Lösung gestaltet, benötigt diese Lösung erfahrungsgemäß eher selten.

Immobilien in einer GmbH

Eigengenutzte Immobilie in der GmbH

Wer eine Immobilie über eine GmbH erwirbt, überführt sie damit immer direkt ins Betriebsvermögen. Damit bringt die Veräußerung immer eine Steuerpflicht mit sich – unabhängig von der Haltedauer.

Befindet sich die Immobilie zudem im Besitz der mit dem aktiven Geschäft betrauten oder operativen GmbH, entstehen zwei weitere Nachteile: Zum einen ist es steuerlich unattraktiver für einen möglichen Erwerber, die komplette GmbH mit Immobilie zu kaufen. Denn dann muss er einen wesentlich höheren Kaufpreis zahlen und auch noch Grunderwerbsteuer obendrauf. Stattdessen macht es mehr Sinn, eine Struktur zu wählen, die es möglich macht, den operativen Betrieb zu verkaufen und die Immobilie an den Erwerber zu vermieten.

Der zweite Nachteil betrifft die Haftung. So verfügt der operative Betrieb der GmbH meist über Risiken, die von den Vermögenswerten getrennt sein sollten. Sonst haftet die GmbH mit ihrem gesamten Betriebsvermögen, also auch mit der Immobilie.

<u>Merke:</u> Du solltest Vermögensgegenstände immer getrennt vom Risiko halten. Das gilt vor allem für Immobilien in operativen GmbHs.

Abbildung 18: Vor- und Nachteile eigengenutzter Immobilien in einer GmbH

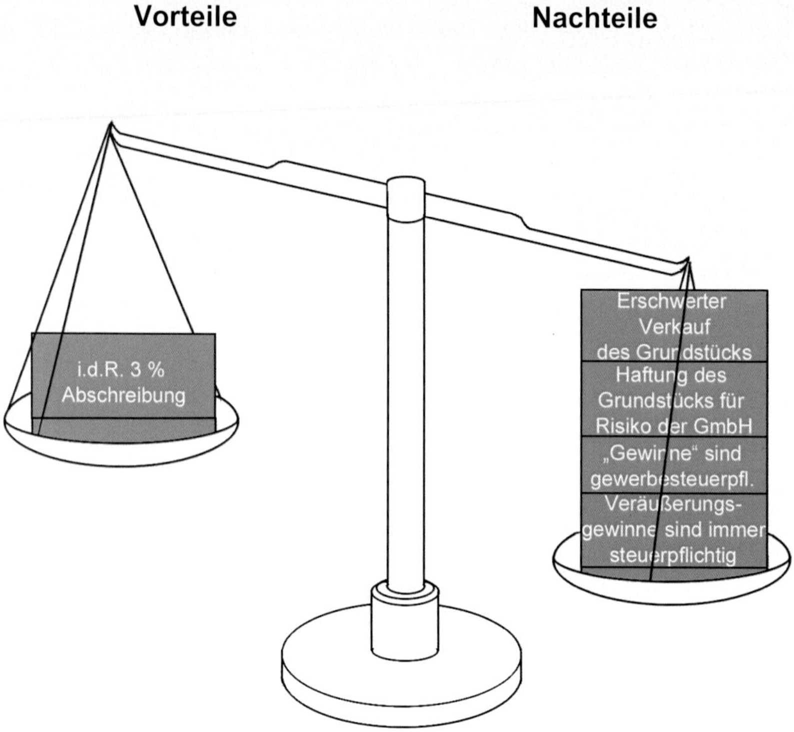

Grundstückshandels-GmbH

Wer Immobilien innerhalb einer kurzen Zeit an- und verkauft, findet in der GmbH die geeignete Rechtsform. Denn bei einer Haltedauer kürzer als 10 Jahre würde die Veräußerung im Privatbereich ohnehin mit der hohen Einkommensteuer besteuert werden und / oder gegebenenfalls sogar die Einstufung als gewerblicher Grundstückshandel nach sich ziehen.

Beim gewerblichen Grundstückshandel wird der Gewinn durch Bilanzierung ermittelt. Eine Besonderheit besteht darin, dass die Immobilien nicht als Anlagevermögen gelten, sondern wie Waren bilanziert werden und keine laufende Abschreibung erfolgt. Diese Regeln gelten jedoch auch dann, wenn Privatpersonen den Handel ausüben.

Meist kommt es bei Grundstückshandels-GmbHs günstiger, da laufende Gewinne der Körperschaft- sowie Gewerbesteuer und nicht der progressiven Einkommensteuer unterliegen.

Abbildung 19: Vor- und Nachteile einer Grundstückshandels-GmbH

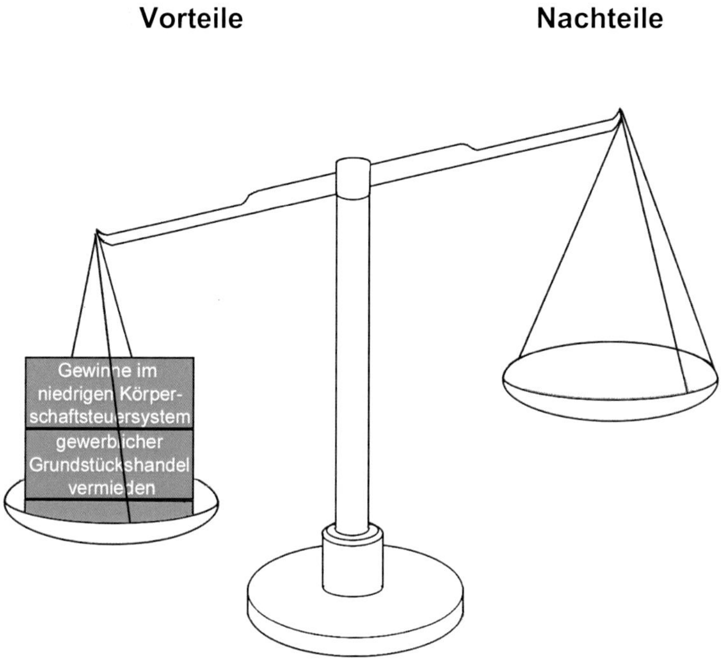

Vermietungs-GmbH

Erzielt eine GmbH ausschließlich Einkünfte aus Vermietung und Verpachtung von eigenem Grundbesitz, handelt es sich um eine sogenannte vermögensverwaltende GmbH und muss die GmbH nur Körperschaftsteuer von 15 Prozent zuzüglich Solidaritätszuschlag auf diese Einkünfte zahlen. Es existiert eine Gewerbesteuerbefreiung für diese Art von Grundstücksunternehmen, die sogenannte erweiterte, gewerbesteuerliche Grundstückskürzung.

Diese Befreiung unterliegt sehr strikten Regeln: So darf die GmbH ausschließlich eigenes Grundvermögen vermieten.

Befindet sich nur eine einzige Betriebsvorrichtung im Rahmen der Gesamtvermietung, wird diese Steuerbefreiung nicht gewährt. Als Betriebsvorrichtungen gelten Gegenstände, die mit dem Gebäude fest verbunden sein können, aber nicht dem Gebäude an sich dienen, sondern eine Betrieb. Darunter fallen typischerweise Lastenaufzüge, Ladentheken, Schaufensteranlagen, Maschinen, Krananlagen, Produktionsbänder und vieles mehr. Bei der Vermietung von Wohnimmobilien lassen sich Betriebsvorrichtungen einfach ausklammern oder vermeiden. Wer jedoch eine gewerbliche Einheit beispielsweise an ein Ladenlokal oder Restaurant vermietet, sollte sich den Vermietungsumfang genau überlegen. Hier ergibt es gegebenenfalls Sinn, den Mieter etwa einen Lastenaufzug einbauen zu lassen, soweit er eine entsprechende Betriebsvorrichtung benötigt.

Im Rahmen meiner Tätigkeit bei Ernst & Young habe ich ein großes Unternehmen betreut, das Einkaufszentren erstellte und vermietete. Hier musste ich jedes Jahr genau überprüfen, ob nicht versehentlich Betriebsvorrichtungen zum Vermietungsumfang gehören. Denn es war bekannt, dass der Fiskus einer Gesellschaft die Steuerbefreiung versagt hatte, weil eine Reklametafel mitvermietet wurde.

Keine Probleme entstehen, wenn zusätzlich Kapitaleinkünfte in geringem Umfang anfallen. Erzielt die GmbH durch die Vermietung Gewinne und legt diese an, wirken sich diese Kapitalerträge nicht auf die Steuerbefreiung für Vermietung und Verpachtung aus. Allerdings muss die GmbH grundsätzlich Gewerbesteuer auf ihre Kapitaleinkünfte bezahlen. Sollte die GmbH jedoch durch kurzfristige Verkäufe unter den gewerblichen Grundstückshandel fallen, entfällt die Gewerbesteuerbefreiung auch für Vermietung und Verpachtung.

Der Vorteil einer solchen GmbH besteht in ihrer niedrigen, laufenden Besteuerung. Nachteilig wirkt sich dagegen aus, dass etwaige Veräußerungen von Immobilien immer steuerpflichtig sind.

Abbildung 20: Vor- und Nachteile einer Vermietungs-GmbH

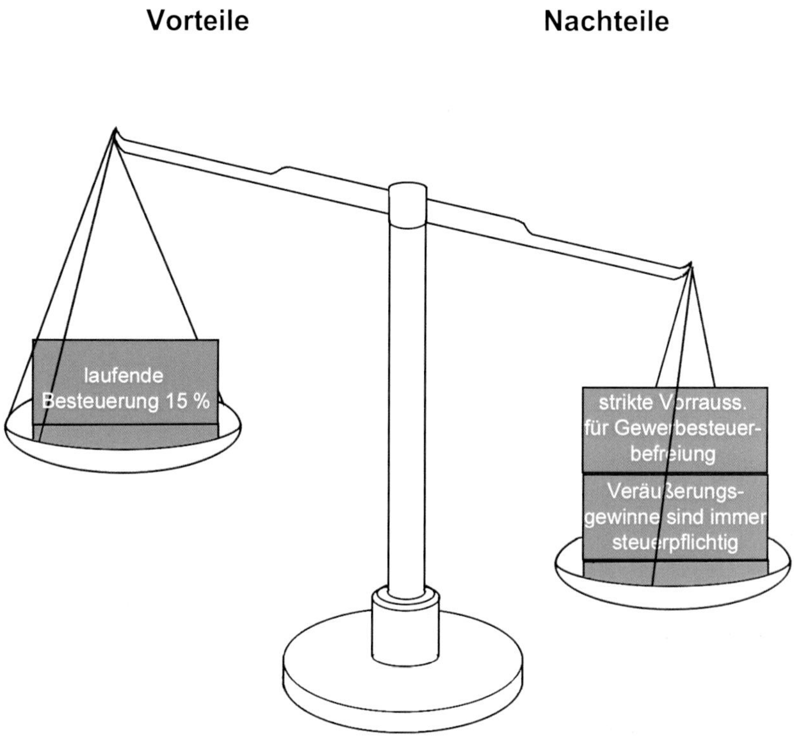

Annähernd steuerfrei lässt sich eine Immobilie im Rahmen einer GmbH nur veräußern, wenn Anteile an der GmbH verkauft werden. Dabei handelt es sich um eine sogenannte Objekt-GmbH.

Objekt-GmbHs

Als Objekt-GmbHs gelten GmbHs, die Immobilien besitzen und diese vermieten. Die laufenden Einkünfte unterliegen bei Einhaltung der genannten Bedingungen aufgrund der Gewerbesteuerbefreiung nur der Körperschaftsteuer und dem Solidaritätszuschlag. Steht ein Verkauf der Immobilie an, wird anstatt der Immobilie die Objekt-GmbH veräußert.

Dabei handelt es sich um einen sogenannten „Share-Deal“, die Anteile der GmbH wechseln den Besitzer.

Dem gegenüber steht der sogenannte „Asset-Deal“, bei dem die Wirtschaftsgüter einzeln übertragen werden.

Für den Verkäufer hat der Share-Deal den entscheidenden Vorteil, dass der Verkauf steuerlich begünstigt wird. Hält eine Privatperson die Anteile an der GmbH, ist der Verkauf zu 40 Prozent steuerfrei. Hält eine andere Kapitalgesellschaft die Anteile, kann sie sogar 95 Prozent des Gewinns steuerfrei vereinnahmen. Daher ergibt es bei einer solchen Konstruktion Sinn, über ein Holdingssystem nachzudenken. Dieses besprechen wir in Kapitel Holdingstruktur.

Dem Vorteil für den Verkäufer steht ein Nachteil für den Käufer gegenüber: Dieser erwirbt Anteile an einer Kapitalgesellschaft und kann sie nicht abschreiben, weil die steuerlichen Prozesse weiterlaufen wie bisher. Das bedeutet, die GmbH führt die ursprünglichen Anschaffungskosten fort, obwohl der Erwerber wesentlich mehr dafür aufgewendet hat. Er kann seine Aufwendungen erst dann mindernd berücksichtigen, wenn er wiederum die GmbH-Anteile verkauft.

Es gilt jedoch den bereits genannten Punkt zu berücksichtigen. Gehen die Anteile an der GmbH nur zum Teil an den Erwerber und bleiben mindestens 6 Prozent im Besitz des Verkäufers, kann der Erwerber Grunderwerbsteuer vermeiden. Verkaufst Du also 94 Prozent Deiner Grundstücks-GmbH und behältst 6 Prozent, muss der Käufer keine Grunderwerbsteuer bezahlen. Das gilt auch, wenn diese GmbH sehr wertvoll ist.

Ohnehin ergeben solche GmbHs nur Sinn, wenn es sich um größere Vermietungsobjekte handelt. Denn jede GmbH produziert administrative Kosten, die sie erwirtschaften muss. Zudem sollte immer eine Exitstrategie vorhanden sein und Käufer für die jeweiligen Anteile bereit stehen. Wer beispielsweise sein Einfamilienhaus als Objekt-GmbH ausgestaltet, wird kaum einen Investor finden, der die GmbH-Anteile kauft. Denn als Erwerber von Einfamilienhäusern treten meist Eigennutzer auf oder Kleininvestoren, für die sich der Betrieb einer GmbH nicht rechnet.

Abbildung 21: Vor- und Nachteile von Objekt-GmbHs

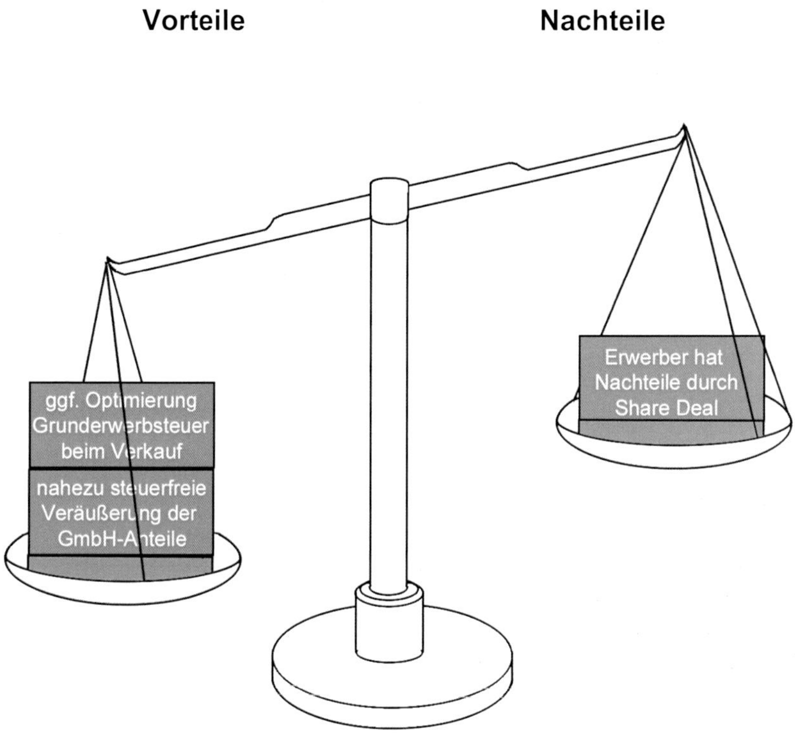

Dagegen eignen sich Objekt-GmbHs deutlich eher für Mehrfamilienhäuser oder Gebäudekomplexe mit mehreren Wohneinheiten. Hier stehen mehr Investoren bereit, die Anteile anstatt Objekte erwerben möchten.

Wer die Anteile an der Objekt-GmbH über eine weitere GmbH oder über eine Stiftung hält, kann den Gewinn aus der Veräußerung der Anteile zu 95 Prozent steuerfrei vereinnahmen.

Immobilien in einer Stiftung

Vorteile einer Stiftung

Bei den bislang vorgestellten Formen für Immobilienbesitz und -handel zeigt sich ein übereinstimmendes Element: Stets stehen den Vorteilen gewichtige Nachteile gegenüber und es ist kaum möglich, unterschiedliche Strategien steuerlich optimiert in einer Rechtsform durchzuführen. Wer ernsthaft über langfristige Investitionen in Immobilienvermögen nachdenkt, findet dagegen in der Stiftung eine ideale Rechtsform. Denn sie vereint die Vorteile einer Privatperson mit denjenigen einer GmbH.

Für Einkünfte aus der Vermietung zahlt die Stiftung nur Körperschaftsteuer in Höhe von 15 Prozent zuzüglich Solidaritätszuschlag. Zudem muss die Stiftung keine Gewerbesteuerbefreiung beachten, da keine gewerblichen Einkünfte vorliegen. Vermietet sie also Betriebsvorrichtungen, muss sie deswegen keine Gewerbesteuer zahlen. Von den laufenden Erträgen fließen immer nur 15 Prozent zuzüglich Solidaritätszuschlag an den Fiskus. Die Stiftung muss im Vergleich zur Genossenschaft auch nicht darauf achten, dass sie zu Wohnzwecken vermietet. Auch gewerbliche Vermietungen sind von dem niedrigen Körperschaftsteuersatz betroffen.

Da die Vermietungstätigkeit kein Betriebsvermögen produziert, ist die Immobilie zudem nicht steuerverhaftet. Verkauft die Stiftung die Immobilie nach 10 Jahren, ist diese Veräußerung ebenfalls steuerfrei.

Nachteile einer Stiftung

Ein Vorteil der Vermietungseinkünfte im Privatvermögen ist, dass sich Verluste mit anderen Einkünften verrechnen lassen. Verlustobjekte in einer Stiftung sind jedoch steuerlich nicht vorteilhaft, sie lassen sich nicht mit den privaten Einkünften verrechnen.

Erzielt die Stiftung selbst neben den Verlust aus dem einen Objekt auch noch Gewinne aus einem anderen Objekt, können die Verluste zwar mit den Gewinnen verrechnet werden, aber die Verluste mindern nur die mit 15 Prozent besteuerten Einkünfte.

Interessanter wäre es hier, Verlustobjekte oder Denkmäler so lange im Privatvermögen zu halten, bis sie Erträge bringen und nach Ablauf der Zehnjahresfrist an die Stiftung zu verkaufen. Dabei wird nicht der ursprüngliche Kaufpreis angesetzt, sondern der aktuelle Marktwert der Immobilie. Dieser wird im Zweifel gestiegen sein, so dass die Stiftung von diesem höheren Wert abschreiben kann. Da Du das Grundstück nach Ablauf von zehn Jahren veräußerst, ist der Gewinn aus der Veräußerung für dich einkommensteuerlich steuerfrei. Es fällt dann zwar einmalig Grunderwerbsteuer an, dafür gewinnt die Stiftung jedoch neues Abschreibungspotential und der Verkaufspreis lässt sich steuerfrei aus der Stiftung entnehmen.

Auch bei der Stiftung ist es wichtig, dass sie die Kriterien des gewerblichen Grundstückshandels vermeidet. Denn sonst müsste die Stiftung auf diese Einkünfte Gewerbesteuer zahlen. Wer kurzfristig mit Immobilien handeln möchte, sollte eher eine Handels-GmbH einrichten und damit eine klare Trennlinie ziehen.

Abbildung 22: Immobilien in einer Stiftung

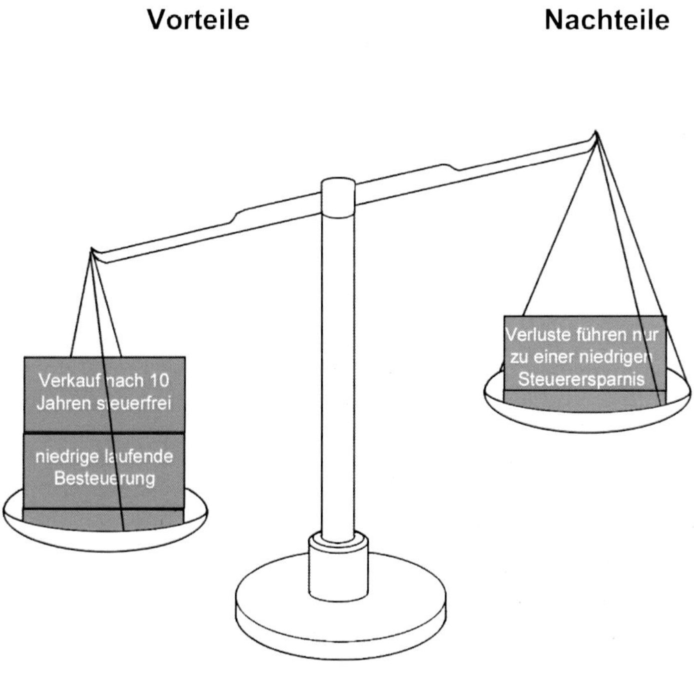

Immobilien in einer Genossenschaft

Vorteile einer Genossenschaft

Unter der Voraussetzung, dass die Genossenschaft zu mindestens 90% ihrer Vermietungseinkünfte aus der Vermietung zu Wohnzwecken an ihre ordentlichen Mitglieder erzielt, sind die Einkünfte aus der Vermietung in voller Höhe steuerfrei. Wird ein derart begünstigtes Objekt veräußert, ist auch der Veräußerungsgewinn steuerfrei.

Von den Überschüssen muss die Genossenschaft allen Mitgliedern – inkl. den Mietern - Vorteile zuwenden, beispielsweise Ausflüge bezahlen oder gemeinschaftlich genutzte Wirtschaftsgüter anschaffen, die alle begünstigten Mitglieder nutzen dürfen. Dies können auch Wirtschaftsgüter des privaten Lebensbedarfes sein, wie eine Waschmaschine oder ein Auto.

Nachteile einer Genossenschaft

Die Voraussetzung für diese Steuerbefreiung ist, dass die Mieter ordentliche Mitglieder der Genossenschaft werden müssen, demnach die gleichen Stimmrechte und auch die gleichen Förderungen erhalten. Das bedeutet, dass sie keine Kaution mehr zahlen müssen und dass sie nicht mit Begründung des Eigenbedarfs gekündigt werden können.

Bis einschließlich 2019 war es nicht erforderlich, dass sie mit Entscheidungen treffen und von den Überschüssen partizipieren müssen. Es war ausreichend, dass die Mieter mit derart beschränkten Rechten Mitglieder werden. Dies ist mit der Gesetzesänderung zum 20.12.2019 mit Wirkung zum 01.01.2020 geändert wurden.

Die gewerbliche Vermietung führt zu nicht begünstigten Einkünften. Bei Genossenschaften muss jedes Jahr geprüft werden, ob sie zu mindestens 90% zu Wohnzwecken an eigene Mitglieder vermieten. Wenn diese Voraussetzung nicht gegeben ist, fällt Körperschaftsteuer und ggf. Gewerbesteuer an.

Vor dem Hintergrund der genannten Vor- und Nachteile der einzelnen Rechtsformen solltest Du daher immer prüfen, wie Du ein Immobilieninvestment gestaltest. Das folgende Schaubild zeigt die Vor- und Nachteile der einzelnen Gesellschaftsformen im Überblick. Auch hier bietet es sich an, Rücksprache mit Deinem Steuerberater zu halten.

Abbildung 23: Zusammenfassendes Schaubild der Rechtsformen

	Privatperson	GmbH	Stiftung	Genossenschaft
Besteuerung der positiven Vermietungseinkünfte	Einkommensteuer	Körperschaftsteuer, ggf. Gewerbesteuer	nur Körperschaftsteuer	Ggf. steuerfrei, ansonsten Körperschaftsteuer, ggf. Gewerbesteuer
Besteuerung der negativen Vermietungseinkünfte	Verluste mindern andere Einkünfte, die bis zu 45% besteuert werden	Verluste mindern andere Einkünfte, die zu 15% bzw. 30% besteuert werden	Verluste mindern andere Einkünfte, die zu 15% besteuert werden	Verluste mindern steuerfreie Einkünfte
Verkauf nach 10 Jahren	Steuerfrei	Steuerpflichtig	Steuerfrei	Steuerfrei, wenn begünstigtes Vermögen verkauft wird
Verkauf innerhalb von 10 Jahren	Einkommensteuer: Achtung: gewerblicher Grundstückshandel	Körperschaftsteuer Gewerbesteuer	Körperschaftsteuer: Achtung: gewerblicher Grundstückshandel	Steuerfrei, wenn begünstigtes Vermögen verkauft wird, Achtung: gew. Grundstückshandel
Grundstückshandel	Einkommensteuer Gewerbesteuer	Körperschaftsteuer Gewerbesteuer	Körperschaftsteuer und Gewerbesteuer	Körperschaftsteuer und Gewerbesteuer
Als Objektgesellschaft	Nicht möglich	Möglich	Nicht möglich	Möglich
Verkauf von Anteilen an Objektgesellschaften	Zu 40% steuerfrei	Zu 95% steuerfrei	Zu 95% steuerfrei	Zu 95% steuerfrei

Entscheidend für mich ist auch, dass Du die verschiedenen Wahlrechte kennst und darüber nachdenkst, warum Du Dich gerade für eine Variante entscheidest. Es kann vorkommen, dass Du Dich innerhalb der 10 Jahre anders entscheiden musst, als zu Anfang angenommen. Aber in diesem Fall kennst Du die Konsequenzen und kannst dementsprechend handeln.

Wer beispielsweise eine Immobilie länger als 10 Jahre halten möchte, aber bereits nach 5 Jahren ein äußerst attraktives Angebot erhält, muss wissen, dass dann ein steuerpflichtiger Vorgang entsteht. Bei den Kaufpreisverhandlungen sollte diese Regel stets präsent sein und damit ein entsprechend höherer Kaufpreis zum Aufruf kommen. Ist Dir diese Tatsache nicht bewusst, bilden die Steuern auf die Veräußerung eine böse Überraschung.

Hausaufgabe

Besitzt Du bereits Immobilienvermögen, solltest Du Dir die damalige Entscheidung über die Rechtsform nochmals vor Augen führen. Zum Beispiel: Warum wurde diese Immobilie privat gekauft? Mit dem Wissen des letzten Kapitals kannst Du nun selbst herausfinden, ob diese Entscheidung aus steuerlichen Gesichtspunkten sinnvoll war. Kommst Du zur Auffassung, dass diese Investitionsart suboptimal ist, nimm Kontakt zu deinem Steuerberater auf und frage ihn aktiv, wie Du in eine bessere Rechtsform umgliedern kannst. Derartige Aktionen kosten immer ihren Preis, doch vor allem bei Immobilien im Betriebsvermögen zahlt sich diese Umgliederung auf lange Sicht aus.

Für zukünftige Investments solltest Du eine Liste über die Ziele erstellen:

Möchtest Du diese langfristig oder kurzfristig erwerben?
Möchtest Du mit Immobilien handeln?
Entstehen Gewinne oder Verluste?
Um welche Art von Immobilie handelt es sich?
Treffe auf Basis dieser Ausarbeitungen eine Entscheidung und bedenke bereits jetzt die Konsequenzen von Planänderungen. Auch hier ergibt es Sinn, vor dem Kauf einen Steuerberater einzubeziehen. Eine Empfehlung von mir: Suche Dir einen Steuerberater, der selbst in Immobilien investiert und auch dabei unterschiedliche Rechtsformen nutzt.

Steueroptimierungen für Kapitaleinkünfte

Kapitaleinkünfte im Privatvermögen

Abgeltungsteuer

In meiner Zeit beim Finanzamt habe ich nichts so sehr gehasst wie die Anlage KAP. Damals gab es die Abgeltungsteuer noch nicht und die Einkünfte unterlagen der normalen Einkommensteuer. Im Rahmen der Veranlagung mussten die Steuerpflichtigen ihre Kapitaleinkünfte daher immer erklären.

Bei umfangreichen Kapitaleinkünften konnte ich es als Auszubildende beim Finanzamt kaum verstehen, wie solch hohe Gewinne, aber auch derart große Verluste entstehen können. Zudem verstand ich einzelne Anlageprodukte wie etwa Optionen überhaupt nicht. Die Anlage KAP in das System zur Erstellung eines Steuerbescheides reinzupressen, war für mich immer ein Kampf. Außerdem „vergaßen" die Steuerpflichtigen ihre Kapitalerträge immer wieder gerne, vor allem die in der Schweiz aufgelaufenen.

Diese Schwierigkeiten hatte jedoch anscheinend nicht nur ich, deshalb wurden die Einkünfte aus Kapitalvermögen umstrukturiert und das Steuersystem damit vereinfacht. Seit 2009 stellen sie etwas Besonderes dar und werden nicht mehr mit der normalen Einkommensteuer besteuert, sondern mit der sogenannten Abgeltungsteuer. Die Abgeltungsteuer beträgt 25 Prozent zuzüglich Solidaritätszuschlag und gegebenenfalls Kirchensteuer. Die Abgeltungsteuer weist vier Besonderheiten auf:

Abbildung 24: Besonderheiten der Kapitalertragsteuer

Deutsche Banken behalten die Abgeltungsteuer automatisch ein und führen sie für jedes Kalenderjahr ungefragt an den Fiskus ab. Damit ist für Kapitalerträge ein ähnliches System entstanden wie bei der Lohnsteuer. Durch den Steuerabzug der Banken ist die Steuer auf Kapitaleinkünfte abgegolten, sie muss nicht mehr in der Steuererklärung aufgenommen werden.

Der im Vergleich zur Einkommensteuer relativ niedrige Satz wurde durch einen Kompromiss erkauft, denn seitdem sind Werbungskosten im Zusammenhang mit Kapitalerträgen nicht mehr abzugsfähig. Stattdessen gilt ein Sparerpauschbetrag von 801 Euro bei ledigen und von 1.602 Euro bei zusammenveranlagten Steuerzahlern. Entstehen höhere Werbungskosten beispielsweise durch den Besuch von Seminaren zur optimalen Investmentstrategie, gelten diese leider als Privatvergnügen.

Der Steuerzahler kann seiner Bank daher lediglich einen Freistellungsauftrag in Höhe des Sparerpauschbetrages geben, so dass sie auf Kapitalerträge bis zu dieser Höhe keine Abgeltungsteuer abführt. Eine weitere Besonderheit bei zusammenveranlagten Steuerzahlern stellen die Verlustverrechnungsbeschränkungen dar. Details dazu folgen im übernächsten Kapitel, zunächst sollen die Ausnahmen zur Sprache kommen.

Ausnahmen von der Abgeltungsteuer

Ziel bei der Einführung der Abgeltungsteuer war es eigentlich, auf die Anlage KAP in Zukunft verzichten zu können. Nichtsdestotrotz existieren bestimmte Fälle, wo sie trotzdem ratsam oder sogar erforderlich ist:

- Die Abgeltungsteuer greift in der Regel nur bei Anlegern, die über einen hohen persönlichen Einkommensteuersatz verfügen. Im Rahmen der Einkommensteuererklärung lässt sich eine Prüfung beantragen, ob der „normale" Einkommensteuersatz geringer ausfällt als die Abgeltungsteuer – die sogenannte Günstigerprüfung. Ist dies der Fall, versteuert der Fiskus die Kapitalerträge nur mit dem geringeren Einkommensteuersatz und rechnet die bereits einbehaltene Abgeltungsteuer auf diese Schuld an.

- Wer die Erteilung des Freistellungsauftrags an seine Bank vergisst oder diesen ungünstig über mehrere Banken verteilt, kann ebenfalls die Überprüfung beantragen. Vor diesem Hintergrund wird der Sparerpauschbetrag im Rahmen des Einkommensteuerbescheides gewährt, so dass sich in der Regel eine Erstattung ergibt.

- Wer kirchensteuerpflichtig ist und wo die Bank versehentlich keine Kirchensteuer einbehalten hat, muss die Kapitalerträge sogar erklären. Denn nur so kann die Kirchensteuer im Rahmen des Einkommensteuerbescheides nacherhoben werden.

- Eine Pflicht zur Abgabe der Anlage KAP besteht auch bei Anlegern, die in ausländischen Märkten investieren und dort Bankkonten unterhalten. Diese ausländischen Banken behalten keine Abgeltungsteuer ein und führen sie auch nicht an das Finanzamt ab. Daher musst Du diese Einkünfte von ausländischen Banken im Rahmen der Einkommensteuer nacherklären.

- Wer Dividenden aus einer GmbH erhält und zu mehr als 25 Prozent daran beteiligt ist, verfügt über ein Wahlrecht, ob diese Dividenden mit der Abgeltungsteuer besteuert werden sollen oder ob das Teil-einkünfteverfahren gelten soll.

Bei letzterem sind 40 Prozent der Dividende steuerfrei, unterliegen aber dem „normalen“ Einkommensteuersatz. Dies ist meist dann günstiger, wenn Du nicht dem Spitzensteuersatz unterliegst. Doch besteht noch ein weiterer Vorteil, wenn Du Dich gegen die Abgeltungsteuer entscheidest: Du kannst etwaige Kosten (Fahrt zur Gesellschafterversammlung, Verpflegungsmehraufwand etc.) geltend machen. Diese Kosten sind zwar nur zu 60 Prozent zu berücksichtigen, aber daneben bleibt der Sparerpauschbetrag für andere Kapitaleinkünfte erhalten. Das gleiche Wahlrecht gilt, wenn Du mindestens mit 1 Prozent an der Kapitalgesellschaft beteiligt und gleichzeitig für diese tätig bist.

- Einige Kapitalerträge müssen sogar von der Abgeltungsteuer ausgenommen werden. Darunter fallen vor allem solche Kapitalerträge, die zwischen nahen Angehörigen gezahlt werden und wenn der Gläubiger diese Aufwendungen als Betriebsausgaben oder Werbungskosten geltend machen konnte. Gleiches gilt auch, wenn Kapitalerträge von eigenen Kapitalgesellschaften gezahlt werden. Diese sind laut Gesetz mit der normalen Einkommensteuer zu versteuern. Diese Regelung soll vermeiden, dass ein Steuersatzgefälle ausgenutzt wird.
  Sehr gut lässt sich diese Regel an zusammenveranlagten Ehegatten verdeutlichen, die einer hohen Einkommensbesteuerung unterliegen. Gewährt die Ehefrau dem Ehemann ein Darlehen, um eine Immobilie zur Vermietung anschaffen zu können, würden die Zinsen die normal besteuerten Einkünfte mit einem Grenzsteuersatz von 42 Prozent mindern. Versteuert werden die Zinsen jedoch nur mit der Abgeltungsteuer von 25 Prozent. Ich denke, dieses Beispiel verdeutlicht die Absicht des Gesetzgebers bei dieser Regelung.

Der Bundesfinanzhof hat diese Regelung jedoch auf Fälle mit einer unangemessenen Vergütung eingeschränkt. Daher ist es entscheidend, beispielsweise die Angemessenheit einer Verzinsung nachweisen zu können, wenn derartige Verträge abgeschlossen werden.

Verlustverrechnungen

Ein weiterer Nachteil der Abgeltungsteuer besteht in ihren eingeschränkten Verlustverrechnungsmöglichkeiten. Um die Verrechnungsmöglichkeiten beurteilen zu können, wurde bis Ende 2019 in drei verschiedene Verlustverrechnungstöpfe unterschieden:

Abbildung 25: Verlustverrechnungstöpfe

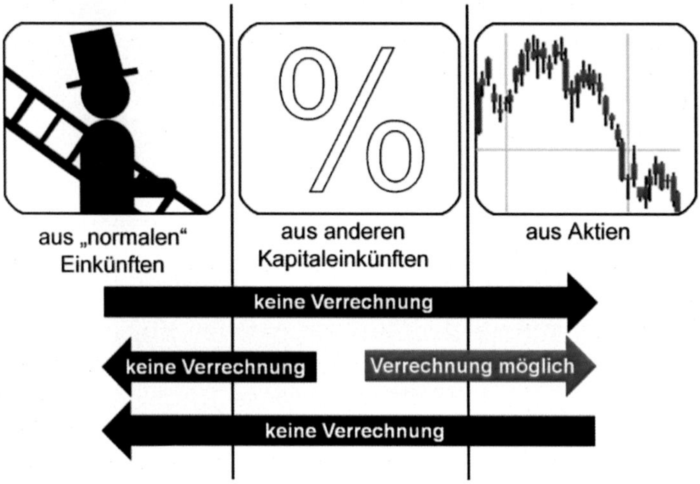

In den ersten Topf kommen die normal besteuerten Einkünfte. Eine Verlustverrechnung „normaler“ Einkünfte (die nicht aus Kapitalvermögen stammen) mit Gewinnen aus Kapitalvermögen ist grundsätzlich möglich. Bleibt die Frage, ob sie auch sinnvoll ist. Wer beispielsweise in einem Jahr mit seinem Gewerbebetrieb Verlust macht und ansonsten immer mit einem hohen Einkommensteuersatz (bis zu 45 Prozent zuzüglich Solidaritätszuschlag) belastet ist, sollte den Verlust kaum mit den relativ niedrig besteuerten Kapitaleinkünften (25 Prozent zuzüglich Solidaritätszuschlag) verrechnen. Im schlimmsten Fall gehen dadurch 20 Prozent Verlustverrechnungspotential verloren.

Der zweite Topf beinhaltet alle Kapitaleinkünfte außer den Gewinnen oder Verlusten aus Aktien. Verluste aus diesem Topf lassen sich nicht mit den „normalen“ Einkünften verrechnen. Aber Du kannst diese Verluste mit Gewinnen aus Aktien verrechnen.

In den dritten Topf fließen die Verluste aus Aktien. Diese lassen sich ausschließlich mit Gewinnen aus Aktien verrechnen.

Mit der Gesetzesänderung vom 20.12.2019 ergeben sich für 2020 und 2021 zwei weitere Verlustverrechnungsbeschränkungen:

Ab 2020 können Verluste aus Kapitalvermögen aus der ganzen oder teilweisen Uneinbringlichkeit einer Kapitalforderung, aus der Ausbuchung wertloser Wirtschaftsgüter (zum Beispiel Aktien), oder aus einem sonstigen Ausfall von Wirtschaftsgütern nur in Höhe von 10.000 Euro mit Einkünften aus Kapitalvermögen ausgeglichen werden. Darüber hinausgehende Verluste können im nächsten Jahr wiederum bis zu einer Grenze von 10.000 EUR verrechnet werden.

Hast du beispielsweise einer GmbH ein Darlehen von 100.000 EUR gegeben und wird dieses uneinbringlich, weil diese GmbH insolvent wird, kannst du in diesem Jahr von dem Verlust nur 10.000 EUR mit anderen Kapitaleinkünften verrechnen, sofern du Einkünfte in dieser Höhe hast. Die 90.000 EUR werden dann ins nächste Jahr vorgetragen, wo sie wiederum nur in Höhe von 10.000 mit anderen Kapitaleinkünften verrechnet werden können, sofern diese vorliegen. Und dieses Spiel geht dann 10 Jahre so weiter.

Ab 2021 wird ein weiterer Verlustverrechnungstopf für Termingeschäfte eröffnet. Was genau darunter fällt, ist derzeit noch etwas ungewiss. Aber definitiv darunter fallen Optionsgeschäfte unter diese Regel. Verluste aus Optionen werden ab 2021 nur noch mit Gewinnen aus Optionen bis zu einer Höhe von 10.000 EUR verrechenbar sein. Gerade in Bezug auf Spreadgeschäfte ist dies ein Kriterium, was es äußerst unattraktiv macht, als Privatperson weitere Einkünfte aus Kapitalvermögen zu generieren. Denn gerade bei Spreadgeschäften nehme ich den Verlust einer Option bewusst in Kauf, um einen höheren Gewinn zu erwirtschaften. Wenn diese Regel tatsächlich derart in 2021 in Kraft tritt, würde dies bedeuten, dass Du den Gewinn in voller Höhe besteuern musst, obwohl Du einen gegenläufigen Verlust erwirtschaftet hast. Dass Du diesen Verlust ins nächste Jahr vortragen kannst, macht die Sache nicht besser. Denn in dem Jahr wird es im Zweifel nicht besser aussehen.

Wie dies tatsächlich umgesetzt werden wird, ist mir bislang auch noch nicht klar. Es wird jedenfalls mehr administrativen Aufwand erzeugen, um diese weiteren Verlustverrechnungstöpfe im Rahmen der Steuererklärung ordentlich darzustellen.

Diese Regelung stößt jetzt bereits auf großen Widerstand. Meines Erachtens sind diese Gesetze nicht verfassungsgemäß. Ich hoffe sehr, dass ein klärendes Schreiben des Bundesministeriums für Finanzen zumindest eine Verrechnung von Geschäften zulässt, die wirtschaftlich im Zusammenhang stehen. Noch besser wäre natürlich, wenn die gesamte Gesetzesänderung nochmals überdacht wird. Ansonsten bleibt nur der Weg zu den Finanzgerichten. Und bis wir auf diesem Wege Rechtssicherheit erhalten, können noch einige Jahre ins Land ziehen.

Daher ist hier ansonsten zu überlegen, eine alternative Rechtsform zur Investition in Kapitalvermögen zu nutzen. Hierzu gleich mehr.

Wer ein Bankkonto bei einer deutschen Bank besitzt, muss sich nicht um die Verrechnung von Verlusten und Gewinnen kümmern. Die Bank tut dies, zudem trägt sie diese Verluste automatisch ins nächste Jahr vor; es sei denn, Du stellst einen Antrag auf Verlustfeststellung. Dieser Antrag muss bis Mitte Dezember des laufenden Jahres eingehen, dann stellt die Bank diese Verlustbescheinigung aus und damit steht dieser Verlust in der Bank nicht mehr zur Verrechnung zur Verfügung. Du kannst den Verlust jedoch mit „normalen" Gewinnen oder mit Gewinnen aus einer anderen Bank im Rahmen der Einkommensteuerveranlagung verrechnen.

Wer Konten bei zwei oder mehreren, unterschiedlichen Banken führt, in einer Bank Verluste und in der anderen Bank Gewinne erwirtschaftet, kann keine Verrechnung durch die Banken erwarten. Schließlich weiß eine Bank nicht, was in der anderen vor sich geht. Genau dieser Fall erfordert die oben beschriebene Verlustbescheinigung. Im Rahmen der Einkommensteuererklärung kannst Du den Verlust der einen Bank mit dem Gewinn der anderen verrechnen.

Ausländische Banken und Broker

Wer Kapitalerträge bei einer inländischen Bank erzielt, erhält am Anfang des Folgejahres eine Steuerbescheinigung über die im letzten Jahr erzielten Kapitalerträge. Die Kapitalerträge sind bereits derart gegliedert, dass sie sich einfach in die Anlage KAP eintragen lassen. Damit kannst Du im Rahmen der Veranlagung die Abgeltungsteuer überprüfen.

Ausländische Banken oder Broker geben leider keine derartige Hilfestellung. Schließlich kennen sie die deutschen Steuergesetze nicht und sie gliedern die Kapitalerträge nicht derart auf, dass sie sich einfach in die Anlage KAP eintragen lassen. In diesem Fall besteht jedoch kein Wahlrecht. Vielmehr bist Du verpflichtet, diese Erträge zu erklären, denn es wurde ja bislang keine Abgeltungsteuer einbehalten.

Weil ausländische Finanzinstitute keine Abgeltungsteuer einbehalten, erzielst Du zunächst einen Liquiditätsvorteil.

Die hierzulande fälligen 25 Prozent Abgeltungsteuer kannst Du – bis sie ans Finanzamt fließen müssen – investieren und mit dem Zinseszinseffekt weitere Kapitalerträge generieren. Die Abgeltungsteuer wird dann mit der Jahressteuererklärung fällig und diese musst Du bekanntlich erst im Folgejahr einreichen. Wer seine Steuererklärung selbst macht, muss sie bis zum 31.07. des Folgejahres abgeben; ist ein Steuerberater im Spiel, besteht sogar eine Frist bis zum 28.02. des Jahres, das auf das Folgejahr folgt. Auf diese Weise stehen im Vergleich zu deutschen Banken 25 Prozent der Erträge mehr für fast zwei Jahre zur Verfügung, bevor sie an das Finanzamt fließen müssen. Aber Vorsicht: Wird diese Steuer dann fällig, musst Du sie zahlen können. Daher solltest Du diesen Teil der Erträge nicht in Risikogeschäfte investieren, wo Verluste möglich sind. Ebenfalls gilt es zu beachten, dass viele Finanzämter zeitgleich mit der Veranlagung die Vorauszahlungen für das laufende Jahr festsetzen. Daher empfehle ich, den Steueranteil der Erträge zwar zu nutzen, aber immer in risikoarmen Geschäften anzulegen. Denn nichts ist schlimmer, als das Geld für das Finanzamt verloren zu haben.

Wer die bei einer ausländischen Bank erzielten Erträge erklären will, muss die jeweiligen Einnahmen unterscheiden können und wissen, wo sie in die Anlage KAP gehören. Die wesentlichen Erträge aus Kapitalvermögen werde ich daher in den folgenden Kapiteln erläutern und klären, wie sie in der Anlage KAP anzugeben sind. Es existieren jedoch noch wesentlich mehr Kapitalertragsarten, die den Rahmen hier sprengen würden. Wer die Dienste ausländischer Banken oder Broker nutzt, sollte meiner Erfahrung nach immer einen Steuerberater zu Rate ziehen, der sich mit den Details der Erklärung auskennt und auch genau weiß, welche Daten in welcher Form der Steuerpflichtige von seinem ausländischen Dienstleister fordern muss. Auch hier gilt die Empfehlung: Lasse Dich nur von jemanden beraten, der die Tätigkeit selbst macht.

Wichtig bei allen Ertragsarten ist, dass der Fiskus im Rahmen der privaten Investitionen immer nur die **realisierten** Gewinne und Verluste besteuert. Dabei handelt es sich um Gewinne und Verluste, die durch An- und Verkauf tatsächlich ausgeführt wurden.

Sind die Kurse lediglich gestiegen oder gefallen und die Wertpapiere befinden sich noch im Depot, handelt es sich dabei um unrealisierte Gewinne oder Verluste. Diese spielen im Privatbereich keine Rolle.

Abbildung 26: Die wesentlichen Ertragsarten

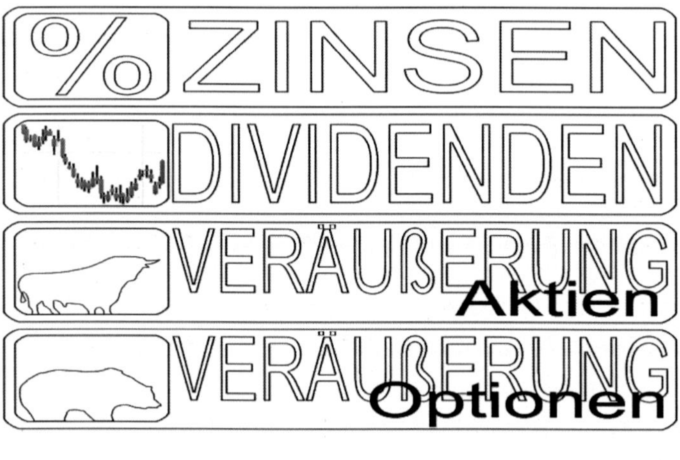

Wer noch kein Kapitalvermögen generiert, sollte die folgenden Kapitel als Ergänzung zum Schluss lesen und sich zunächst auf die wesentlichen Steueroptimierungen fokussieren. Diesen Lesern empfehle ich jedoch, in Kapitel Kapitalvermögen in Einzelunternehmen oder Personengesellschaften weiterzulesen, um die groben Zusammenhänge der Besteuerung von Kapitalvermögen zu erfassen. Denn schließlich besteht ja ein Hauptziel dieses Buches darin, gesparte Steuern gewinnbringend anzulegen.

Zinsen und Dividenden

Zinsen stellen die Vergütungen für die Überlassungen von Geldbeträgen dar und als Dividenden werden Ausschüttungen von Gewinnen einer Kapitalgesellschaft bezeichnet, vor allem von Aktiengesellschaften oder vergleichbaren, ausländischen Gesellschaften. Beide Ertragsarten lassen sich leicht identifizieren und eins zu eins in die Anlage KAP übertragen.

Gerade Zinsen werden in Zusammenhang mit der Abgeltungssteuer wieder heiß diskutiert. Im Rahmen des Koalitionsvertrages wurde vereinbart, dass die Zinszahlungen wieder mit der normalen Einkommensteuer besteuert werden sollen. Ob und wann das Gesetz tatsächlich verabschiedet wird, ist derzeit jedoch noch unklar. Von daher: Noch kann der relativ niedrige Steuersatz der Abgeltungsteuer auf Zinsen genutzt werden.

Eine Besonderheit existiert bei Dividenden ausländischer Gesellschaften. Diese unterliegen in Deutschland der Abgeltungsteuer, wenn der Begünstigte hierzulande wohnt oder sich gewöhnlich hier aufhält. Gleichzeitig darf auch der Staat, in dem die Dividende ausgezahlt wird, eine Steuer einbehalten – die sogenannte Quellensteuer. Allerdings kannst Du diese Quellensteuer auf die deutsche Abgeltungsteuer anrechnen lassen. Beträgt die Quellensteuer beispielsweise 15 Prozent, muss der Steuerpflichtige in Deutschland mit 10 Prozent nur noch die Differenz zur Abgeltungsteuer nachzahlen. Die Quellensteuer ist in den Formularen der Banken ausgewiesen und muss ebenfalls in die Anlage KAP übertragen werden. Nur so kann diese Anrechnung erfolgen.

Gewinne/Verluste aus der Veräußerung von Aktien

Bis zum Jahr 2009 waren Gewinne und Verluste aus der Veräußerung von Aktien nur dann im Rahmen der Einkommensteuer zur berücksichtigen, wenn sie innerhalb eines Jahres an- und verkauft wurden. Damit galten sie als sogenannte Spekulationsgeschäfte. Seit 2009 unterliegen Gewinne und Verluste aus der Veräußerung von Aktien immer der Steuerpflicht, egal wie lange sie sich im Depot befinden. Lediglich Aktien mit Kaufdatum vor dem 01.01.2009 sind nicht mehr steuerverhaftet. Sie können steuerfrei veräußert werden.

Bei allen anderen Aktien musst Du für die Ermittlung der Veräußerungsgewinne folgende Regeln beachten:

Wer mehrmals Aktien zu unterschiedlichen Zeitpunkten und damit auch zu unterschiedlichen Anschaffungskosten erworben hat und einen Teil dieser Aktien veräußert, muss den Gewinn korrekt ermitteln.

Der deutsche Gesetzgeber gibt eine Verkaufsfolge vor, die sogenannte FIFO-Methode. FIFO steht für „First In, First Out".

Abbildung 27: Die FIFO-Methode

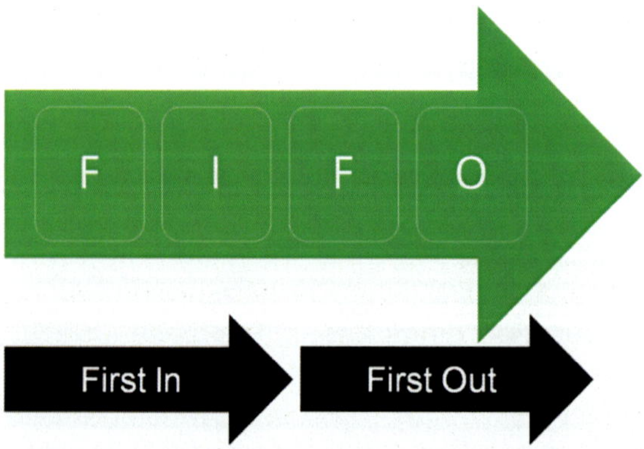

Beispiel: Kauf von 100 Aktien für 1.000 Euro im März
Kauf von 100 Aktien für 2.000 Euro im April
Verkauf von 100 Aktien für 1.500 Euro im Mai

Zuerst erworbene Aktien werden als erstes wieder veräußert. Der Anleger aus dem oben genannten Beispiel muss daher einen Gewinn von 500 Euro versteuern – dem Verkauf zu 1.500 Euro stehen Kaufkosten von 1.000 Euro gegenüber.

Bei Aktien in ausländischer Währung ist es etwas komplizierter, den Veräußerungsgewinn zu berechnen. Hier musst Du sowohl die Anschaffungskosten zum Zeitpunkt der Anschaffung, also auch den Verkaufspreis zum Zeitpunkt der Veräußerung in Euro umrechnen. Die Differenz dieser Eurobeträge bildet Gewinn oder Verlust und ist in die Anlage KAP einzutragen.

Abbildung 28: Berechnung des Ertrags bei Aktiengeschäften

Um diese Rechnung zu vereinfachen, solltest Du bei der Auswahl der ausländischen Bank oder des ausländischen Brokers darauf achten, dass diese Ermittlungsgrundlagen jeder Transaktion bereits automatisch zugrunde gelegt werden können. Oftmals lassen sich diese Parameter bereits im Broker-Konto einstellen, so dass Du die ausgewiesenen Zahlen ohne Korrektur übernehmen kannst. Mein Broker gestattet es zum Beispiel, Euro als Basiswährung einzugeben und damit werden alle Transaktionen zum Zeitpunkt der Ausführung in Euro umgerechnet – auch wenn ich US-Aktien handle.

Kompliziertere Regeln gelten für Investmentfonds und die Abwicklung der entsprechenden, steuerlichen Tätigkeiten stellt die Anleger und Berater vor Probleme, sofern diese Fonds nicht über eine deutsche Bank gehalten werden. Hier kann ich nur empfehlen, Fonds über deutsche Banken zu halten, da die Informationen, die Du benötigst, um deine Steuererklärung zutreffend auszufüllen, werden schwerlich ansonsten erhältlich sein.

Viele finanziell erfolgreiche Menschen setzen darüber hinaus auf Optionen und in punkto Steuer unterliegen diese diversen Besonderheiten. Damit kein Ärger mit dem Finanzamt entsteht, möchte ich die wichtigsten Grundlagen der Besteuerung von Optionen erläutern.

Gewinne/Verluste aus Optionsgeschäften

Bei Optionen stoßen viele Steuerpflichtige, Finanzbeamte und auch zahlreiche Steuerberater an ihre Grenzen. Sie fragen sich, was Optionen überhaupt sind, wie sie sich nutzen lassen und wie die Erträge aus Optionen versteuert werden. Dass ich überhaupt ausführlicher auf sie eingehe, hat einen einfachen Grund: ihr Potenzial. Details würden den Rahmen dieses Buches sprengen und wir haben entsprechende Kooperationspartner, die entsprechende Anlagestrategien aufzeigen. Interessant daran ist vor allem, vergleichsweise hohe Renditen erzielen zu können. Ich habe die von uns empfohlenen Seminare besucht und erwirtschafte seitdem eine wesentlich höhere Rendite als mit Aktien oder Fonds.

Wer sich nicht selbst zutraut, die Anlage KAP zu erstellen, sollte sich einen Steuerberater suchen, der selbst Optionen handelt. Denn nur dieser versteht das Prinzip. Ich spreche aus eigener Erfahrung. Bevor ich selbst getradet habe, waren Kontoauszüge von Brokern für mich sehr schwer verständlich. Erst als ich selbst angefangen habe, in Aktien und Optionen zu investieren, konnte ich die „Puzzleteile“ richtig zuordnen. In den folgenden Absätzen möchte ich kurz auf die verschiedenen Arten der Optionen eingehen und deren Besteuerungen aufzeigen. Es gibt Call- und Put-Optionen.

Die Call-Option

Kaufst Du eine **Call-Option**, erwirbst Du das Recht, eine Aktie oder ein anderes Gut innerhalb einer bestimmten Frist zu einem definierten Preis (dem sogenannten Strike-Preis) zu kaufen. Die Aufwendungen für diese Option lassen sich zunächst nicht als Werbungskosten berücksichtigen. Du hast Geld gegen das Wirtschaftsgut „Call-Option" eingetauscht und bist daher im ersten Schritt nicht ärmer geworden.

Es existieren drei Möglichkeiten, um mit der Option zu verfahren:

Abbildung 29: Steuerliche Konsequenzen beim Kauf einer Call-Option

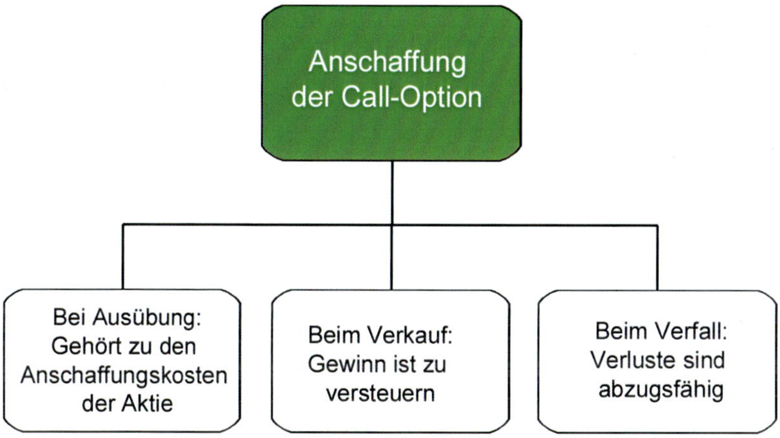

- Du kannst die Option ausüben und beispielsweise die jeweiligen Aktien zum besagten Preis innerhalb der angegebenen Frist erwerben. In diesem Fall werden die Anschaffungskosten der Call-Option zu den Anschaffungskosten der Aktie hinzugerechnet. Bei einem späteren Verkauf der Aktie wirken sich die Anschaffungskosten der Call-Option daher gewinnmindernd aus.

- Du kannst die Option wiederverkaufen und musst die Differenz zwischen Verkaufspreis und Anschaffungskosten versteuern. Erzielst Du einen Verlust beim Verkauf, kannst Du den Verlust mit anderen Einkünften aus Kapitalvermögen verrechnen.

- Als letzte Möglichkeit kannst Du die Option verfallen lassen. Notiert der derzeitige Aktienkurs unter dem Strike-Preis der Option, ergibt es keinen Sinn, die Option auszuüben. Schließlich kannst Du die Aktie am Markt billiger kaufen. Lässt Du die Option daher auslaufen, verfällt sie wertlos. Der Finanzverwaltung galt dieser Verlust bis vor kurzem als Privatvergnügen und nicht anzuerkennen. Der Bundesfinanzhof hat diese Verwaltungsauffassung jedoch aufgehoben. Verfällt eine Option, lassen sich die Kosten nunmehr als Verluste berücksichtigen.

Wer eine **Call-Option verkauft**, verpflichtet sich, eine Aktie oder einen anderen Wert innerhalb einer bestimmten Frist zu einem bestimmten Preis zu verkaufen, soweit der Erwerber der Call-Option von diesem Recht Gebrauch macht. Da Du eine Verpflichtung eingehst, erhältst Du eine Optionsprämie. Diese ist sofort zu versteuern.

Im Laufe der Zeit können nun wiederum die oben beschriebenen drei Szenarien greifen:

Abbildung 30: Steuerliche Konsequenzen beim Verkauf einer Call-Option

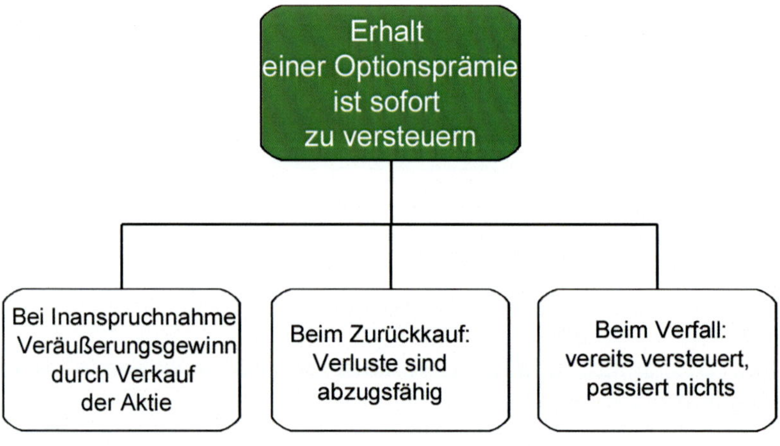

- Nimmt der Käufer sein Recht in Anspruch und Du musst die Aktie zum jeweiligen Strike-Preis verkaufen, erzielst Du einen steuerpflichtigen Veräußerungsgewinn oder –verlust der Aktie.

- Kaufst Du die Option zurück und übersteigen die Kosten des Rückkaufs die Einnahmen des Verkaufs, entsteht ein Verlust. Dieser Verlust ist abzugsfähig. Kaufst Du die Option zu einem günstigeren Preis zurück, entsteht ebenfalls ein Verlust, da Du ja anfänglich die gesamte Einnahme versteuert hast.
- Verfällt die Option, passiert nichts. Die Optionsprämie wurde ja bereits versteuert.

Die Put-Option

Beim **Kauf** einer **Put-Option** erwirbst Du das Recht, eine bestimmte Aktie innerhalb einer bestimmten Frist zu einem bestimmten Preis (dem sogenannten Strike-Preis) zu verkaufen. Die Aufwendungen für diese Option lassen sich zunächst nicht als Werbungskosten berücksichtigen, schließlich erfolgt ein Tausch Geld gegen das Wirtschaftsgut Put-Option. Das Vermögen hat sich erst einmal nicht gemindert.

Auch hier existieren wiederum drei Möglichkeiten, mit dieser Option zu verfahren:

Abbildung 31: Die steuerlichen Konsequenzen beim Kauf einer Put-Option

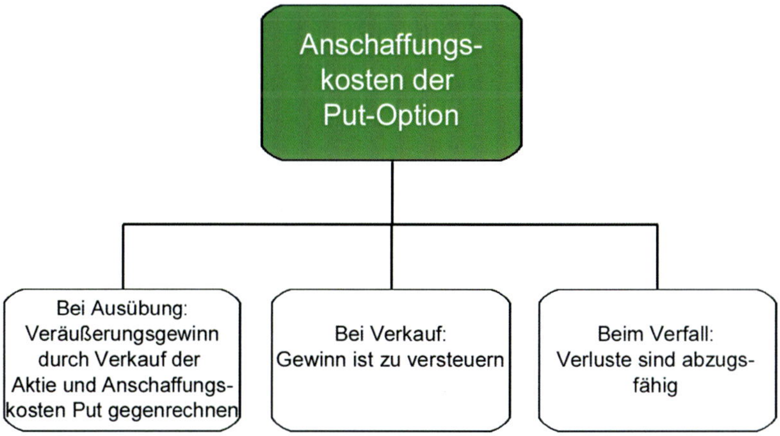

- Du kannst die Option ausüben und die besagten Aktien zum besagten Preis innerhalb der besagten Frist verkaufen. In diesem Fall werden die Anschaffungskosten der Put-Option vom Gewinn aus der Veräußerung der Aktie abgezogen oder zum Verlust hinzugerechnet.
- Verkaufst Du die Option wieder, ist die Differenz zwischen dem Verkaufspreis und den Anschaffungskosten zu versteuern.

  Liegt der derzeitige Aktienkurs unter dem Strike-Preis, ergibt es keinen Sinn, die Option auszuüben und Du verkaufst sie lieber direkt am Markt. Erzielst Du einen Verlust beim Verkauf, ist dieser Verlust mit den anderen Einkünften aus Kapitalvermögen verrechenbar.
- Die letzte Möglichkeit besteht darin, die Option auslaufen und damit verfallen zu lassen. Analog zur Call-Option galten der Finanzverwaltung auch diese Verluste bis vor kurzem als nicht abzugsfähig und der Bundesfinanzhof hat diese Verwaltungsauffassung ebenfalls aufgehoben. Verfällt eine Option, können die Kosten als Verluste berücksichtigt werden.

Der letzte Fall in dieser kleinen Aufzählung betrifft den **Verkauf** einer **Put-Option**. Wer eine Put-Option verkauft, verpflichtet sich, eine Aktie oder ein anderes Gut innerhalb einer bestimmten Frist zum jeweiligen Strike-Preis zu kaufen, sollte der Erwerber der Option dieses Recht wahrnehmen. Für diese Verpflichtung erhältst Du eine Optionsprämie und es gelten die gleichen Regeln, wie beim Verkauf einer Call-Option: Diese Optionsprämie ist sofort zu versteuern.

Im Laufe der Zeit können wiederum die oben beschriebenen, drei Szenarien greifen:

- Nimmt der Käufer sein Recht in Anspruch und Du musst die Aktie kaufen, trägst Du die Anschaffungskosten zum besagten Strike-Preis. Die Optionsprämie bleibt eine steuerpflichtige Einnahme.
- Kaufst Du die Option zurück und übersteigen die Kosten des Rückkaufs die Einnahmen des Verkaufs, entsteht ein Verlust. Dieser Verlust ist abzugsfähig.

Kaufst Du die Option zu einem günstigeren Preis zurück, liegt ebenfalls ein Verlust vor, da Du ja bereits einen höheren Betrag versteuert hast.

Abbildung 32: Die steuerlichen Konsequenzen beim Verkauf einer Put-Option

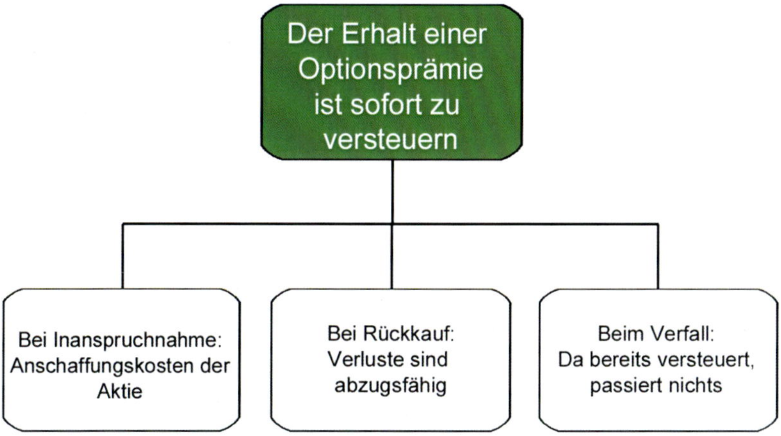

- Verfällt die Option, passiert nichts. Die Optionsprämie wurde ja bereits versteuert.

Diese Regeln gelten bei Ermittlung der Einkünfte durch Einnahme-Überschuss-Rechnung, bei Bilanzierung existieren jedoch gravierende Unterschiede. Beim Verkauf von Optionen sind die erhaltenen Prämien nicht sofort zu versteuern, vielmehr musst Du bis zu Rückkauf oder Verfall eine Verbindlichkeit ausweisen, denn Du hast dich ja zu einer gewissen Tätigkeit (Kauf oder Verkauf eines Guts) verpflichtet. Daher ist der Gewinn aus diesem Geschäft erst zu versteuern, wenn keine Risiken mehr bestehen.

Weiter gilt bei Bilanzierungen, dass der Fiskus am Jahresende prüft, ob ein unrealisierter Verlust aus Aktien- und Optionsgeschäften existiert. Dieser unrealisierte Verlust lässt sich unter bestimmten Voraussetzungen bereits im laufenden Jahr für steuerliche Zwecke ansetzen.

Da Verluste im Zusammenhang mit Aktien nur zu 60 Prozent abzugsfähig sind, sollten die administrativen Kosten mit dem Nutzen verglichen werden.

Handelsrechtlich gelten eine ganze Reihe von Besonderheiten – vom Ausweis unrealisierter Gewinne und Verluste bis hin zur Bildung von Bewertungseinheiten. Da diese steuerlich ohne Belang sind, habe ich auf Ausführungen hierzu verzichtet.

Kapitalvermögen in Einzelunternehmen oder Personengesellschaften

Bei Einkünften aus originärem Kapitalvermögen über betriebliche Konten greift die Abgeltungsteuer nicht. Vielmehr entstehen gewerbliche oder betriebliche Einkünfte, die den Kapitaleinkünften vorgehen. Mitunter behalten deutsche Banken trotzdem Kapitalertragsteuer ein, diese wird jedoch auf die Steuerschuld angerechnet. Steuerlich liegen in diesen Fällen also keine Kapitaleinkünfte vor, sondern betriebliche Einkünfte und diese fallen unter die „normale“, progressive Einkommensteuer und gegebenenfalls unter die Gewerbesteuer. Dafür lassen sich jedoch Kosten im Zusammenhang mit diesen Kapitalerträgen sowie Verluste abziehen.

Bei Dividenden greift dagegen das Teileinkünfteverfahren, bei dem 40 Prozent der im Betriebsvermögen empfangenen Dividenden steuerfrei gestellt werden. Im Gegenzug dazu sind Kosten im Zusammenhang mit den Dividenden auch nur zu 60 Prozent abzugsfähig.

Abbildung 33: Vor- und Nachteile bei Kapitalvermögen im Rahmen eines Betriebes

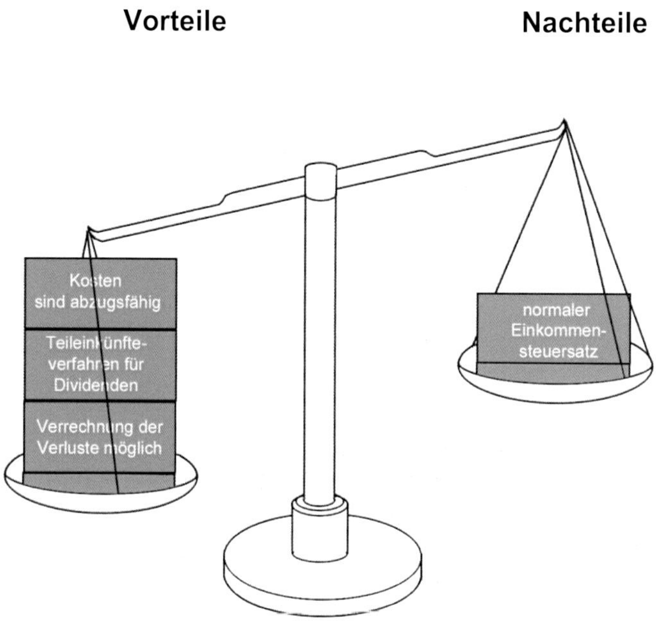

Kapitalvermögen in einer GmbH

Erzielt eine GmbH Kapitalerträge, unterliegen diese ebenfalls nicht der Abgeltungsteuer. Stattdessen besteuert sie der Fiskus mit Körperschaftsteuer, Solidaritätszuschlag und Gewerbesteuer. Somit werden Kapitalerträge mit rund 30 Prozent besteuert, je nach Sitz der GmbH. Damit ergibt sich ein Nachteil von 5 Prozentpunkten im Vergleich zur Abgeltungsteuer.

Demgegenüber steht der Vorteil, Kosten im Zusammenhang mit den Kapitalerträgen steuerlich geltend machen zu können. Wer nur über Kapitalvermögen innerhalb einer GmbH verfügt, kann Kosten aus dem privaten Bereich in den GmbH-Bereich verlagern. So lässt sich das zu versteuernde Einkommen der GmbH mindern. Denkbar sind beispielsweise private Telefonkosten, ein Minijob des Ehegatten, der unterstützend in der GmbH arbeitet, Vermietung an die GmbH und viele weitere Gestaltungen.

Trotz höherem Steuersatz kann es daher günstiger kommen, Kapitaleinkünfte über eine Kapitalgesellschaft zu beziehen.

Hinzu kommt, dass Gewinne aus der Veräußerung von Aktien zu 95% steuerfrei sind, wenn Du über deine GmbH kein Finanzunternehmen betreibst. Die Kehrseite der Medaille ist, dass Verluste aus der Veräußerung von Aktien nicht abzugsfähig sind.

Kapitalvermögen über eine GmbH zu abzuwickeln, lohnt sich zudem, wenn diese GmbH neben den Kapitaleinkünften noch Erträge über ein aktives Geschäft erzielt. So kann die GmbH als Sparkonto dienen. Wie sich diese Möglichkeit unter Berücksichtigung des Zinseszins-Effektes auswirkt, erläutere ich in nachfolgenden Kapiteln zur Optimierung der Unternehmensgewinne.

Abbildung 34: Lohnende Konstellationen für Kapitaleinkünfte in einer GmbH

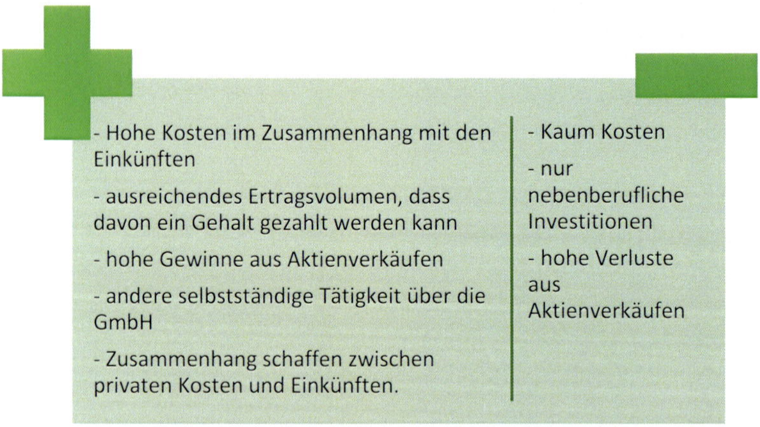

Kapitalvermögen in einer Stiftung

Eine Stiftung ermittelt ihre Kapitaleinkünfte wie eine Privatperson. Nur beträgt der Steuersatz lediglich 15 Prozent zuzüglich Solidaritätszuschlag. Daneben profitiert sie auch von der Begünstigung, die für GmbHs gilt: Wenn eine Stiftung Gewinne aus der Veräußerung von Aktien erzielt, sind diese Gewinne zu 95% steuerfrei. Natürlich hat auch die Stiftung den Nachteil, dass Verluste aus den Aktienveräußerungen nicht abzugsfähig sind und die neuen Verlustverrechnungsbeschränkungen werden vermutlich auch für die Stiftung greifen.

Alles in allem: Eine Stiftung ist gut geeignet, um Kapitaleinkünfte zu erzielen aufgrund des niedrigeren Steuersatzes. Erzielst du jedoch einen Großteil deiner Erträge über Optionsstrategien und übersteigen die Verluste aus Optionen die Grenze von 10.000 EUR, wäre hier ggf. eine GmbH besser geeignet. Hier bleibt jedoch abzuwarten, ob das am 20.12.2019 verabschiedete Gesetz wirklich derart umgesetzt wird, wie es laut Wortlaut scheint.

Wie bekomme ich mein Unternehmen in den Griff?

Auf den letzten Seiten ging es um die grundsätzlichen, steuerlichen Möglichkeiten, wie sich angesparte Gelder optimal vermehren lassen. Sie stellen jedoch nur die eine Seite der Medaille dar. Ebenso bedeutsam sind die formalen und rechtlichen Rahmenbedingungen des Vermögens. So musst Du Dir die Frage stellen, wo sich Werte verstecken können, wie Du sie erschließt, was sie bedeuten und wie Du sie schließlich strukturierst. Eine befriedigende Antwort wirst Du aus meiner Sicht nur finden, wenn Du Dein Unternehmen in den Griff bekommst. Denn meine Erfahrung ist eindeutig: Nur wer Herr seines Unternehmens ist, kann die finanzielle Freiheit erreichen.

Herr des Unternehmens

Nicht jeder Unternehmer schöpft die sich bietenden Potentiale aus, um Steuern zu sparen. Denn leider ist dazu einiger Aufwand erforderlich. Wer tatsächlich alle Möglichkeiten nutzen will, muss seine Belege unter Kontrolle haben und die betriebswirtschaftliche Auswertung (BWA) des Steuerberaters verstehen. Vor allen Dingen kommt es jedoch auf einen Punkt an: Du musst mehr verdienen, als Du ausgibst.

***Merke:* Nur wer mehr verdient, als er ausgibt, kann Steuern sparen.**

Abbildung 35: Herr des Unternehmens

Durch Belege Steuern sparen

Vollständigkeit der Belege

Wenn Du eines der beiden dargestellten Papiere aussuchen dürftest, welches würdest Du wählen?

Abbildung 36: Geld oder Rechnung

In einem unserer Online Kurse zum Thema Belege stelle ich diese Frage immer am Anfang und kam stets zum gleichen Ergebnis: 90 Prozent der Teilnehmer würden den 20 Euro-Schein nehmen. Nur 10 Prozent entscheiden sich für die Rechnung – und meistens auch nur, weil sie eine Fangfrage erahnen. Seit das Buch auf dem Markt ist, hat sich das Verhältnis deutlich ins Positive gewandelt.

Ich bevorzuge dagegen die Rechnung. Warum? Ganz einfach:

Der dargestellte Rechnungsbetrag von 59,50 Euro enthält einerseits Umsatzsteuer in Höhe von 9,50 Euro. Diese erhalte ich mit Einreichung der Umsatzsteuervoranmeldung vom Finanzamt zurück. Andererseits ist der Nettobetrag von 50,00 Euro für die Ertragsteuer abzugsfähig, er mindert also meine Bemessungsgrundlage für die Einkommensteuer sowie für Körperschaft- und Gewerbesteuer. Unterstelle ich einen Ertragsteuersatz von 30 Prozent, ergibt sich eine Minderung der Einkommensteuer um 15 Euro.

Durch die Umsatzsteuererstattung von 9,50 Euro und die Einkommensteuerminderung von 15 Euro ergibt sich insgesamt ein Vorteil aus dieser Rechnung von 24,50 Euro.

Abbildung 37: Die Rechnung hinter einem Beleg

Power GmbH

Schönbaumallee 22
80335 München

Empfänger:
Kraft GmbH
Chuck Norris
Ungargasse 15
10585 Berlin-Charlottenburg

Rechnungsdatum 16.02.2017
Rechnungsnummer 123
Kundennummer 32
Zahlungsziel 10 Tage
Fälligkeitsdatum 26.02.2017

Zusätzliche Informationen
Geben Sie hier zusätzliche Informationen und Konditionen an.

Bezeichnung	Anzahl	Einheit	Preis/Einheit	USt. %	USt. €	Gesamt
Reparatur	0,55	h	30,00 €	19 %	5,70 €	35,70 €
Stromzähler	1	Stück	20,00 €	19 %	3,80 €	23,80 €

Der Nettobetrag mindert die Ertragsteuer
Die Vorsteuer wird vom Finanzamt erstattet

Nettobetrag 50,00 €
USt. 9,50 €
Gesamtbetrag **59,50 €**

Power GmbH
Schönbaumallee 22
80335 München
Deutschland
USt.-IdNr. DE999999999

Kontaktinformationen
Clark Kent
Telefon +49 30 12345678
Email: clark.kent@superman.com
www.chuckpowergmbh.de

Bankverbindung
IBAN DE2341124098234
SWIFT/BIC DEHHCXX1001

Diese Rechnung ist also mehr wert als ein 20 Euro-Schein. Vor diesem Hintergrund lautet meine Empfehlung:

Gehe mit Deinen Belegen genauso sorgfältig um, wie mit Deinem Geld. Denn für Unternehmer lassen sich Belege fast immer barem Geld gleichsetzen. Auch wenn mal ein Beleg verloren geht, ist das kein Beinbruch. In diesem Fall schreibst Du einfach einen Eigenbeleg.

Damit kannst Du dann zwar nicht die Vorsteuer geltend machen, aber zumindest die Kosten ertragsteuerlich ansetzen.

Der erste Schritt zur Steueroptimierung besteht also darin, alle Belege vollständig und geordnet an den Steuerberater weiterzuleiten. Nur wenn die Belege vollständig vorliegen, kann der Steuerberater das Unternehmen korrekt erfassen und auch richtig steuerlich beraten. Lassen sich Zu- oder Abflüsse nicht eindeutig dem betrieblichen Bereich zuordnen, treffen die Angaben in der BWA nur bedingt zu. Auf einer solchen Grundlage können weder Du noch Dein Berater vernünftige Entscheidungen treffen. Zudem wird dich der Steuerberater kaum korrekt beraten können, wenn die Ausgaben nicht vollständig erfasst sind. Abgesehen von versäumten Steuerminderungspotenzialen kostet dieser Punkt dann unnötige Beratungsgebühren.

Exkurs: Belege für die Umsatzsteuer

An dieser Stelle möchte ich die korrekten Angaben für die Umsatzsteuer auf einer Rechnung oder einem Beleg genauer erläutern, weil sie in punkto Sparpotenzial noch wichtiger sind, als bei den Ertragsteuern. Nur wenn eine ordnungsgemäße Rechnung vorliegt, darfst Du die Vorsteuer geltend machen – und diese liegt meist bei satten 19 Prozent, die dir das Finanzamt umgehend – oder sagen wir zumindest zeitnah - erstattet!

Eine ordnungsgemäße Rechnung beinhaltet grundsätzlich folgende Angaben:

1. Name und Anschrift des Lieferanten/leistenden Unternehmers
2. Name und Anschrift des Kunden (also von Dir)
3. Steuernummer oder Umsatzsteuer-Identifikationsnummer des leistenden Unternehmers
4. Rechnungsdatum
5. Menge und Art der gekauften Güter bzw. Beschreibung der Leistung
6. Leistungszeitpunkt (ggf. durch Lieferschein dokumentieren)
7. Fortlaufende Rechnungsnummer
8. Nettobetrag
9. Steuersatz in Prozent oder Hinweis auf Steuerbefreiung
10. Steuer als Geldbetrag
11. Bruttobetrag

Fehlt eine dieser Angaben, liegt keine ordnungsgemäße Rechnung vor und der Vorsteuerabzug wird nicht gewährt. Vereinfachungsregelungen bestehen bei Fahrkarten und Kleinbetragsrechnungen.

Bei Kleinbetragsrechnungen (bis brutto 250 Euro) spielt es keine Rolle, wenn der Leistungsempfänger nicht angegeben ist. Dies ist der typische Aldi-Fall: Du kaufst Kleinigkeiten wie etwa Briefumschläge ein und erhältst nur einen Kassenbon. Dieser enthält selbstverständlich keine Angaben über den Erwerber. Bleibt der Rechnungsbetrag unter 250 Euro, akzeptiert der Fiskus diesen Beleg und Du kannst die Vorsteuer geltend machen. Liegt der Rechnungsbetrag jedoch nur 1 Cent darüber, lässt sich auf Grundlage eines einfachen Belegs keine Vorsteuer ziehen. In diesem Fall handelt es sich nicht mehr um eine Kleinbetragsrechnung und Du müsstest Dir eine Quittung geben lassen, die auf Dein Unternehmen ausgestellt ist. Alternativ lassen sich Käufe oftmals in zwei Etappen aufteilen und gesondert abrechnen, so dass die 250 Euro nie überschritten werden.

Meiner Erfahrung nach schleichen sich Fehler vor allem bei Firmenfeiern in die Rechnungsausstellung. Die Kollegen essen in guter Stimmung zusammen und relativ schnell sind die 250 Euro überschritten. Anstelle einer ordnungsgemäßen Rechnung erhält der Unternehmer lediglich einen Bewirtungsbeleg, der nicht alle notwendigen Angaben enthält. Wer dem Kellner die Einzelheiten nach der Feier erklären will, findet nur selten eine zufriedenstellende Lösung. Daher meine Empfehlung: Kläre immer bereits im Vorfeld mit dem Restaurant, dass Du eine ordnungsgemäße Rechnung benötigst. Auf diese Weise hatte ich bei meinen Feiern noch nie ein Problem.

Exkurs: Der Bewirtungsbeleg

Fragen zu Bewirtungsbelegen erhalte ich häufig und viele Unternehmer wissen nicht einmal, wann eine Bewirtung vorliegt oder wie sie sich steuerlich berücksichtigen lässt. Bewirtung bedeutet, mit mindestens einer weiteren Person essen zu gehen – diese Person darf nicht Dein Arbeitnehmer sein. In diesem Fall ist ein Bewirtungsbeleg mit folgenden Angaben erforderlich:

- wer – inklusive Dir selbst – am Essen teilgenommen hat
- aus welchem Anlass die Bewirtung erfolgte
- wann und wo die Bewirtung stattgefunden hat
- der Rechnungsbetrag gegebenenfalls inklusive Trinkgeld
- die Unterschrift des Bewirtenden

Nur wenn diese Angaben vollständig vorliegen, lassen sich die Kosten steuerlich zu 70 Prozent geltend machen. 30 Prozent sind nicht abzugsfähige Betriebsausgaben. Wer die Angaben nicht vollständig macht, kann nicht einmal einen Teil der Kosten abziehen. Dabei kommt es auch darauf an, sich nicht auf allgemeine Angaben wie „Besprechung“ oder „Meeting“ als Anlass der Bewirtung zu beschränken. Der Fiskus verlangt eine konkrete Beschreibung, wie etwa „Besprechung Monatsabschluss Mai“ oder „Besprechung Kundenakquise XY“.

Wer nur seine eigenen Arbeitnehmer bewirtet, kann die Kosten dafür zu 100 Prozent steuerlich abziehen. Entscheidend ist jedoch, nur aus besonderem Anlass zu bewirten.

Vorstellbar sind beispielsweise Verköstigungen bei Überstunden oder Team-Besprechungen. Auch dürfen die Kosten 60 Euro pro Kopf nicht übersteigen, sonst liegt Arbeitslohn vor und dieser ist lohnsteuer- und sozialversicherungspflichtig.

Um Bewirtungen im steuerlichen Sinn handelt es sich In beiden Fällen nur bei vollwertigen Mahlzeiten. Die Darreichung von Plätzchen, Kaffee und Getränken gilt als Aufmerksamkeit, die voll abzugsfähig ist.

Wie kommen die Belege zu Deinem Berater?

Die meisten Steuerpflichtigen reichen die Originalbelege an den Steuerberater weiter – entweder per Post oder persönlich in Form eines Ordners mit der monatlichen Sammlung. Der Sachbearbeiter nimmt diese im Empfang und meldet sich, wenn Informationen und/oder Belege fehlen. Oft kommt es dann zu Problemen, weil die Mandanten ihre Belege nach besten Wissen und Gewissen abgegeben haben und die Originalbelege nicht mehr kennen. Ohne weitere Erklärung sind manche Vorgänge danach nur schwer zu verstehen und ein Austausch zwischen Mandant und Berater unbedingt erforderlich.

Derzeit müssen Buchführungsunterlagen bereits zum Teil elektronisch archiviert werden. Wir empfehlen aktiv, alle Belege in digitalisierter Form einzureichen. Anstatt ihre Belege monatlich mühevoll aufzubereiten und zu sortieren, scannen unsere Mandanten alle Eingangs- und Ausgangsrechnungen eines Monats ein, laden diese im System hoch und wir können digital darauf zugreifen. Vorteilhaft wirkt sich zudem aus, dass sich Belege direkt mit Buchungen verknüpfen lassen. Damit kommt es zu einer Erleichterung für alle Seiten. Der Mandant behält seine Belege und kann Rückfragen auch von Lieferanten oder Kunden leichter und schneller beantworten und der Berater kann seine Prozesse effizienter abwickeln.

Formen der Gewinnermittlung

Einnahme-Überschuss-Rechnung

Vor allem in der Startphase eines Unternehmens liegt es meist nahe, den Gewinn durch Einnahme-Überschuss-Rechnung (EÜR) zu ermitteln. Davon profitieren Unternehmer und Steuerberater, weil nur Einnahmen versteuert werden, die zugeflossen sind. Offene Forderungen gegenüber Kunden, müssen noch nicht versteuert werden. So entsteht ein Liquiditätsvorteil. Positiv lässt sich auch werten, dass die Gewinnermittlungsart EÜR weniger Steuerberatergebühren verursacht als eine Bilanzierung.

Viele Steuerberater empfehlen, Forderungen erst im nächsten Jahr zu vereinnahmen oder Ausgaben auf das laufende Jahr vorzuziehen. Letztlich schiebt diese Taktik den Steuerberg nur um ein Jahr vor Dir her. **Das ist kein Steuerspar- sondern ein Steueraufschiebemodell**. Oftmals fällt der Schaden dieses Modells höher aus als sein Nutzen und ich empfehle in der Regel, im Einklang mit dem tatsächlichen Geschäftsverlauf zu buchen. Verschiebungen können jedoch Sinn ergeben, weil Du alle Zuflüsse bereits zum Zeitpunkt der Zahlung versteuern musst – ungeachtet dessen, ob Du die Leistung bereits erbracht hast oder nicht. Viele Unternehmen arbeiten auf Vorkasse und der Lieferant erhält zuerst Geld, bevor er mit der Arbeit beginnt. In der EÜR gelten diese Zuflüsse bereits als Umsatzerträge. Dass gleichzeitig eine Leistungsverpflichtung existiert, zählt nicht. So musst Du das Geld zurückzahlen, wenn Du nicht leisten kannst.

Ein weiterer Nachteil der EÜR besteht darin, dass sie keine Bildung von Rückstellungen gestattet, etwa um mögliche Risiken vorab darzustellen. Dagegen erfasst die Bilanzierung Rückstellungen gewinnmindernd, wenn Aufwendungen noch in das abgelaufene Jahr gehören, aber erst im Folgejahr erfasst werden. Im Rahmen der EÜR mindern Aufwendungen erst dann den Gewinn, wenn sie tatsächlich geflossen sind.

Als gravierendsten Nachteil werte ich jedoch, dass die Einnahme-Überschuss-Rechnung kaum Möglichkeiten der Kontrolle bietet. Die meisten Steuerberater buchen die Bank und noch ein paar Barzahlungen, eine Debitoren- und Kreditorenbuchhaltung fehlt aber. Damit lässt sich aus der Buchhaltung nicht ersehen, ob Kunden gezahlt haben und welche Verbindlichkeiten fällig sind.

Wer keine zusätzlichen Analysen anstellt, kommt bei der EÜR nicht über das **Stadium Controlling-durch-Kontostand** hinaus. Für mich bietet sie daher nur eine unvollständige Gewinnermittlung, bei der sich zudem sehr leicht Fehler einschleichen und die keinen genauen Blick auf das Unternehmen gewährt.

<u>Merke:</u> Mit Hilfe der Einnahme-Überschuss-Rechnung wirst Du nur schwer Herr Deines Unternehmens und kannst kaum langfristig Steuern sparen.

Hier ein kleiner Tipp: Solange Du das Stadium des bereits erläuterten, umsatzsteuerlichen Kleinunternehmers nicht überschreitest, kommt die Umsatzsteuerthematik nicht auf. Hier bieten die meisten Onlinebanking-Lösungen bereits eine automatisierte Zuordnung der Ein- und Auszahlungen an, so dass sich die Gewinnermittlung quasi von selbst erstellt. Dies spart die Steuerberaterkosten.

Bilanzierung

Die Bilanzierung unterscheidet sich fundamental von der EÜR, denn bei der Bilanzierung werden Erträge schon erfasst, wenn die Leistung erbracht ist und nicht erst dann, wenn sie bezahlt wird. Damit wirken sich Aufwendungen sofort steuermindernd aus, wenn sie anfallen. Man spricht hier vom Realisationsprinzip, der Zeitpunkt der Zahlung ist grundsätzlich irrelevant.

Der Vorteil der Bilanzierung liegt darin, dass sie ein realistischeres Bild des Unternehmens zeichnet. Die Buchung erfolgt debitorisch sowie kreditorisch und dieses Prinzip erfasst Ausgangsrechnungen an Kunden als Forderungen auf so genannte Debitorenkonten. Zudem kommen sie auf eine offene-Posten-Liste (OPOS-Liste). Damit lässt sich jederzeit erkennen, welche Ausstände noch offen sind und dementsprechend anmahnen. Auf die gleiche Weise werden Eingangsrechnungen erfasst und auf Verbindlichkeits- oder Kreditorenkonten gebucht. Auch hier existiert eine OPOS Liste. Diese zeigt auf einen Blick, welche Forderungen noch beglichen werden müssen und wann Zahlungen fällig sind.

Auf der nächsten Seite siehst Du eine offene Posten-Liste.

Auch Fälle von Vorkasse oder Anzahlungen weist die Bilanzierung besser aus als die EÜR. Dafür wird eine Verbindlichkeit in der Bilanz gebildet und erst wenn die Leistung abgeschlossen ist, wird ein Ertrag erfasst. Ein ähnliches Prinzip gilt für Risiken und für ausstehende Kosten. Beispielsweise kann es vorkommen, dass Zahlungen aufgrund von Unklarheiten oder verspätet eingetroffener Rechnungen noch nicht bezahlt wurden. Diese Posten wandern in Form von Rückstellungen in die Bilanz und der Aufwand lässt sich in dem Jahr erfassen, zu dem er wirtschaftlich gehört.

Der Nachteil der Bilanzierung liegt auf der Hand: Erträge sind bereits steuerpflichtig, wenn noch gar kein Geld für diesen Vorgang eingegangen ist. Nach unseren Erfahrungen bezahlen bilanzierende Unternehmen ihre Forderungen früher und sie erhalten Außenstände auch zuverlässiger. Das liegt vor allem daran, dass Einnahme-Überschuss-Rechner oftmals gar nicht wissen, dass sie noch Ausstände haben. Im schlimmsten Fall vergessen sie offene Rechnungen und erhalten nie das Geld für ihre erbrachte Leistung.

Abbildung 38: Die OPOS-Liste

OPOS-Liste Posten　　Blatt 1

Kontenumfang: offene　Postenumfang: offene　　Sortierung: Konto

Konto	Beschriftung	Rechnungs-Nr.	Datum	Fälligkeit	Belegfeld 2	Gegenkonto	Kz	Betrag Soll	Betrag Haben	Saldo	R	fäl.	Buchungstext
10002	Seltentest GmbH	201301046	31.01.2017	20.02.2017		4400		1.368,67		1.368,67 S		-404	
		201401046	31.01.2017	20.02.2017		4400		1.409,83		1.409,83 S		-39	
						Gesamt		2.778,50	0,00	2.778,50 S	*		
10003	Riedtest, Andreas	201304044	30.04.2017	20.05.2017		4400	3	2.942,06		2.942,06 S		-315	
						Gesamt		2.942,06	0,00	2.942,06 S	*		
10200	Möbelhaus Beispielmeiser	201402026	18.02.2017	10.03.2017		4405		15.305,39		15.305,39 S		-21	
		201403049	28.03.2017	17.04.2017		4400		4.099,36		4.099,36 S		17	
		201403053	28.03.2017	17.04.2017		4406		8.583,32		8.583,32 S		17	
						Gesamt		27.988,07	0,00	27.988,07 S	*		
10300	Fischertest Möbel	201402022	17.02.2017	20.02.2017	200214	4400		10.669,83		10.669,83 S		-39	
		201402027	20.02.2017	12.03.2017		4400		14.120,83		14.120,83 S		-19	
						Gesamt		24.790,66	0,00	24.790,66 S	*		
10400	Möbelhaus Exempelklimke	201402029	20.02.2017	12.03.2017		4407		61.807,54		61.807,54 S		-19	
		201403046	27.03.2017	16.04.2017		4407		47.004,74		47.004,74 S		16	
		201403048	27.03.2017	16.04.2017		4400		4.670,65		4.670,65 S		16	
						Gesamt		113.482,93	0,00	113.482,93 S	*		
10601	Möbeltest Raabe	201403052	28.03.2017	17.04.2017		4405		7.687,61		7.687,61 S		17	
						Gesamt		7.687,61	0,00	7.687,61 S	*		
10701	Einrichtungshaus Rothmuster	201403043	27.03.2017	16.04.2017		4407		12.666,68		12.666,68 S		16	
		201403050	28.03.2017	17.04.2017		4407		7.067,18		7.067,18 S		17	
						Gesamt		19.733,86	0,00	19.733,86 S	*		
10900	Walsh Muster Ltd.	201403054	28.03.2017	17.04.2017		4336		6.494,78		6.494,78 S		17	sonstige Leistungen EU
						Gesamt		6.494,78	0,00	6.494,78 S	*		
1**** Gruppe gesamt								205.898,47	0,00	205.898,47 S	**		

Die Auswertung entspricht dem derzeitigen Stand der Buchführung.　　Währung: EUR

Ein weiterer Nachteil der Bilanzierung besteht darin, dass ihre Gebühren höher ausfallen als im Vergleich zur EÜR. Aber die Genauigkeit des Abschlusses macht diese Mehrkosten meines Erachtens wett. Hier der Vergleich der Kosten:

Abbildung 39: Vergleich EÜR und Bilanzierung

Vergleich der Buchführungskosten	EÜR	Bilanzierung
Umsatz von 50.000 Euro	276,25 €	552,50 €
Umsatz von 100.000 Euro	388,75 €	712,50 €
Umsatz von 150.000 Euro	495,00 €	777,50 €
Umsatz von 200.000 Euro	577,50 €	890,00 €
Umsatz von 250.000 Euro	645,00 €	990,00 €

Wer sein Unternehmen verkauft oder einstellt, muss eine Schlussbilanz erstellen. Spätestens in den letzten Zügen eines Unternehmens kommt daher niemand um die Bilanzierung herum. Und dann stellt sich heraus, welche Kosten durch die Steueraufschiebemodelle entstanden sind.

Ein letzter und nicht zu vernachlässigender Punkt: Wer Steuern sparen will, braucht das Körperschaftsteuersystem und dieses funktioniert in der Regel nur mit Bilanzierung. Warum das Körperschaftsteuersystem die optimale Steuergestaltung bietet, zeige ich weiter hinten im Buch.

Daher lautet meine Empfehlung ganz klar, direkt mit der Bilanzierung anzufangen, wenn ein Unternehmen erfolgreich wird. Denn nur so ergibt sich ein korrekter Überblick über das Unternehmen und es lässt sich zudem herausfinden, ob das Potential zum Steuersparen vorhanden ist. Nur die Bilanz zeigt exakt, was Du in einem Jahr erwirtschaftet hast, alles andere verfälscht die Sicht.

Auch kannst Du auf diese Weise einen Schritt nach dem anderen gehen. Wer erst im Rahmen der Umstellung auf ein Körperschaftsteuersystem auf Bilanzierung wechselt, kommt leicht ins Schleudern und muss zwei Neuerungen auf einmal umsetzen: Die Bilanzierung und das Körperschaftsteuersystem.

Rückstellungen

Um das Thema Rückstellungen ranken sich diverse Mythen und oft höre ich, dass man für alles in beliebiger Höhe Rückstellungen bilden kann. Das stimmt nicht. Rückstellungen kannst Du nur für solche Positionen bilden, bei denen Du sicher bist, dass sie auch anfallen. Vor allem sind beispielsweise keine Rückstellungen für Reparaturen im nächsten Jahr oder zukünftige Anschaffungen erlaubt.

Rückstellungen kannst Du beispielsweise für Jahresabschlusskosten und für Kosten zur Erstellung der betrieblichen Steuererklärung bilden. Möglich sind sie auch bei Aufwendungen, deren Rechnung am Abschlussstichtag noch nicht vorliegt. So ergibt sich der Vorteil, die Kosten bereits aktuellen Jahr erfassen zu können, der Geldabfluss erst später erfolgt.

In die Bilanz gehört auch eine Rückstellung für die Aufbewahrung von Unterlagen. So schreibt der Gesetzgeber vor, Geschäftsbriefe und Dokumente, Abschlussunterlagen und Nachweise für Geschäftsvorfälle je nach Art zwischen 6 und 10 Jahren aufzuheben. Die Kosten für die Lagerung der Unterlagen kannst Du bereits heute berücksichtigen. Auch wer keine Lagerkosten hat, kann 300 Euro ohne Nachweis ansetzen.

Ein sehr beliebtes Thema sind Pensionsrückstellungen für den Unternehmer selbst. Einzelunternehmer können keine Pensionsrückstellungen bilden, weil sie nicht mit sich selbst Verträge abschließen dürfen. In Personengesellschaften wären diese zwar grundsätzlich möglich. Weil der Gesellschafter jedoch in gleicher Höhe eine Einnahme erzielt, führt diese Rückstellung im Falle einer Personengesellschaft zu keiner Minderung seines steuerlichen Einkommens.

Einzig eine GmbH kann einem Gesellschafter eine Pensionszusage mit einem steuerlichen Vorteil gewähren. Die Voraussetzungen für die Gewährung einer Pensionsrückstellung sind jedoch recht komplex und nach meinem Verständnis nicht zielführend. Hier drei Gründe, die meines Erachtens gegen die Pensionszusage sprechen:

- Wer die Pension in Anspruch nehmen möchte, darf sich kein Gehalt mehr auszahlen. Da die Pension immer ein Bruchteil des letzten Gehaltes ausmacht, muss diese Diskrepanz also bereits vor Pensionseintritt berücksichtigt werden.

- Du musst die Zusage immer rückversichern, sonst geht das Finanzamt davon aus, dass die Zusage nicht ernst gemeint ist. Damit ist der Vorteil einer Rückstellung – ein Aufwand ohne Zahlung – weg. Denn die Zusage fließt eins zu eins an die Versicherung.

- In der Bilanz des Unternehmens entsteht ein großer Schuldposten und dieser erschwert den Verkauf der GmbH.

Für mich ist es viel sinnvoller, ein Leben lang Gehalt aus der GmbH zu beziehen und sie auf diese Art als Altersversicherung zu nutzen. Eine Alternative zur Pensionszusage ist die Gründung einer Unterstützungskasse.

Rücklagen

Nicht zu verwechseln mit Rückstellungen sind Rücklagen. Die bekannteste Rücklage bildet die Ansparabschreibung nach § 7g EStG. Wer bewegliches und abnutzbares Anlagevermögen in den nächsten drei Jahren erwerben möchte, kann bereits im aktuellen Jahr 40 Prozent der voraussichtlichen Anschaffungskosten steuermindernd geltend machen. Möchtest Du beispielsweise im nächsten Jahr einen neuen Server für 10.000 Euro anschaffen, kannst Du bereits dieses Jahr eine steuermindernde Rücklage von 4.000 Euro bilden, ohne dass tatsächliche Aufwendungen in diesem Jahr entstehen.

Erfolgt diese Anschaffung tatsächlich, muss diese Rücklage aufgelöst werden. In unserem Beispielfall muss die gebildete Rücklage zum steuerlichen Gewinn hinzugerechnet werden. Dafür lässt sich jedoch eine Sonderabschreibung von 40 Prozent vornehmen, so wird der Server im ersten Jahr um die besagten 4.000 Euro abgeschrieben. Letztlich ergeben sich somit keine Auswirkungen im Jahr der Anschaffung – lediglich die laufende Abschreibung richtet sich steuerlich nach den um diese Sonderabschreibung reduzierten Kosten und ist somit niedriger.

Über die Laufzeit des Wirtschaftsgutes ergibt insgesamt keine Begünstigung, die Abschreibung wird nur vorgezogen. Daher handelt es sich bei dieser Rücklage auch nicht um ein Steuerspar- sondern ebenfalls um ein Steuerstundungsmodell. Allerdings nutzen sehr viele Unternehmen diese Möglichkeit, um Steuerzahlungen in einer beträchtlichen Höhe vor sich herzuschieben. Wichtig ist jedoch, die Anschaffung tatsächlich vorzunehmen. Sonst wird diese Rücklage im Jahr der Bildung rückwirkend aufgelöst.

In meiner Praxis habe ich schon viele Fälle gesehen, in denen Rücklagen nicht die gewünschte Wirkung erzielt haben. So flossen großzügig tausende von Euro in diese Rücklagen; dabei blieb jedoch unbeachtet, dass der Unternehmer nochmal 60 Prozent des Betrags zusätzlich für den Kauf investieren muss. Die rückwirkende Auflösung der Rücklage gestaltete sich in manchen Fällen äußerst schmerzhaft. Ich empfehle eine derartige Rücklagenbildung daher nur, wenn das Wirtschaftsgut bereits angeschafft wurde.

Um eine Rücklage zu bilden, muss das Wirtschaftsgut außerdem zu mindestens 90 Prozent betrieblich genutzt werden. Wer zum Beispiel einen PKW anschaffen möchte, muss daher nach Anschaffung ein Fahrtenbuch führen, um die mindestens 90-prozentige, betriebliche Nutzung nachzuweisen. Wer kein Fahrtenbuch führt und stattdessen den geldwerten Vorteil nur durch die 1-Prozentregel pauschal versteuert, verfügt damit über keinen ausreichenden Nachweis, dass das Auto zu mindestens 90 Prozent betrieblich genutzt wird. Daher lehnt das Finanzamt die Bildung dieser Rücklage in derartigen Fällen ab.

Weniger bekannt sind Rücklagen für Ersatzbeschaffung und die Übertragung der stillen Reserven von Grundstücken und/oder Anteilen an Körperschaften. Da es sich auch hier nur um Steuerstundungsmodelle handelt, empfehle ich diese nur in absoluten Ausnahmefällen.

BWA lesen und verstehen

Hand auf Herz: Verstehst Du Deine BWA oder wirkt sie auf dich eher wie ein Zahlenfriedhof, den Du kaum anschaust? Trifft letzteres zu, solltest Du diese Situation ändern. Denn wer Herr seines Unternehmens sein will, muss die Grundzüge der BWA verstehen. Du musst verstehen, wie hoch Umsatz, Fixkosten und variable Kosten ausfallen.

Auf der nächsten Seite findet sich eine derartige BWA, damit Du diese direkt vor Augen hast.

Dabei kann es auch helfen, mit dem Steuerberater zu sprechen und zu klären, wie eine optimale BWA im speziellen Fall aussieht. Denn eine Standard-BWA muss nicht unbedingt für jedes Unternehmen geeignet sein. Äußerst Du klare Wünsche Deinem Berater gegenüber, kann er die BWA umgliedern und Du kannst die relevanten Zahlen besser erkennen und verstehen.

Abbildung 40: Die BWA

Kurzfristige Erfolgsrechnung März 2017 - Handelsrecht

SKR 04 BWA-Nr. 1 BWA-Form DATEV-BWA Wareneinsatz K51

Blatt 1

Bezeichnung	Mrz/2017	% Ges.-Leistg.	% Ges.-Kosten	% Pers.-Kosten	Auf-schlag	Jan/2017 - Mrz/2017	% Ges.-Leistg.	% Ges.-Kosten	% Pers.-Kosten	Auf-schlag
Umsatzerlöse	378.460,06	99,78				1.090.391,32	99,98			
Best.Verdg. FE/UE	837,23	0,22				172,27	0,02			
Akt.Eigenleistungen	0,00					0,00				
Gesamtleistung	379.297,29	100,00	213,04	313,95		1.090.563,59	100,00	197,18	302,40	
Mat./Wareneinkauf	184.206,71	48,57	103,46	152,47	100,00	515.117,40	47,23	93,13	142,84	100,00
Rohertrag	195.090,58	51,43	109,58	161,48	105,91	575.446,19	52,77	104,04	159,57	111,71
So. betr. Erlöse	294,12	0,08	0,17	0,24		882,36	0,08	0,16	0,24	
Betriebl. Rohertrag	195.384,70	51,51	109,74	161,72	106,07	576.328,55	52,85	104,20	159,81	111,88
Kostenarten:										
Personalkosten	120.814,66	31,85	67,86	100,00		360.631,58	33,07	65,20	100,00	
Raumkosten	15.417,40	4,06	8,66	12,76		48.486,61	4,45	8,77	13,44	
Betriebl. Steuern	568,00	0,15	0,32	0,47		2.110,00	0,19	0,38	0,59	
Versich./Beiträge	3.371,52	0,89	1,89	2,79		17.275,56	1,58	3,12	4,79	
Besondere Kosten	0,00					0,00				
Kfz-Kosten (o. St.)	8.713,61	2,30	4,89	7,21		35.665,36	3,27	6,45	9,89	
Werbe-/Reisekosten	4.668,81	1,23	2,62	3,86		11.931,50	1,09	2,16	3,31	
Kosten Warenabgabe	2.056,39	0,54	1,16	1,70		5.901,61	0,54	1,07	1,64	
Abschreibungen	8.392,63	2,21	4,71	6,95		25.036,21	2,30	4,53	6,94	
Reparatur/Instandh.	2.611,34	0,69	1,47	2,16		7.680,88	0,70	1,39	2,13	
Sonstige Kosten	11.425,96	3,01	6,42	9,46		38.371,60	3,52	6,94	10,64	
Gesamtkosten	178.040,32	46,94	100,00	147,37		553.090,91	50,72	100,00	153,37	
Betriebsergebnis	17.344,38	4,57				23.237,64	2,13			
Zinsaufwand	6.217,35	1,64				11.427,60	1,05			
Sonst. neutr. Aufw	0,00					420,00	0,04			
Neutraler Aufwand	6.217,35	1,64				11.847,60	1,09			
Zinserträge	48,96	0,01				48,96				
Sonst. neutr. Ertr	0,00					0,00				
Verr. kalk. Kosten	0,00					0,00				
Neutraler Ertrag	48,96	0,01				48,96				
Kontenkl. unbesetzt	0,00					0,00				
Ergebnis vor Steuern	11.175,99	2,95				11.439,00	1,05			
Steuern Eink.u.Ertr	15.425,00	4,07				30.675,00	2,81			
Vorläufiges Ergebnis	-4.249,01	-1,12				-19.236,00	-1,76			

Das vorläufige Ergebnis entspricht dem derzeitigen Stand der Buchführung. Abschluss-/Abgrenzungsbuchungen können es noch verändern.

Werte in: EUR

Sinnvoll ist auch eine Kostenstellenrechnung – etwa bei Unternehmen mit mehreren Niederlassungen. Diese lässt erkennen, welcher Standort profitabel ist und wo Kosten anfallen. Dieses Plus an Information erfordert jedoch auch zusätzliche Arbeit: auf jeden Beleg gehört die jeweilige Kostenstelle.

Am Beispiel der unterschiedlichen Standorte lässt sich verdeutlichen, warum diese Arbeit überhaupt nötig ist. Wer Kosten und Einnahmen vermischt, erkennt nicht, ob sich diese Niederlassung tatsächlich lohnt. Denn die Gewinne des einen können die Verluste des anderen Standorts decken und damit verschleiern. Wer dagegen aus seiner BWA weiß, dass eine Niederlassung unrentabel ist, kann Maßnahmen ergreifen, um diese entweder in die Gewinnzone zu führen oder – wenn dies unmöglich ist – sie zu verkaufen oder zu schließen. Dadurch steigt der Gewinn des gesamten Unternehmens.

Auch lassen sich Probleme einfacher orten und Niederlassungen besser einordnen. Du kannst die Miet- und Lohnkosten vergleichen, ebenso Umsätze und Materialverbrauch. Du kannst sehen, bei welchen Details eine Niederlassung gut arbeitet und diese entsprechend spiegeln. Eine Kostenstellenrechnung bietet bessere Möglichkeiten, ein Unternehmen zu strukturieren und dadurch zu optimieren.

Für dieses Thema BWA richtig Lesen und Verstehen bieten wir ebenfalls einen Online Kurs. Mehr Informationen findest Du auf unserer Internetseite.

Unterschied zwischen Gewinn und Liquidität

Viele Mandanten fragen mich, warum ihr Gewinn zwar hoch ausfällt, ihr Kontostand jedoch ein ganz anderes Bild zeigt. Dieses gefühlte Ungleichgewicht hängt damit zusammen, dass nur bestimmte Zu- und Abflüsse den Gewinn beeinflussen. Wer eine größere Anschaffung tätigt etwa in Form einer Maschine, erzeugt damit den Abfluss von Geld vom Bankkonto. Den Gewinn mindert er damit jedoch nicht, schließlich ist er nicht ärmer geworden. Anstatt des Geldes befindet sich nun ein Sachwert in seinem Besitz; somit besteht keine Gewinnauswirkung. Erst durch die Abnutzung dieser Maschine ergibt sich eine Gewinnminderung, durch den Gebrauch verliert sie an Wert. Der Gesetzgeber unterstellt deshalb über die Nutzungsdauer der Maschine eine ratierliche Wertminderung, die sich in der Buchhaltung in Form der sogenannten Absetzung für Abnutzung in Form von Kosten niederschlägt. Die Finanzverwaltung kalkuliert mit pauschalen Nutzungsdauern für diese Gewinnminderungen. Das bedeutet: Jeder Vermögensgegenstand, der langfristig im Unternehmen genutzt wird, wird über die von der Finanzverwaltung vorgegebene Nutzungsdauer abgeschrieben. Du kannst somit jedes Jahr nur einen Teil der Anschaffungskosten gewinnmindernd berücksichtigen.

Ein anderes Beispiel für einen Unterschied zwischen Liquidität und Gewinn bilden Darlehensgewährungen und -rückzahlungen. Wer ein Darlehen aufnimmt und dieses auf dem Bankkonto gutgeschrieben erhält, erhöht selbstverständlich nicht seinen Gewinn. Im Umkehrschluss dazu mindern Darlehenstilgungen den Gewinn auch nicht, beides wirkt sich lediglich auf die Liquidität aus.

Die Bilanzierung lässt das Verhältnis zwischen Gewinn und Liquidität manchmal auch deshalb irritierend erscheinen, weil bereits solche Einnahmen der Steuerpflicht unterliegen, die gegebenenfalls noch gar nicht geflossen sind. Auch erscheinen Aufwendungen in der Bilanz, die noch nicht bezahlt wurden.

Angesichts dieser Irritationen könnte man auf die Idee kommen, dass sich die Liquidität im Rahmen einer EÜR besser überblicken lässt. Schließlich entscheiden hier die Zu- und Abflüsse. Diese Aussage stimmt jedoch nicht.

Auch in der EÜR fällt der Kontostand niedriger aus als der Gewinn, wenn große Anschaffungen getätigt werden.

Erschwerend kommt hinzu, dass die EÜR keinen Überblick über die noch zu erwartenden Ausgaben gibt und auch nicht die offenen Forderungen gegenüber den Kunden verdeutlicht. Aus diesem Grund halte ich die EÜR nicht für eine Alternative, um die Liquidität im Unternehmen zu verstehen.

Abbildung 41: Vereinfachte Überleitung Liquidität und Gewinn

Position	Betrag
Anfangsbestand deines Bankkontos	5.000,00 €
zzgl. monatlicher Gewinn lt. BWA	4.320,00 €
+/- Veränderung der Forderungen	500,00 €
+/- Veränderung der Verbindlichkeiten	-300,00 €
zzgl. Abschreibungen	500,00 €
zzgl. Darlehensaufnahmen	10.000,00 €
abzgl. Darlehenstilgungen	-2.000,00 €
abzgl. Investition in Anlagevermögen	-10.000,00 €
+/- Veränderung der Rückstellungen	500,00 €
zzgl. erhaltene Anzahlungen	3.000,00 €
Endbestand Deines Bankkontos	11.520,00 €

Deine Liquidität zeigt sich am besten im Rahmen einer Liquiditätsplanung. Dabei gehst Du von Deiner aktuellen BWA aus und untersuchst, welche Positionen sich nicht auf die Liquidität auswirken. Dazu gehören etwa die offenen Forderungen und die Abschreibungen. Diese ziehst Du vom in der BWA ausgewiesenen Gewinn ab. Dann schaust Du, welche Positionen sich auf die Liquidität auswirken, aber nicht im Gewinn enthalten sind, wie zum Beispiel die Aufnahme eines Darlehens oder die Zahlung offener Forderungen. Kleiner Tipp: Dein Steuerberater kann diese zusätzliche Auswertung für kleines Geld monatlich ergänzend zur Verfügung stellen. Ich empfehle jedoch, diese Tabelle einmal für mehrere Monate manuell auszufüllen. Denn nur so verstehst Du Deine Zahlen.

Wenn Dir dieser Ablauf klar ist, fällt die Liquiditätsplanung deutlich leichter und Du verlierst nicht den Überblick über Deine finanziellen Mittel.

Auch zu diesem Punkt bieten wir einen Online Kurs. Es durchleuchtet genau, wie sich der Gewinn zur Liquidität verhält. Auf unserer Internetseite kannst Du mehr darüber erfahren.

Exit-Strategie

Als Exit-Strategie im Zusammenhang mit dem Unternehmen bezeichne ich Überlegungen, wie Du später daraus aussteigen willst. Selbstverständlich wollen oder müssen manche Menschen bis an ihr Lebensende arbeiten und auch ich kann mir derzeit noch nicht vorstellen, in Rente zu gehen. Dafür macht mir mein Beruf einfach zu viel Spaß. Aber es existiert ein Unterschied, ob Du bis ans Lebensende arbeiten musst oder darfst. Deswegen solltest Du Dir bereits frühzeitig Gedanken über den Ausstieg machen.

Lässt sich Dein Unternehmen verkaufen? Diese Frage ist gar nicht so hypothetisch, wie sie vielleicht scheinen mag. Denn viele Selbstständige und Unternehmer, die ich berate, haben keine Angestellten und sind der Hauptumsatzgenerator ihrer Firma. Fallen sie aus, kommt das Geschäft zum Erliegen.

Daher mein Gedankenanstoß: Welche Schritte musst Du einleiten, damit dein Unternehmen auch ohne Dich funktioniert? Denn nur wenn das Unternehmen nicht mehr von Dir abhängt, kannst Du es auch am Ende der beruflichen Laufbahn an einen Dritten veräußern.

Selbstverständlich kann dieser Schritt nicht von heute auf morgen erfolgen. Du solltest aber die notwendigen Schritte hierfür rechtzeitig einleiten, damit Du Dich auf die wesentlichen Aspekte des Lebens konzentrieren kannst.

Hausaufgabe

Hast Du die privaten und betrieblichen Konten eingerichtet, verfügst Du über einen besseren Überblick über deine Einnahmen und Ausgaben. Um Dein Unternehmen im Blick zu behalten, musst Du Belege vollständig und sortiert einreichen und auf Bilanzierung umstellen. Danach hast Du ein korrektes Bild deines Unternehmens und kannst seinen Wert besser einschätzen. Allerdings reicht es meiner Erfahrung nicht, die erläuterten Maßnahmen formal umzusetzen. Du musst sie auch leben und verstehen, warum sie im Einzelnen Sinn ergeben.

Sei ehrlich zu dir selbst:

- Wie fühlst Du dich mit der „Gehaltszahlung“ (vgl. Kapitel **Das Kontensystem für Unternehmer und Vermieter**)?
- Wir fühlst Du dich mit den Konten?
- Bist Du bereit, auf Bilanzierung umzustellen? Wenn nein: Woran liegt es?
- Verstehst Du Deine BWA?
- Kennst Du den Unterschied zwischen Gewinn und Liquidität?
- Welche Schritte kannst Du einleiten, damit Dein Unternehmen auch ohne Dich funktioniert?

Wenn Du noch nicht genau weißt, ob Du alle Themen überblickst und ob Du alle Inhalte richtig verstanden hast, empfehle ich unsere Online Kurse.

Steueroptimierung für Unternehmer

Herr deiner Selbst

Nun hast Du bereits wichtige Schritte auf dem Weg zur finanziellen Freiheit kennengelernt und verfügst über einen tieferen Einblick in einige der steuerlichen Möglichkeiten. Der vielleicht bedeutsamste Schritt fehlt noch: der Wechsel des Steuersystems. Erst wenn Du diesen vollziehst, erwirbst Du die vollständige Gestaltungskraft. Dann kannst Du weitgehend selbst bestimmen, wie Du Deine Finanzen organisierst. Und wenn Du dies in punkto Geld schaffst, eröffnest Du Dir damit alle Chancen, diese Freiheit auch für die Gestaltung Deines Lebens zu sichern. Wer Herr seiner Finanzen und Herr seines Unternehmens ist, hat die Zeit, Herr seines Selbst zu sein:

Abbildung 42: Der Herr seines Selbst

Um die Schritte zur finanziellen Freiheit zu verdeutlichen, sollten wir die verschiedenen Bereiche rekapitulieren und uns vor Augen führen, wo Selbstständige und Gewerbetreibende Steuern sparen können.

Dafür schauen wir uns noch einmal das betriebliche Kontensystem an, fünf Konten speisen die privaten Konten:

Abbildung 43: Das Kontensystem für Unternehmer

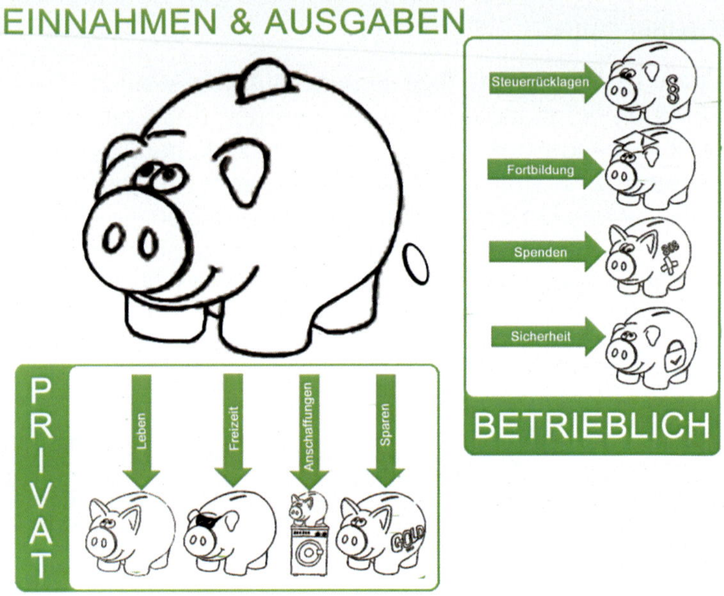

Wer dieses System umgesetzt hat, kann prüfen, ob er seine Steuern optimieren kann. Und nur wer mehr verdient, als er ausgibt, kann Steuern sparen.

Merke: Du kannst nur dann Steuern sparen, wenn Du mehr verdienst, als Du ausgibst.

Bis hierher ging es hauptsächlich um die Steueroptimierung im Einkommenssteuerbereich. Ich habe das Ziel skizziert, die Töpfe 3 und 4 im Privatbereich sowie Topf 3 im betrieblichen Bereich zu füllen. Hast Du diese Hürde gemeistert, solltest Du über den Wechsel in ein günstigeres Steuersystem nachdenken:

Das Körperschaftsteuersystem

Auch Kapitalgesellschaften unterliegen einer Art Einkommensteuer, nur heißt sie dort Körperschaftsteuer. Die Körperschaftsteuer bietet den großen Vorteil einer Steuer-Flat-Rate von derzeit 15 Prozent zuzüglich Solidaritätszuschlag.

Ungeachtet der Höhe der Gewinne eines Unternehmens zahlt es immer 15 Prozent Körperschaftsteuer auf den steuerpflichtigen Gewinn.

Wer einen Gewerbebetrieb betreibt, unterliegt außerdem der Gewerbesteuer. Eine GmbH zum Beispiel betreibt per Gesetz immer einen Gewerbebetrieb. Zuständig für die Gewerbesteuer ist die jeweilige Gemeinde, sie kann über den sogenannten Hebesatz deren Höhe bestimmen. So leben manche Regionen davon, den niedrigsten Gewerbesteuersatz anzubieten, damit große Unternehmen sich in ihrem Gebiet niederlassen. Große Städte dagegen setzen meist auf einen sehr hohen Steuersatz. Im Schnitt beläuft sich die Gewerbesteuer in Deutschland auf rund 15 Prozent und gleicht damit der Körperschaftsteuer.

Einzelunternehmen und Personengesellschaften können einen Gewerbesteuerfreibetrag von 24.500 Euro in Anspruch nehmen. Bleibt der Gewinn unter 24.500 Euro, fällt keine Gewerbesteuer an. Dieser Betrag ist immer steuerfrei; nur der übersteigende Gewinn wird mit Gewerbesteuer besteuert. Im Gegensatz dazu gilt dieser Freibetrag grundsätzlich nicht für Kapitalgesellschaften und damit auch nicht für GmbHs. Theoretisch unterliegt ihr gesamter Gewinn daher der Gewerbesteuer. Praktisch lässt sich diese Regel jedoch umgehen und im Kapitel **Exkurs: Atypisch stille Gesellschaft** erläutere ich die Details dazu. Zunächst möchte ich jedoch die noch fehlenden Grundzüge des Körperschaftssteuersystems erläutern und dazu die häufig auftretenden Bedenken von Freiberuflern entkräften.

Liebe Freiberufler, wenn ihr gerade aufschreit und euch darüber beschwert, dass ihr nach dem Wechsel des Systems Gewerbesteuer zahlen müsst, bedenkt folgendes: Derzeit gilt für euch ein Grenzsteuersatz von 42 Prozent zuzüglich Solidaritätszuschlag und gegebenenfalls zuzüglich Kirchensteuer. Das sind insgesamt mehr als 48 Prozent. In der GmbH zahlt ihr in der Spitze rund 30 Prozent, also rund 18 Prozentpunkte weniger.

In Zahlen gesprochen und ohne steuerliche Freibeträge zu berücksichtigen, ergibt sich folgender Vergleich: Wer einen Gewinn von 100.000 Euro aus der Spitze der einkommensteuerlichen Einkünfte entnimmt, muss im Rahmen einer GmbH rund 30.000 Euro Steuern zahlen, als Privatperson hingegen 48.000 Euro.

An dem Punkt stelle ich eine ganz einfache Frage: Wenn sich 18.000 Euro Steuern sparen lassen, kommt es dann auf den Namen der Steuer an?

Abbildung 44: Besteuerung der von uns betreuten GmbHs

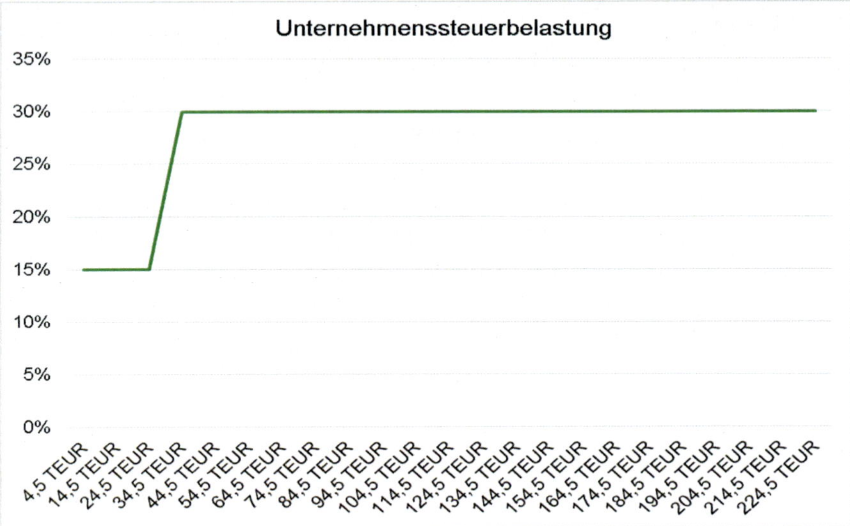

Wer seine Steuern tatsächlich optimieren will, muss das Einkommensteuersystem und das Körperschaftsteuersystem miteinander kombinieren. Der gesamte Verdienst lässt sich jedoch leider nicht über das Körperschaftsteuersystem erwirtschaften; der private Konsum bewegt sich immer im Einkommensteuerbereich.

Der Teil für die Einkommensteuer

Über die Kapitalgesellschaft dürfen nur betriebliche Vorgänge laufen, die privaten Lebenshaltungskosten sowie der Spaß müssen zwingend im Einkommensteuersystem bleiben.

Der größte Teil der Bildungskosten kann dagegen über die GmbH laufen. Selbstverständlich sollten die Lebenshaltungskosten zunächst um den Teil der Aufwendungen bereinigt werden, der sich in den betrieblichen Bereich verschieben lässt, da es einen betrieblichen Zusammenhang gibt. Die einschlägigen Möglichkeiten bei Telefon & Co. kennst Du bereits. Übrig bleiben also lediglich solche Kosten, bei denen keine betriebliche Verbindung besteht.

Im Privatbereich bleiben somit die Lebenshaltungskosten, der Spaß sowie die Rücklagen für größere, private Anschaffungen.

Das Konto Sparen musst Du nun nicht mehr im Privatbereich führen und damit müssen auch die Zuflüsse zu diesem Konto nicht über den Arbeitslohn fließen. Das spart im ersten Schritt Einkommensteuer. Hier nutzen wir den Effekt des Grenzsteuersatzes aus. Alles, was in der Spitze wegfällt und in den niedrig besteuerten Körperschaftsteuerbereich gelangt, kann die Steuerbelastung um bis zu 18 Prozent verringern. Wer hohe Gewinne erzielt und 100.000 Euro weniger in den Einkommensteuerbereich entnimmt, zahlt 48.000 Euro weniger Einkommensteuer; dafür werden jedoch auf Ebene der GmbH rund 30.000 Euro Körperschaft- und Gewerbesteuer fällig. Damit existiert ein Mehr-Investitionsvolumen von 18.000 Euro.

Damit steht der Umfang der drei, privaten Konten (Leben, Spaß und größere Anschaffungen) fest, zusammen ergibt er die Höhe Deines erforderlichen Nettogehalts. Vorsichtshalber rechnen wir im ersten Jahr der Steueroptimierung noch einen Puffer hinzu und kalkulieren auf dieser Basis Dein Bruttogehalt. Die GmbH zahlt dieses Gehalt und führt die Lohnsteuer monatlich an das Finanzamt ab. Am Jahresende sollte es daher zu keiner Nachzahlung im Einkommensteuerbereich kommen – sofern keine anderen Einkünfte auflaufen.

Die restlichen Einnahmen der GmbH fließen dann auf folgende Konten:

Abbildung 45: Die Kontenverteilung

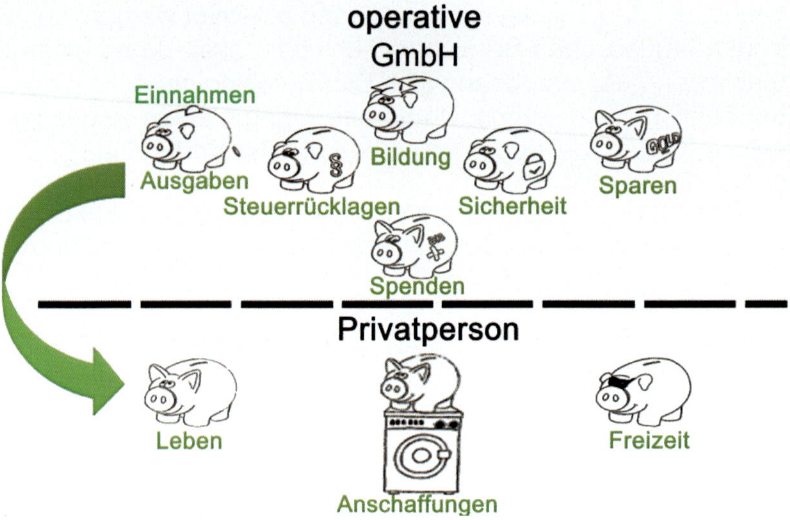

Das Steueroptimierungspotential

Welchen Betrag an Steuern Du nun sparen kannst, hängt also davon ab, wie viel Du verdienst und welcher Anteil davon in die privaten Konten fließt. Je höher der Sparanteil in den privaten Konten und vor allem im Konto Sparen ausfällt, desto größer ist dein Steuersparpotential. Dieser Zusammenhang lässt sich am besten über Beispielrechnungen verdeutlichen. Betrachten wir dazu drei Unternehmer, die jeweils einen Gewinn von 100.000 Euro erzielen.

Unternehmer A benötigt für seine privaten Konten 3.000 Euro netto monatlich; Unternehmer B 5.000 Euro und Unternehmer C 6.200 Euro. Damit 3.000 Euro netto auf das Privatkonto fließen, muss der Bruttoarbeitslohn bei einem Gesellschafter-Geschäftsführer rund 3.800 Euro im Monat betragen; bei 5.000 Euro netto sind es 7.300 Euro brutto und für 6.200 Euro netto ist ein Bruttolohn von rund 9.500 Euro erforderlich.

Alle drei Unternehmer sind ledig und wir unterstellen, dass der Gewinn auch dem zu versteuernden Einkommen gleicht.

Diese Annahme entspricht nicht ganz der Realität, schließlich lassen sich einige Kosten wie Krankenversicherungen noch mindernd berücksichtigen. Aus Vereinfachungsgründen unterschlagen wir diese Ausgaben, das Prinzip dahinter wird jedoch klar.

Führen diese Unternehmer den Betrieb in der Rechtsform eines Einzelunternehmens, unterliegen alle drei der gleichen Steuerbelastung. Eine Optimierung ist hier nicht möglich.

Tabelle 5: Versteuerung im Einzelunternehmen

Versteuerung im Einzelunternehmen	Unternehmer A	Unternehmer B	Unternehmer C
Gewinn	100.000,00 €	100.000,00 €	100.000,00 €
Einkommensteuer	33.036,00 €	33.036,00 €	33.036,00 €
Solidaritätszuschlag	1.816,98 €	1.816,98 €	1.816,98 €
Steuerbelastung insgesamt	34.852,98 €	34.852,98 €	34.852,98 €

Der Grund für diese Situation: Fällt der Gewinn im Einzelunternehmen an, muss er in seiner vollen Höhe versteuert werden. Erst nach Abzug der Einkommensteuer und ggf. Gewerbesteuer können die Geldbeträge auf die einzelnen Konten fließen. Anders zeigt sich die Situation, wenn das Unternehmen über eine GmbH geführt wird. Dann kann der Teil des Einkommens, der nicht zur Deckung der privaten Kosten erforderlich ist, als Gewinn in der GmbH verbleiben und derart weiter investiert werden.

Es gibt die Möglichkeit die sogenannte Thesaurierungsbegünstigung zu beantragen. Nach meinen Erfahrungen ist diese jedoch kompliziert und führt nicht zum gleichen Ergebnis. Denn ein Teil des Gewinnes kann nicht von dieser Regel begünstigt werden.

Wie hoch das Steuersparpotential in den einzelnen Fällen ausfällt oder ob sich überhaupt ein Steuersparpotential ergibt, zeigt das auf der folgenden Seite dargestellte Rechenbeispiel.

Bei Unternehmer A fällt die Differenz zwischen täglichem Bedarf und Verdienst sehr hoch aus und deshalb versteuert er als Einzelunternehmer deutlich zu viel. Er sollte sofort über den Wechsel in eine GmbH-Struktur nachdenken, damit könnte er jährlich 14.782,90 Euro Steuern sparen und diese lassen sich wiederum gewinnbringend investieren.

Unternehmer B verfügt über eine geringere Sparrate. Er benötigt fast den gesamten Verdienst für den Lebensunterhalt. Er sollte daher prüfen, ob tatsächlich alle Kosten der Lebenshaltung dienen oder ob Aufwendungen betrieblich veranlasst sind. Solange der Sparanteil seines Einkommens – durch Erhöhung der Einnahmen oder durch Reduzierung der privaten Lebenshaltungskosten – nicht höher wird, ist eine GmbH-Konstruktion noch nicht empfehlenswert.

Unternehmer C lebt über seine Verhältnisse – ungeachtet der Rechtsform seines Geschäfts. Für ihn führt die GmbH-Konstruktion sogar zu einem steuerlichen Nachteil, weil er mehr Gehalt vereinnahmt, als er eigentlich verdient. So treibt er die GmbH auf kurz oder lang in die Insolvenz. Solange Unternehmer C seine Finanzen nicht im Griff hat, wird er weder steuerliche Möglichkeiten ausschöpfen können, noch die finanzielle Freiheit erlangen.

Je größer der Unterschied zwischen den Lebenshaltungskosten und den Einnahmen ausfällt, desto größer fällt der Steuersparefekt aus. Daher gilt auch für manche Haushalte mit hohen Lebenshaltungskosten: Erzielen diese einen noch größeren Gewinn, sollten sie unbedingt über eine derartige Gestaltung nachdenken. Aber wie funktioniert der Übergang zu einer GmbH-Struktur?

Tabelle 6: Versteuerung in dem Holdingsystem

	Unternehmer A	Unternehmer B	Unternehmer C
GmbH-Bereich			
Gewinn	100.000,00 €	100.000,00 €	100.000,00 €
Gehalt	45.600,00 €	87.600,00 €	114.000,00 €
zu versteuern	**54.400,00 €**	**12.400,00 €**	**-14.000,00 €**
Körperschaftsteuer	8.160,00 €	1.860,00 €	- €
Solidaritätszuschlag	448,80 €	102,30 €	- €
Gewerbesteuer (fiktiv 15 %)	810,00 €	- €	- €
Steuerbelastung der GmbH's	9.418,80 €	1.962,30 €	- €
Privat-Bereich			
Gehalt	45.600,00 €	87.600,00 €	114.000,00 €
Einkommensteuer	10.096,00 €	27.408,00 €	38.496,00 €
Solidaritätszuschlag	555,28 €	1.507,44 €	2.117,28 €
Steuerbelastung Arbeitnehmer	10.651,28 €	28.915,44 €	40.613,28 €
Vergleich d. Steuerbelastung	Unternehmer A	Unternehmer B	Unternehmer C
Steuerbelastung im Einzeluntern.	34.852,98 €	34.852,98 €	34.852,98 €
Steuerbelastung GmbH-Konstrukt	20.070,08 €	30.877,74 €	40.613,28 €
Steuervorteil	**14.782,90 €**	**3.975,24 €**	**-5.760,30 €**

Das Geschäft über die GmbH betreiben

Benötigst Du weniger Geld für die privaten Konten als Du verdienst, ist es sinnvoll, Dein Geschäft über eine GmbH zu führen. Wie sich das Geschäft in eine GmbH integrieren lässt, kommt in Kapitel **Übergang auf das Holdingsystem** genauer zur Sprache. In diesem Abschnitt geht es zunächst einmal um grundsätzliche Fragen wie um die Handhabung der GmbH.

Zunächst einmal ergeben sich kaum Unterschiede zum Betrieb eines Einzelunternehmens. Wichtig ist, dass alle Einnahmen zu

Gunsten der GmbH gehen. Wer beispielsweise selbständiger Maler war, besitzt nun eine Maler-GmbH und diese stellt die Rechnungen an die Kunden. Auch müssen die Zahlungen auf das GmbH-Konto fließen. Im Gegensatz zum Einzelunternehmen muss die GmbH zwingend bilanzieren und die Belege vollständig vorlegen. Dabei handelt es sich jedoch um Mindestanforderungen, die auch ein gut laufendes Einzelunternehmen erfüllen sollte. Der Gesetzgeber schreibt vor, eine Bilanz einmal im Jahr aufzustellen und sie von der Gesellschafterversammlung genehmigen und feststellen zu lassen. Dabei wird dem Geschäftsführer Entlastung erteilt. Je nach Größe muss das Unternehmen die Bilanz beim elektronischen Handelsregister hinterlegen oder offenlegen. Diese Pflicht dient dem Gläubigerschutz. Da die GmbH nur beschränkt haftet und das Privatvermögen des Gesellschafters davon ausgenommen ist, darf sich jeder Gläubiger der GmbH darüber informieren, wie die finanzielle Situation der GmbH aussieht.

Ein wesentlicher Unterschied existiert im Verlustfall. Hier muss der Geschäftsführer der GmbH verschiedene Formalitäten einhalten, sofern das Stammkapital durch den Verlust angegriffen oder aufgebraucht wird. Doch es kam bereits zur Sprache, dass das Stammkapital von 25.000 Euro aufgrund dieser Regel nicht auf dem Bankkonto der GmbH liegen bleiben muss. Das Unternehmen kann mit dem Geld arbeiten.

Zu den Rechten und Pflichten eines GmbH-Geschäftsführers bieten wir einen eigenen Online Kurs an. Mehr Informationen findest Du auf unserer Internetseite. Dort bieten wir auch eine Musterrechnung sowie eine Übersicht der notwendigen Angaben auf Geschäftsbriefen. Denn bei einer GmbH musst Du Rechnungen, Internetseiten sowie E-Mail-Signaturen um einige Positionen ergänzen. Auch musst Du Kunden und Lieferanten über die Umfirmierung informieren. Sonst ändert sich nichts am aktiven Geschäft.

Das Geld der GmbH

Spielregeln

Wer sein Geschäft über die GmbH betreibt, muss sich an gewisse Spielregeln halten. Das Geld der GmbH gehört zwar indirekt den Gesellschaftern und diese können entscheiden, was damit geschieht. Stets ist jedoch eine vertragliche Grundlage erforderlich, um an das Geld zu kommen. Du kannst daher nicht einfach Schuhe vom GmbH-Konto bezahlen. Das dafür entnommene Geld musst Du der GmbH zurückzahlen.

Auch wenn die Geschäfte noch so gut laufen, sind die Gewinne also zunächst einmal in der GmbH „gefangen“. Doch existieren vier verschiedene Möglichkeiten, Geld daraus zu entnehmen. Welche davon bei welchen Gelegenheiten sinnvoll sind und wie die jeweiligen Rahmenbedingungen aussehen, möchte ich in den folgenden Kapiteln erläutern.

Abbildung 46: Möglichkeiten, über das Geld der GmbH verfügen

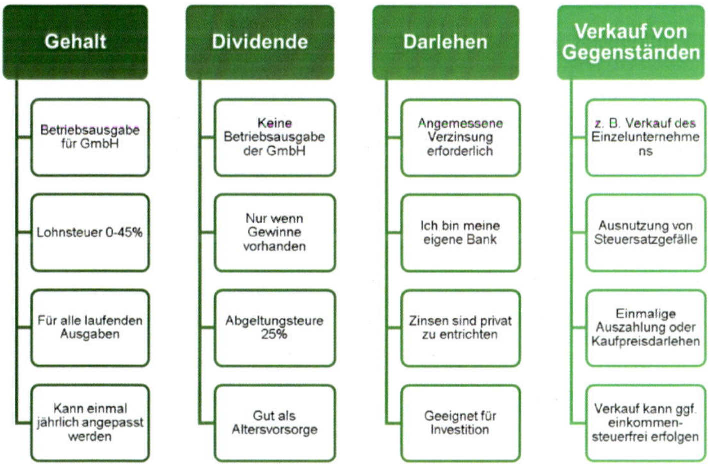

Gehalt

Bereits zur Sprache kamen die Gehaltszahlungen, sie stellen meine bevorzugte Auszahlmöglichkeit dar. Erforderlich ist ein schriftlicher Arbeitsvertrag, der Höhe und andere Modalitäten regelt. So kann das Unternehmen dem Geschäftsführer auch einen Firmenwagen zur Verfügung stellen oder es kann unter gewissen Formalitäten auch Tantiemenvereinbarungen treffen. Das Gehalt soll die privaten Lebenshaltungskosten abdecken und wer diese kennt, kann daraus das erforderliche Nettogehalt ermitteln. Hinzu kommen alle Abzüge und die Summe ergibt das Bruttogehalt. Ändern sich die Lebensumstände, lässt sich das Gehalt entsprechend anpassen. Eine Gehaltsanpassung sollte jedoch – wie auch bei einem fremden, angestellten Geschäftsführer – nur einmal im Jahr erfolgen.

Das Gehalt sollte sich in einer Höhe bewegen, die auch fremde Dritte miteinander vereinbaren würden. Zahlst Du dir zu viel Gehalt aus, unterstellt das Finanzamt eine sogenannte „verdeckte Gewinnausschüttung“. Da im Rahmen einer optimalen Steuerersparnis jedoch ein möglichst großer Teil der Gewinne in der GmbH verbleiben sollte, kommt es selten zu Problemen mit unüblich hohen Gehaltszahlungen.

Das Gehalt unterliegt bereits bei der Auszahlung der Lohnsteuer. Am Jahresende nach Einreichen der Einkommensteuererklärung droht daher nur selten eine Nachzahlung. Für die GmbH wirken die Gehaltszahlungen als Aufwand. Sie mindern daher den Gewinn der GmbH, so dass keine doppelte Besteuerung zu befürchten ist.

Dividenden

Die zweite Möglichkeit der Entnahme von Geld aus der GmbH bieten Dividendenzahlungen. Die Gesellschafter können Dividenden jederzeit beschließen, wenn in der GmbH Gewinne entstanden sind und diese eventuelle Verluste aus den Vorjahren überschreiten. Dieser Beschluss erfordert eine Gesellschafterversammlung und sie bestimmt, welcher Anteil der Gewinne ausgeschüttet werden soll.

Bei Dividenden handelt es sich um Ausschüttungen von Gewinnen, die bereits auf Ebene der GmbH versteuert wurden.

Zahlt die GmbH eine Dividende, wird noch einmal Abgeltungssteuer von 25 Prozent zuzüglich Solidaritätszuschlag fällig. Im schlimmsten Fall steht der ehemalige Einzelunternehmer sogar etwas schlechter da, als wenn er sein Unternehmen als Einzelunternehmen fortgeführt hätte. Auf einem Gewinn von 100 Euro fällt im ersten Schritt auf Ebene der GmbH Körperschafts- und Gewerbesteuer von 30 Euro an. Es verbleiben also 70 Euro, die ausgeschüttet werden können. Darauf fällt Abgeltungsteuer in Höhe von rund 19 Euro an, so dass letztlich 51 Euro beim Gesellschafter landen.

Im Rahmen der Einkommensteuerveranlagung lässt sich prüfen, ob das Teileinkünfteverfahren günstiger ist. Teileinkünfteverfahren heißt, die Dividende zu 40 Prozent steuerfrei zu stellen und den steuerpflichtigen Anteil mit der normalen, progressiven Einkommensteuer zu besteuern. Doch ob Abgeltungsteuer oder Teileinkünfteverfahren zur Anwendung kommen, immer entsteht eine gewisse Doppelbesteuerung. Damit entspricht die Steuerbelastung insgesamt dem Niveau eines Einzelunternehmens.

Steuerlich sinnvoll können Gewinnausschüttungen sein, wenn die GmbH zum Großteil steuerfreie Einnahmen erwirtschaftet. Dies ist beispielsweise der Fall, wenn die GmbH Anteile an einer anderen GmbH veräußert. Die Gehaltszahlungen wirken sich dann nicht mehr mindernd aus. Durch die Gehaltszahlungen würde lediglich ein Verlust auf Ebene der GmbH produziert, während das Gehalt dem persönlichen Einkommensteuersatz unterliegt. In diesem Fall stellen Dividendenzahlungen eine steuerlich sinnvolle Alternative dar, da der Abgeltungssteuersatz im Zweifel geringer ist, als der Einkommensteuersatz. In diesem Fall unterliegen die 100 Euro Gewinn keiner Steuer auf Ebene der GmbH. Vielmehr werden sie dann mit der Abgeltungsteuer besteuert, so dass nach Abzug dieser Steuer von rund 26 Euro letztlich 74 Euro an den Gesellschafter fließen können.

Zudem ist es möglich, eine Gewinnausschüttung in Höhe des Sparerfreibetrages in Höhe von 801 Euro oder 1.602 Euro vornehmen. Wer keine weiteren Kapitaleinkünfte im Privatbereich erzielt, kann diese Ausschüttung steuerfrei stellen lassen.

So existieren Fälle, in denen eine Gewinnausschüttung steuerlich sinnvoll ist. Wer sie vornehmen will, sollte jedoch vorher mit seinem Steuerberater sprechen.

Darlehensverträge

Der Geschäftsführer kann beschließen, einen Teil des in seiner GmbH angesammelten Geldes in Form eines Darlehens an sich auszuzahlen. Dazu braucht es wiederum einen schriftlichen Vertrag mit fremdüblichen Konditionen. Damit gemeint sind marktübliche Zinsen und eine monatliche Tilgung oder die Rückzahlung des Darlehens spätestens am Ende der Laufzeit. Auf diese Weise wirst Du zu Deiner eigenen Bank und zahlst Zinsen an Dich selbst bzw. an Deine GmbH.

Ein gutes Beispiel hierfür bietet der Kauf einer Immobilie zur Vermietung. Meist ergibt es Sinn, Immobilien im Privatvermögen zu halten und zur Finanzierung der Immobilie kann die GmbH ein Darlehen vergeben. Diese Aufgabenteilung wirkt doppelt vorteilhaft: Erstens fallen die Vermietungseinkünfte unter den Einkommensteuerbereich und gleichzeitig gelten die Zinszahlungen an die GmbH dort als Aufwand. So mindern sie das hoch besteuerte private Einkommen. Zweitens landen die Zinsen bei der GmbH und unterliegen dort der niedrigen Körperschaftsteuer.

Verkauf an die GmbH

Die letzte Möglichkeit der Entnahme von Geld aus der GmbH besteht im Verkauf von Gegenständen an die GmbH unter Ausnutzung eines Steuersatzgefälles. Läuft diese Strategie optimal, wird der Verkauf im Einkommensteuerbereich gar nicht oder niedrig besteuert und in der GmbH entsteht neues Abschreibungspotential.

Ein passendes Beispiel hierfür bietet eine Immobilie, die Du nach Ablauf der Zehnjahresfrist steuerfrei an die GmbH verkaufst. Den Verkaufspreis könntest Du als Einmalbetrag aus der GmbH entnehmen oder der GmbH als Darlehen gewähren.

Dadurch tilgt die GmbH den Kaufpreis in monatlichen Raten – vielleicht sogar zufälligerweise an die Lebenshaltungskosten angepasst. Die GmbH produziert dadurch neue Anschaffungskosten und kann die Immobilie erneut abschreiben. Bei dieser Konstellation fällt selbstverständlich Grunderwerbsteuer an, je nach Immobilie ergibt diese Gestaltung jedoch Sinn.

Ein weiteres gutes Beispiel liefert der Verkauf des Einzelunternehmens an die GmbH. Diesem Thema widmen wir uns in einem der folgenden Kapitel noch ausführlich.

Steuerspar- oder Steuerstundungsmodell?

Bei meinem Modell geht es darum, möglichst viel Geld in der steuerlich vorteilhaften GmbH zu belassen und damit die Möglichkeit zu schaffen, ein Vermögen und damit die finanzielle Freiheit zu erlangen. Viele andere Steuerberater sehen den Vorteil dieser Gestaltung jedoch nicht. Stattdessen vertreten sie die Auffassung, dass das erwirtschaftete Geld möglichst schnell wieder in den Privatbereich fließen soll. Dieser Ansatz ist aus steuerlicher Sicht jedoch nicht optimal und unter strategischen Gesichtspunkten zu kurzfristig gedacht. Folgende Gründe sprechen dagegen:

Nehmen wir an, die Gewinne bleiben langfristig im niedrig besteuerten Körperschaftsteuersystem. Dort kannst Du problemlos weiter damit arbeiten und profitierst vom Zinseszinseffekt. Steigt dadurch – wie im Beispiel des Unternehmers A – das jährliche Investitionsvolumen um rund 14.000 Euro im Vergleich zum Privatbereich, dann ist es doch egal, ob sich Depot, Immobilie oder Geschäftsanteile im Privatvermögen oder in Deiner GmbH befinden. Welcher Vermögenszuwachs bei einer moderaten Rendite von 4 Prozent alleine durch den Zinseszinseffekt bei einer jährlichen Investitionsrate von 14.000 Euro entsteht, zeigt die nachfolgende Zinseszinstabelle:

Abbildung 47: Zinseszinstabelle bei 14.000 Euro Investitionsvolumen

Jahr	Einlage	Ende des Jahres
1	14.000,00 €	14.560,00 €
2	14.000,00 €	29.702,40 €
3	14.000,00 €	45.450,50 €
4	14.000,00 €	61.828,52 €
5	14.000,00 €	78.861,66 €
6	14.000,00 €	96.576,12 €
7	14.000,00 €	114.999,17 €
8	14.000,00 €	134.159,13 €
9	14.000,00 €	154.085,50 €
10	14.000,00 €	174.808,92 €
11	14.000,00 €	196.361,28 €
12	14.000,00 €	218.775,73 €
13	14.000,00 €	242.086,76 €
14	14.000,00 €	266.330,23 €
15	14.000,00 €	291.543,44 €
16	14.000,00 €	317.765,17 €
17	14.000,00 €	345.035,78 €
18	14.000,00 €	373.397,21 €
19	14.000,00 €	402.893,10 €
20	14.000,00 €	433.568,82 €

Viele Kritiker des vorgestellten Modells bemängeln auch, dass die GmbH irgendwann aufgelöst werden müsste und die Gewinne spätestens dann wieder in den Einkommensteuerbereich fließen. Doch entspricht dieses Vorgehen nicht meiner Denkweise. Warum solltest Du die GmbH jemals auflösen?

Du kannst Dir laufend und bis an Dein Lebensende ein Gehalt zahlen, selbst wenn der aktive Betrieb endet.

Denn auch im Alter kannst Du Dich weiter um Investitionen kümmern, schließlich sollte innerhalb der aktiven Zeit ein hohes Anlagevolumen entstanden sein.

Dazu tragen neben den gesparten Steuern auch der Gewinn der GmbH bei und nach Ende der aktiven Zeit fallen genug Erträge ab, um ein Leben lang Gehalt zu beziehen.

Wenn Du also die Steueroptimierung lebst und bis an dein Lebensende durchführst, verfügst Du tatsächlich über ein Steuersparmodell.

Also lass Dein Geld und die Zeit in der GmbH für Dich arbeiten!

Bei einigen Steuergestaltungen, gerade wenn der Gewinn und die Sparrate sehr hoch sind, kommen auch weitaus höhere jährliche Steuersparbeträge zustande. Schau Dir einmal an, was passiert, wenn Du jedes Jahr 44.000 EUR Steuern sparen würdest:

Abbildung 48: Zinseszinstabelle bei 44.000 Euro Investitionsvolumen

Jahr	Einlage	Ende des Jahres
1	44.000,00 €	45.760,00 €
2	44.000,00 €	93.350,40 €
3	44.000,00 €	142.844,42 €
4	44.000,00 €	194.318,19 €
5	44.000,00 €	247.850,92 €
6	44.000,00 €	303.524,96 €
7	44.000,00 €	361.425,96 €
8	44.000,00 €	421.642,99 €
9	44.000,00 €	484.268,71 €
10	44.000,00 €	549.399,46 €
11	44.000,00 €	617.135,44 €
12	44.000,00 €	687.580,86 €
13	44.000,00 €	760.844,09 €
14	44.000,00 €	837.037,86 €
15	44.000,00 €	916.279,37 €
16	44.000,00 €	998.690,55 €
17	44.000,00 €	1.084.398,17 €
18	44.000,00 €	1.173.534,09 €
19	44.000,00 €	1.266.235,46 €
20	44.000,00 €	1.362.644,28 €

Exkurs: Atypisch stille Gesellschaft

Was ist eine atypisch stille Gesellschaft?

Eine atypisch stille Gesellschaft lässt sich mit einem Darlehensvertrag vergleichen. Der stille Gesellschafter leistet eine Einlage in die GmbH und anstatt einer Verzinsung seiner Einlage erhält er eine Beteiligung am Gewinn, am Verlust und an den stillen Reserven. Diese Gewinnbeteiligung kann zum Beispiel ein Prozent betragen.

Der stille Gesellschafter trägt das Risiko, im Falle der Insolvenz der GmbH seine Einlage zu verlieren. Darüber hinaus kann er jedoch von Gläubigern der GmbH nicht in Anspruch genommen werden. Da er „still" ist, tritt er nach außen nicht auf.

Als Vorteil erhält er eine höhere Verzinsung und ist auch an den stillen Reserven beteiligt. Wird das Unternehmen also später verkauft, partizipiert auch der atypisch stille Gesellschafter am Wertzuwachs der Gesellschaft.

Wer kann atypisch stiller Gesellschafter werden?

Grundsätzlich existieren keine Beschränkungen, wer stiller Gesellschafter werden kann. Besitzt ein Elternteil die GmbH und soll das minderjährige Kind stiller Gesellschafter werden, ist hier die Genehmigung des Familiengerichtes erforderlich. Steuerlich ist es sinnvoll, Personen als atypisch stille Gesellschafter einzusetzen, die keine Bezüge wie Gehalt, Zinsen, Miete oder ähnliches aus der GmbH erhalten

Wie errichtet man eine atypisch stille Gesellschaft?

Die Beteiligten schließen einen Vertrag über die Errichtung einer stillen Gesellschaft und melden diese danach beim Finanzamt an. Übrigens muss der Vertrag nicht notariell beurkundet werden.

Worin liegt der Vorteil des Ganzen?

Nach Errichtung der atypisch stillen Gesellschaft gewährt der Fiskus einen Gewerbesteuerfreibetrag von 24.500 Euro und dadurch entsteht eine jährliche Steuerersparnis. Deren Höhe hängt vom jeweiligen Gewerbesteuersatz der Kommune ab, er liegt durchschnittlich bei zirka 3.500 bis 4.500 Euro.

Administrative Kosten

Der Fiskus fordert eine eigene Steuererklärung für die stille Gesellschaft und seit 2018 auch eine eigene Bilanz für diese Gesellschaft. Leider ist es nicht möglich, lediglich die Bilanz der GmbH als Bilanz der atypisch stillen Gesellschaft auszugeben. Denn die GmbH und die atypisch stille Gesellschaften nutzen einige unterschiedliche Konten. Dadurch sind die administrativen Kosten für die atypisch stille Gesellschaft gestiegen und belaufen sich, je nach Umfang der Abweichung auf 750 bis 1.500 EUR. Bei hohen Gewerbesteuerhebesätzen macht dieses Konstrukt daher weiterhin Sinn; bei niedrigen Hebesätzen bzw. wenn die Freibeträge nicht in vollem Umfang ausgenutzt werden, empfehlen wir mittlerweile die stille Gesellschaft aus diesem Grunde nicht mehr.

Holdingstruktur

Warum nicht direkt zwei GmbHs?

Die vorigen Kapitel haben die Vorteile einer Kapitalgesellschaft erläutert, vor allem verglichen mit Einzelunternehmen oder Personengesellschaften. Doch lässt sich die Konstruktion noch weiter optimieren und wenn die steuerlichen Voraussetzungen vorliegen, empfehle ich meist nicht nur eine GmbH, sondern eine Holdingstruktur.

Abbildung 49: Die Holding-Struktur

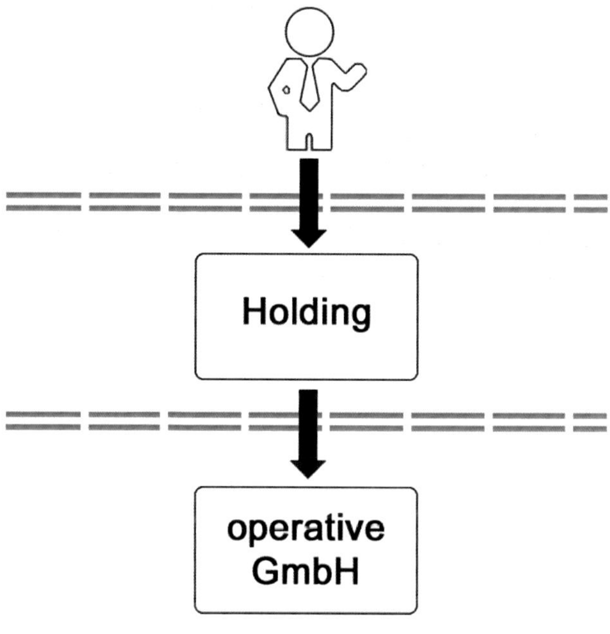

Die operative GmbH macht das, was der Unternehmer bislang über ein Einzelunternehmen oder über eine einzelne GmbH getan hat: sie führt das operative Geschäft. Die Gewinne dieser GmbH werden mit Hilfe von Managementumlagen und Dividendenausschüttungen an die Holding weitergeleitet.

Die Holdinggesellschaft dient dann als „Spardose“, in der sich die Gewinne ansammeln.

Im Holdingsystem existieren unterschiedliche Kontenaufgliederungen für die drei Bereiche privat, operative GmbH und Holding:

Abbildung 50: Das Kontenmodell für die Holding

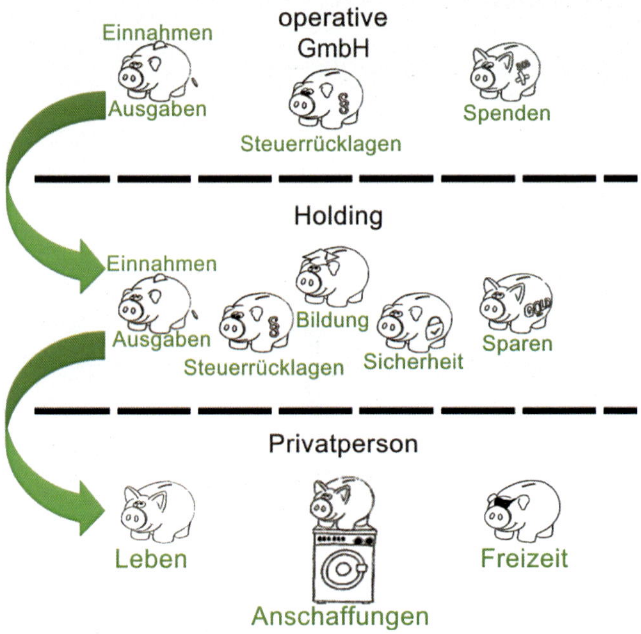

Die Holdingstruktur verfügt über mehrere Vorteile.

Vorteile der Holdingstruktur

Trennung Risiko und Vermögen

Wer als Unternehmer nach außen auftritt, sieht sich immer gewissen Haftungsrisiken ausgesetzt. Im Einzelunternehmen umfasst dieses Risiko nicht nur das Geld des Unternehmens, sondern auch sämtliches Privatvermögen. Beschränkt sich das betriebliche Risiko auf eine GmbH, können geschäftliche Probleme nicht mehr das Privatvermögen angreifen.

Ein Nachteil bleibt jedoch: Wer im Rahmen der Steueroptimierung das Vermögen in der GmbH ausbaut, setzt dieses Vermögen dem Risiko des aktiven Geschäfts aus.

Das Vermögen ist zum Aufbau der Altersvorsorge gedacht und erfordert daher einen Vermögensschutz. Dieser lässt sich über eine Holding über der operativen GmbH realisieren. Was an Liquidität nicht für den Geschäftsbetrieb der operativen GmbH nötig ist, fließt in die sichere Holding. Sollte der Betrieb in der operativen GmbH gefährdet sein, lässt sich diese GmbH im schlimmsten Fall im Rahmen einer Insolvenz auflösen. Das Geld in der Holding bleibt davon unberührt und ist sicher.

Gewerbesteuerfreibetrag

Da für jede GmbH eine stille Gesellschaft gegründet werden kann, lässt sich der Gewerbesteuerfreibetrag zweimal nutzen. Damit versteuert die Holding einen Gesamtgewinn von 49.000 Euro mit nur 15 Prozent. Erst beim Überschreiten dieser Schwelle fällt Gewerbesteuer an.

Im Vergleich zu einer GmbH ohne derartige Beteiligungen spart das Holdingsystem mit zwei atypisch stillen Gesellschaften im Durchschnitt bereits 7.000 Euro Gewerbesteuer pro Jahr.

Verkauf der operativen GmbH zu 95 Prozent steuerfrei

Wer seine Anteile an einer operativen GmbH im Privatvermögen hält, begegnet zwei Nachteilen bei einem späteren Verkauf dieser Anteile: Zum einen lassen sich nur 40 Prozent der Anteile davon steuerfrei verkaufen; zum anderen befinden sich die angesparten Gewinne in der GmbH, die für die Altersvorsorge vorgesehen sind.

Bei einer Holdingstruktur fallen beide Nachteile weg. Verkauft eine Holding die Anteile an einer operativen GmbH, bleibt der Verkauf zu 95 Prozent steuerfrei. Zudem werden die bereits in der Holding angesparten Gewinne durch den Verkaufsgewinn weiter erhöht.

Nachteile der Holdingstruktur

Wer zwei GmbHs bewirtschaften muss, sieht sich meist mit höheren, administrativen Kosten konfrontiert. Diese Mehrkosten liegen jedoch in der Regel unter der Steuerersparnis, die alleine durch den zweiten Gewerbesteuerfreibetrag entsteht.

Errichtung einer Holdingstruktur

Eine Holdingstruktur lässt sich genauso schnell errichten wie eine einzelne GmbH, beide Gesellschaften können an einem Tag bei einem Notartermin gegründet werden. Voraussetzung ist selbstverständlich, dass die nötigen Verträge vorliegen und die sonstigen Vorbereitungen abgeschlossen sind.

Für die Holding-GmbH sind 25.000 Euro Stammkapital erforderlich, dieses Geld fließt auf das Konto der Holding. Die Holding-GmbH wiederum benötigt 25.000 Euro Stammkapital, um die operative GmbH zu gründen und zahlt ihr Stammkapital auf das Bankkonto der operativen Gesellschaft ein.

Auf diese Weise lassen sich mit einer Stammeinlage von 25.000 Euro zwei GmbHs gründen.

Abbildung 51: Einzahlungsreihenfolge GmbH und Holding

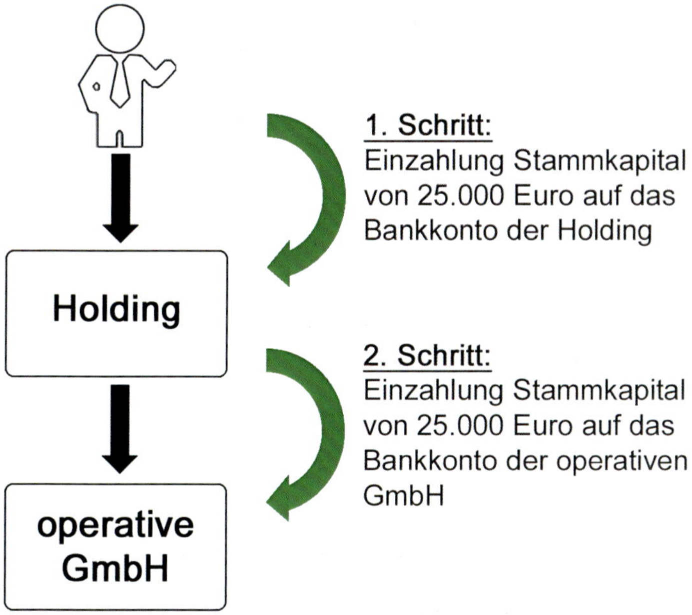

Managementumlage und Anstellung des Geschäftsführers

Als Geschäftsführer von Holding und operativer GmbH agiert der Anteilseigner der Holding, also im Regelfall Du. Bei der operativen GmbH existiert jedoch kein Anstellungsvertrag und dementsprechend fließt kein Gehalt. Es handelt sich somit um einen Geschäftsführer kraft Organstellung.

Bei diesem Konstrukt regelt ein Dienstleistungsvertrag die Gestellung des Geschäftsführers durch die Holding. Das bedeutet: Die Holding erhält eine Managementumlage von der operativen GmbH und übernimmt alle geschäftsführenden Tätigkeiten. Auf diese Weise lässt sich der Gewinn auf Holding und operative GmbH aufteilen. Im optimalen Fall machen sowohl Holding als auch GmbH mindestens 24.500 Euro Gewinn. Selbst wenn die beiden Gesellschaften ihre Freibeträge nicht optimal ausnutzen, entsteht kein Problem. Wichtig ist nur, dass nicht die eine Gesellschaft Gewinne, und die andere Verluste macht. Denn eine Verlustverrechnung ist nicht möglich.

Somit bist Du bei der Holding als Geschäftsführer angestellt und erhältst ein Gehalt, das Deine Lebenshaltungskosten deckt. Dadurch bleiben Steuerersparnis und alle Beträge, die bis dato im Privatbereich gespart worden wären, in der Holding und werden dort investiert.

Stiftung als Holding

Bisher bin ich immer von einer GmbH als Holdinggesellschaft ausgegangen. Der Begriff Holding ist jedoch nicht an eine bestimmte Rechtsform gebunden. Er beschreibt nur eine Gesellschaft, die über eine oder mehrere Tochtergesellschaften verfügt.

Mit zwei GmbHs lässt sich eine Holding am einfachsten errichten und ihre Möglichkeiten reichen für die Belange der meisten Unternehmer aus. Daneben kann jedoch auch eine Stiftung als Holding dienen. Vor allem, wer sein Vermögen langfristig aufbauen will und über mehrere Generationen erhalten möchte, sollte über eine Stiftung als Dachgesellschaft der Holding nachdenken.

Meine klare Empfehlung lautet jedoch: Bevor Du ein Holdingkonstrukt mit einer Stiftung gründest, solltest Du Dein Unternehmen im Griff haben. Eine Stiftung ist für die Ewigkeit gedacht und ihre Gründung verursacht einen hohen Aufwand. Daher solltest Du sicher sein, dass Deine Ziele, die Du mit der Stiftung erreichen möchtest, auch langfristig Bestand haben.

Zusammenfassend lässt sich meine Empfehlung wie folgt darstellen:

Abbildung 52: Optimale Struktur für den Vermögensaufbau

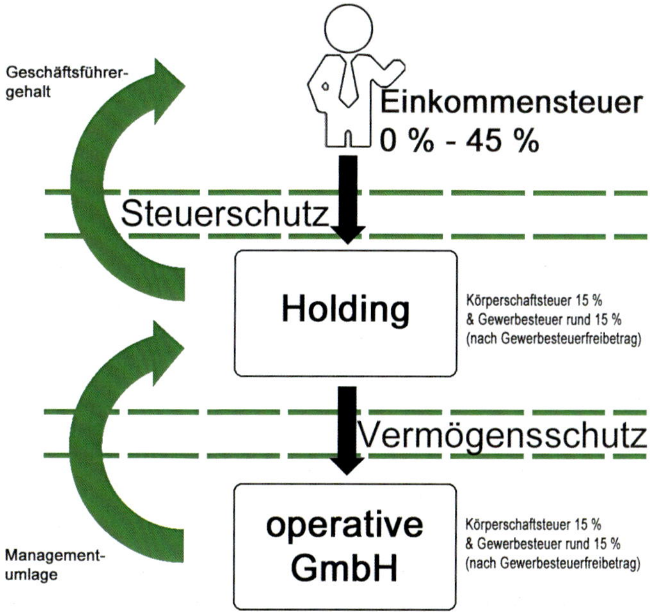

Übergang auf das Holdingsystem

Allgemeines

Wer bereits ein Einzelunternehmen führt, kann dieses nicht ohne weiteres einstellen und die gleiche Tätigkeit über eine GmbH ausführen. Denn rechtlich gesehen stellt die GmbH eine unabhängige Person dar. Auch wer als direkter Anteilseigner fungiert, muss darauf achten, immer fremdüblich zu handeln. Bei Deinen Unternehmen musst Du Dich daher so verhalten, als würdest Du Geschäfte mit fremden Dritten abschließen. Und niemand würde ein gut laufendes Unternehmen ohne entsprechende Entlohnung übertragen. Daher ist es unbedingt erforderlich, einen der nachfolgend erläuterten Wege zu nutzen, um Dein Einzelunternehmen zu übertragen.

Wer diese Wege nicht einhält, kann beim Finanzamt schnell in den Verdacht geraten, eine verdeckte Einlage in die GmbH zu leisten. Der Fiskus unterstellt in diesem Fall, das Einzelunternehmen wäre verkauft worden und besteuert diesen fiktiven Gewinn – allerdings ohne einen tatsächlichen Geldfluss. Erst beim Verkauf der Anteile lässt sich dieser fiktive Gewinn steuermindernd geltend machen.

Die steuerlich optimale Lösung besteht darin, das Einzelunternehmen an die operative GmbH zu verkaufen und diese führt das Unternehmen dann fort.

Beim Verkauf lässt sich ein Steuersatzgefälle ausnutzen: Für den Verkauf eines kompletten Betriebes sieht das Einkommensteuergesetz einen begünstigten Steuersatz vor. So lassen sich die stillen Reserven ohne hohe Steuerbelastung heben und die GmbH erschließt sich neues Abschreibungspotential.

Ermittlung des Verkaufspreises

Es ist entscheidend, einen Kaufpreis in der vom Finanzamt akzeptierten Bandbreite für die Veräußerung von Unternehmen zu vereinbaren. Als Richtschnur dafür kann ein Preis dienen, den ein fremder Dritter bezahlt hätte. Wer nach oben oder unten abweicht, sieht sich häufig mit Problemen konfrontiert.

Bei einem überhöhten Preis geht das Finanzamt von einer verdeckten Gewinnausschüttung aus. Das Mehr stellt dann bei der Kapitalgesellschaft keine abzugsfähigen Aufwendungen dar und die Privatperson muss im Rahmen der Einkommensteuer eine Gewinnausschüttung versteuern.

Fällt der Preis zu niedrig aus, geht das Finanzamt von einer verdeckten Einlage aus. Die Differenz zwischen dem üblichen Preis und dem angesetzten Kaufpreis muss als Veräußerungsgewinn versteuert werden, obwohl das Geld gar nicht geflossen ist.

Daher ist es wichtig, dass Du oder dein Steuerberater genau dokumentieren, wie der Preis zustande kam. Gegebenenfalls kann ein Steuerberater ein Gutachten über den Wert des Unternehmens erstellen.

Es existieren verschiedene Möglichkeiten, um den Wert eines Unternehmens zu ermitteln. Dazu gehören etwa das Ertragswertverfahren, das Discounted-Cashflow-Verfahren, die Wertermittlung über Multiples oder auch das vom Finanzamt oft genutzte vereinfachte Ertragswertverfahren.

Ermittlung des Veräußerungsgewinnes

Wer den Wert realistisch festgesetzt hat und das Einzelunternehmen an die GmbH verkauft, muss jedoch nicht den gesamten Verkaufspreis versteuern. Steuerpflichtig ist lediglich der Veräußerungsgewinn und dieser berechnet sich nach folgender Formel:

Verkaufspreis
- Kapital

= Veräußerungsgewinn

Mit Kapital ist nicht das Vermögen auf den Bankkonten gemeint. Vielmehr beschreibt diese Position den Buchwert des Betriebsvermögens, somit den Wert des Aktivvermögens abzüglich der Schulden. Das Kapital kannst Du aus einer Bilanz sofort ablesen.

Abbildung 53: Das Kapital in der Bilanz

AKTIVA		BILANZ		PASSIVA
A. Anlagevermögen		**A. Eigenkapital**		
I. Sachanlagen	24.836,00 €	I. Stammkapital	25.000,00 €	
		II. Gewinnvortrag	3.496,23 €	
B. Umlaufvermögen		III. Jahresüberschuss	14.508,12 €	43.004,35 €
I. Forderungen und sonstige Vermögensgegenstände	13.205,46 €			
		B. Rückstellungen		5.400,00 €
II. Kassen- und Bankbestände	11.329,54 €			
		C. Verbindlichkeiten		966,65 €
	49.371,00 €			**49.371,00 €**

Bei einer Einnahme-Überschuss-Rechnung ist zunächst eine Übergangsrechnung zur Bilanzierung erforderlich, um den Wert des Betriebsvermögens zu ermitteln. Daher nenne ich eine EÜR für einen solchen Fall auch liebevoll die „Büchse der Pandora".

Ich hatte schon des Öfteren den Fall, dass sich nach Übergang auf die Bilanzierung bei dem Einzelunternehmen herausstellte, dass das Kapital negativ war. Das bedeutet, dass Du mehr versteuern musst, als Du bekommen hast; denn das negative Kapital wird auf den Verkaufspreis aufgeschlagen. Das kann dann – steuerlich gesehen – teuer werden.

Begünstigungen

Eine Begünstigung des Veräußerungsgewinnes gewährt der Fiskus nur dann, wenn der gesamte Betrieb verkauft oder aufgegeben wird. Wer wesentliche Betriebsgrundlagen zurück behält, muss den Veräußerungsgewinn als laufenden Gewinn mit der „normalen" Einkommensteuer versteuern. Besitzt das Unternehmen beispielsweise ein Grundstück, das nicht auf den Erwerber übergehen soll und soll das Unternehmen als Gewerbebetrieb fortgeführt werden, dann ist der Veräußerungsgewinn steuerpflichtig. Wer alle stillen Reserven des Betriebs aufdeckt, kann grundsätzlich zwei verschiedene Begünstigungsformen wählen.

- Wer das 55. Lebensjahr vollendet oder dauernd berufsunfähig ist, hat Anspruch auf einen Freibetrag und der Gewinn wird mit nur 56 Prozent des „normalen" Einkommensteuersatzes besteuert, mindestens jedoch mit 14 Prozent.
- Liegen diese Voraussetzungen nicht vor, ist der Gewinn nach der sogenannten Fünftelregelung begünstigt. Dies kann in vielen Fällen sogar steuerlich günstiger ausfallen als der reduzierte Steuersatz.

Der Gesetzgeber hat die Fünftelregelung vor dem gedanklichen Hintergrund geschaffen, dass Verkäufe immer zu geballt auftretenden Einkünften führen. So erzielen viele Verkäufer im Verkaufsjahr ein sehr hohes Einkommen, in den Folgejahren bleiben die Einkünfte dafür weit darunter. Zunächst wäre damit ein sehr hoher Steuersatz fällig, in den Folgejahren dann sehr geringe. Diese Sprünge führen bei der progressiven Einkommensteuer jedoch zu wesentlichen Nachteilen.

Die Fünftelregelung soll diesen Effekt abmildern, sie funktioniert wie folgt:

Du teilst den Veräußerungsgewinn durch fünf und schaust, welche Steuer auf dieses Fünftel anfällt und multiplizierst diese Steuer wieder mit fünf. Hierdurch will der Fiskus die Progression abmildern. Je höher der Veräußerungsgewinn ausfällt, desto geringer wirkt sich diese Begünstigung aus, auch wenn die absoluten Zahlen sehr hoch erscheinen. Die drei Beispiele zeigen den Zusammenhang:

Abbildung 54: Auswirkungen der Fünftelregelung

Fünftelregelung	Beispiel 1	Beispiel 2	Beispiel 3
Veräußerungsgewinn	50.000,00 €	100.000,00 €	200.000,00 €
Steuer aufgrund Fünftelregelung	430,00 €	12.375,15 €	44.584,30 €
Steuer ohne Fünftelregelung	12.808,75 €	34.852,98 €	79.162,98 €
Steuerersparnis	**12.378,75 €**	**22.477,83 €**	**34.578,68 €**

Im Rahmen der Planung eines Verkaufs solltest Du auch darauf achten, dass die Fünftelregelung am besten wirkt, wenn Du keine oder nur geringe andere Einkünfte in diesem Jahr beziehst. Denn diese anderen Einkünfte zieht der Fiskus bei der Berechnung der Steuer auf das Fünftel mit ein. Daher ist es steuerlich am sinnvollsten, das Einzelunternehmen zu Beginn eines Jahres an die operative GmbH zu verkaufen und im Jahr der Veräußerung kein Geschäftsführergehalt zu beziehen. Einkünfte aus Kapitalvermögen, die der Abgeltungsteuer unterliegen, sind unschädlich.

Verkauf gegen Darlehensgewährung

Die neu gegründete operative GmbH verfügt über ein Stammkapital von 25.000 Euro. Soll die GmbH nun das Einzelunternehmen beispielsweise zu einem Preis von 100.000 Euro kaufen, kann sie diesen Preis nicht bezahlen. Es ist jedoch auch nicht nötig, den vollen Verkaufspreis sofort zu begleichen. Viel sinnvoller ist es, den Kaufpreis in monatlichen Raten zu zahlen, die die Kosten der privaten Lebensführung decken. Im Gegenzug dazu benötigst Du dann kein oder nur ein sehr geringes Gehalt und generierst derart kaum andere Einkünfte.

Am Ende des Jahres der Veräußerung lässt sich die Tilgung des Darlehens sogar noch weiter reduzieren, um ein steuerlich optimales Gehalt festzusetzen. So kannst Du Deine Einkommensteuerbelastung über mehrere Jahre gering halten. Bitte beachte jedoch, dass die Darlehenstilgungen für die GmbH keinen Aufwand darstellen, jedoch die Liquidität mindern.

Benötigt beispielsweise der ehemalige Einzelunternehmer 3.000 Euro für sein privates Leben, ist im Jahr der Veräußerung eine Tilgung von 3.000 Euro möglich. Ab dem zweiten Jahr kann er sich dann ein geringes Geschäftsführergehalt von 1.000 Euro zahlen. Auf diese Höhe des Gehaltes wird kaum Lohnsteuer einbehalten, so dass sich die Darlehenstilgung auf 2.000 Euro reduzieren lässt. Bei Verkaufspreisen von 50.000, 100.000 sowie 200.000 Euro lässt sich durch diese Darlehenstilgung die private Einkommensteuer über mehrere Jahre reduzieren. Zu beachten ist jedoch, dass die Steuer aus dem Verkauf ebenfalls anfällt. Hier sind Vereinbarungen möglich, wonach die GmbH Sondertilgungen als Tilgungsleistung zahlt.

Abbildung 55: Gehalt und Darlehen

Veräußerungsgewinn	50.000,00 €	100.000,00 €	200.000,00 €
Sondertilgung Steuer aus Verkauf	430,00 €	12.375,15 €	44.584,30 €
Tilgung im Jahr 1, monatlich 3 TEUR	36.000,00 €	36.000,00 €	36.000,00 €
Tilgung im Jahr 2, monatlich 2 TEUR	13.570,00 €	24.000,00 €	24.000,00 €
Tilgung im Jahr 3, monatlich 2 TEUR		24.000,00 €	24.000,00 €
Tilgung im Jahr 4, monatlich 2 TEUR		3.624,85 €	24.000,00 €
Tilgung im Jahr 5, monatlich 2 TEUR			24.000,00 €
Tilgung im Jahr 6, monatlich 2 TEUR			23.415,70 €

Bei einem Veräußerungsgewinn von 50.000 Euro lässt sich die Einkommensteuer also über 2,5 Jahre gestalten; bei einem Veräußerungsgewinn von 100.000 Euro verlängert sich diese Zeitspanne auf 4 Jahre und bei 200.000 Euro reicht die Gestaltung sogar bis ans Ende des 6. Jahres nach der Veräußerung. Vor diesem Hintergrund ist es manchmal sinnvoll, einen höheren Verkaufspreis mit einer höheren Steuerlast zu zahlen, wenn sich dafür die Steuerlast über die folgenden Jahre optimieren lässt. Die Steuer auf den Verkauf lässt sich dann als Investition betrachten.

Verdeckte Sacheinlagen

Der Gründer muss beachten, dass der Fiskus den Verkauf an eine neu gegründete GmbH als verdeckte Sacheinlage werten kann. Damit wird das Stammkapital zurückgewährt und gilt als nicht geleistet. Im schlimmsten Fall kann beispielsweise der Insolvenzverwalter die 25.000 Euro ein zweites Mal einfordern.

Allerdings ist es möglich, den Wert der Sacheinlage auf die Einlageverpflichtung anzurechnen. Dafür ist es erforderlich, den Wert des Unternehmens entsprechend zu dokumentieren. Wer zur Wertermittlung für das Finanzamt bereits über ein Gutachten verfügt, kann mit dessen Hilfe den Wert des Unternehmens nachweisen.

Lässt sich die Höhe des Verkaufspreises vor diesem Hintergrund belegen, entsteht keine Zwangslage, die eine nochmalige Einzahlung von 25.000 Euro erforderlich macht.

Wann ist der Verkauf nicht sinnvoll?

Der Verkauf eines Einzelunternehmens an eine neu gegründete GmbH bietet also den optimalen Weg, eine steueroptimierte GmbH- oder Holdingstruktur aufzubauen. Ein solcher Verkauf ist jedoch nicht sinnvoll, wenn folgende Voraussetzungen vorliegen:

- **Grundstück im Betriebsvermögen**

Befinden sich Immobilien im Betriebsvermögen, verkomplizieren mehrere Szenarien die Übertragung. Zudem heben sie die steuerlichen Vorteile teilweise wieder auf.

- Wechselt eine Immobilie vom bisherigen Betriebsvermögen in die GmbH, fällt Grunderwerbsteuer an.

- Verbleibt die Immobilie im bisherigen Betriebsvermögen, soll sie mitunter weiter als Gewerbebetrieb fungieren. In diesem Fall bleiben stille Reserven gebunden und der Fiskus gewährt keine steuerliche Begünstigung für den Verkauf des restlichen Einzelunternehmens.

- Wer das Grundstück in sein Privatvermögen entnimmt, muss den Entnahmegewinn versteuern, obwohl kein Geld dafür geflossen ist.

Welcher Fall auch immer vorliegt, Grundstücke im Betriebsvermögen können die Veräußerung steuerlich gesehen stark verteuern.

- **Gewinne des Unternehmens sind zu hoch**

Erzielt das bestehende Unternehmen bereits üppige Gewinne, ist auch sein Wert sehr hoch. Die Folge ist ein derart hoher Kaufpreis, bei dem die steuerlichen Begünstigungen ins Leere laufen. Daher ist es in diesem Fall nicht sinnvoll, das Unternehmen zu verkaufen.

- **Negatives Eigenkapital**

Befindet sich das Eigenkapital im negativen Bereich, fällt der Veräußerungsgewinn höher aus, als der erhaltene Kaufpreis. Wir erinnern uns an die Formel zur Ermittlung des Kaufpreises:

Verkaufspreis
abzgl. Kapital
____
= Veräußerungsgewinn

Wer einen negativen Betrag vom Verkaufspreis abzieht, addiert ihn mathematisch und erhöht somit den Veräußerungsgewinn. Somit muss mehr versteuert werden, als geflossen ist. Je nach Höhe des Verkaufspreises macht diese Rechnung keinen Spaß. Hier sollten die Beteiligten zuerst überlegen, wie sie das negative Kapital mindern können.

- **Unterjährig hohe Gewinne**

Zeigt sich mitten im Jahr, dass der Gewinn explodiert und sehr hohe Steuerzahlungen wahrscheinlich sind, ist ein unterjähriger Verkauf ebenfalls steuerlich nicht sinnvoll.

Was das Einzelunternehmen bis zum Verkaufszeitpunkt als Einkünfte erwirtschaftet hat, unterliegt der „normalen" Einkommensteuer. Damit lässt sich die Fünftelregelung zumeist nicht voll ausnutzen.

Liegt eine dieser Voraussetzungen vor, musst Du von einer anderen Möglichkeit Gebrauch machen, den Betrieb des Einzelunternehmens auf die GmbH zu übertragen. Folgende sind denkbar:

Sachgründung

Vor allem wenn der Gewinn zu hoch ausfällt oder andere Einkünfte vorliegen und damit die Wirkung der Fünftelregelung begrenzt ist, bietet sich die Sachgründung an.

In diesem Fall erfolgt die Gründung der GmbH nicht mit Barmitteln in Höhe von 25.000 Euro, stattdessen dient das Einzelunternehmen als Sachwert. In diesen Fällen verlangt das Registergericht jedoch ein Gutachten über die Werthaltigkeit des Unternehmens. Es kann sogar sein, dass das Gericht ein Testat eines Wirtschaftsprüfers anfordert, um die Werthaltigkeit bestätigen zu lassen.

Nachteilig wirkt sich bei dieser Struktur aus, dass zuerst die Gründung der operativen GmbH erfolgt und die Anteile dann im Rahmen einer weiteren Sachgründung in eine Holding eingebracht werden. Zudem lassen sich Buchwerte nur unter den Voraussetzungen des Umwandlungssteuerrechtes einbringen. Daher ist eine Sachgründung kostenintensiver. Trotzdem oder gerade deshalb solltest Du hier immer Deinen Steuerberater zu Rate ziehen. Schleichen sich Fehler ein oder stimmen die formalen Abläufe nicht mit den Anforderungen überein, kann das Finanzamt den Buchwertansatz streichen. Und das wird teuer.

Durch die Sachgründung gehen sämtliche Vermögensgegenstände und Schulden auf die GmbH über und werden von dieser fortgeführt. Auf Antrag beim Finanzamt kann dieser Übergang zum Buchwert erfolgen und damit ist es nicht erforderlich, die stillen Reserven aufzudecken und es wird zu diesem Zeitpunkt keine Steuer fällig.

Stille Reserven bezeichnet die Differenz zwischen dem Buchwert und dem Marktwert. Hast Du beispielsweise vor acht Jahren ein Auto erworben, steht dieses nur noch mit 1 Euro in deiner Bilanz. Es ist vollständig abgeschrieben. Wenn Du das Auto nunmehr veräußerst zum Preis von 1.500 Euro, musst Du 1.499 Euro versteuern. Dies sind die stillen Reserven.

Bei einer Sachgründung zu Buchwerten müssen die Buchwerte fortgeführt werden. Dieser Punkt verdeutlicht den Nachteil im Vergleich zum Verkauf: Es entsteht kein neues Abschreibungspotential. Ebenfalls verwehrt bleibt die ratierliche Darlehenstilgung, mit der sich beim Verkauf über mehrere Jahre hinweg die Einkommensteuerzahlungen optimieren lassen.

Sollte im Rahmen eines laufenden Jahres absehbar sein, dass die Gewinne explodieren werden, hat die Sachgründung einen entscheidenden Vorteil: Es besteht die Möglichkeit, das Einzelunternehmen rückwirkend auf die GmbH zu übertragen. Das bedeutet, dass die bis dato angefallenen Gewinne gar nicht erst der Einkommensteuer unterliegen müssen, sondern direkt ins Körperschaftsteuersystem gelangen können. Für diese Rückwirkung gilt jedoch eine zeitliche Beschränkung von 8 Monaten. Eine rückwirkende Übertragung zum 01.01. eines Jahres kannst Du also nur vornehmen, wenn Du die Gründung der neuen GmbH bis zum 31.08. beim Handelsregister eingereicht hast.

Die Sachgründung zu Buchwerten besitzt den entscheidenden Nachteil, dass die Anteile an der neuen GmbH dadurch sieben Jahre nicht verkauft werden sollten. Der Hintergrund: Der Verkauf des Einzelunternehmens unterliegt der normalen Einkommensteuer, der Verkauf von Anteilen an einer GmbH ist jedoch zu 40 Prozent steuerfrei. Wer die Anteile an der GmbH innerhalb von diesen sieben Jahren nach Einbringung veräußert, muss rückwirkend einen Veräußerungsgewinn versteuern, der niemals zugeflossen ist. Je länger Du diese Anteile jedoch hältst, desto geringer wird der zu versteuernde Betrag. Nach Ablauf der sieben Jahre kannst Du dann die Anteile beliebig veräußern.

Auch ist eine Sachgründung zu Buchwerten nicht unter allen Umständen möglich. Sie lässt sich nur dann umsetzen, wenn der Betrieb oder ein Teilbetrieb im Ganzen auf die GmbH übertragen wird.

Befindet sich jedoch ein Grundstück im Betriebsvermögen und soll dieses nicht mit an die GmbH übergehen, ist eine Sachgründung zu Buchwerten nicht möglich.

Als weitere Voraussetzung verlangt der Fiskus, dass das Kapital des Einzelunternehmens positiv ist. Das Unternehmen darf nicht bilanziell überschuldet sein, also mehr Schulden als Aktivvermögen haben. Ansonsten ist auch hier eine Sachgründung zu Buchwerten nicht möglich.

Geschäftsverpachtung

Sollten weder ein Verkauf noch eine Sachgründung ratsam oder möglich sein, verbleibt die Geschäftsverpachtung. Das betrifft vor allem Fälle mit negativem Kapital oder wenn Immobilien im Betriebsvermögen ausgewiesen sind. Bei einer Geschäftsverpachtung bleibt der Betrieb im Eigentum des Einzelunternehmers, wird aber im Ganzen an eine GmbH verpachtet. Damit lassen sich Einkünfte und auch das Risiko in den Körperschaftsteuerbereich verlagern; per monatlicher Pachtzahlung fließt dann der zum Leben erforderliche Betrag an den Verpächter.

Dieses Konstrukt lässt sich auch über eine Holdingstruktur darstellen. Anstatt des Verkaufs des Einzelunternehmens wird es einfach an die operative GmbH verpachtet.

Als Vorteil lässt sich werten, dass weder ein Veräußerungsgewinn noch die Übertragung einer Immobilie zu versteuern ist. Nachteilig wirkt sich dagegen der Weiterbestand des Einzelunternehmens mit all seinen administrativen Kosten aus.

Die Betriebsverpachtung lässt sich bis an das Lebensende des Unternehmens fortführen oder der alte Betrieb kann durch die schrittweise Übertragung des Anlagevermögens auf den neuen Betrieb übergehen. Beinhaltet die Verpachtung beispielsweise ein Auto und wird dieses verkauft, kann die operative GmbH das neue Auto anschaffen. Dafür muss selbstverständlich die Pacht reduziert werden, aber auf diese Weise lässt sich das Einzelunternehmen nach und nach reduzieren.

Wer die Betriebsverpachtung aufgrund negativen Eigenkapitals gewählt hat, sollte dieses nach und nach abbauen und dann die Übertragung auf die GmbH vornehmen.

Erfolgt die Betriebsverpachtung dagegen aufgrund einer Immobilie, stellt sich die Frage, ob eine Entnahme sinnvoll ist. Oft empfiehlt sich die Übertragung von Immobilie und Betrieb auf die GmbH in einem Zug. Gegebenenfalls lässt sich durch geschickte Gestaltung ein negatives Ergebnis aus den laufenden Einkünften generieren, so dass die Steuerbelastung aufgrund dieses Vorgangs sogar sinkt. Bitte besprich diese Umstrukturierung mit deinem Steuerberater, bevor Du in Eigenregie eine derartige Umstrukturierung vornimmst.

Besonderheiten bei verschiedenen Berufsständen

Gewisse Berufsgruppen sind durch standesrechtliche Auflagen gezwungen, als Einzelunternehmer oder maximal mit einer operativen GmbH zu agieren. Eine Holdingstruktur im oben aufgeführten Sinne ist für diese Berufsgruppen nicht möglich. Nichtsdestotrotz existieren modifizierte Varianten für diese Fälle.

Beispiel Arzt: Die Service-GmbH

Zahnärzte unterliegen durch die zahnärztliche Abrechnungsstelle bestimmten Vorgaben, so dass sie selten GmbHs gründen dürfen. Bei anderen Ärzten und bei Notaren sieht es ähnlich aus. In diesen Fällen bietet es sich an, das eigentliche Geschäft nach außen weiterhin als Einzelunternehmen zu führen. Der gesamte Verwaltungsapparat sowie Anlagevermögen, Mitarbeiter, Inventar und vieles andere geht jedoch auf eine GmbH über. Diese führt den Apparat fort und überlässt ihn dem Einzelunternehmer gegen eine Servicepauschale. So lassen sich die Gewinne im Einzelunternehmen aushöhlen und auf das zum Leben nötige Niveau begrenzen. Diese Konstruktion bietet die Vorteile der GmbH- oder Holdingstruktur. Die hohe Einkommensteuerlast wird reduziert und die GmbH kann das Einkommen ansparen.

Leider ist diese Variante zur Zahlung des privaten Lebensbedarfes nicht so gut planbar, wie eine monatliche Gehalts- oder Pachtzahlung. Denn die Umsätze, die in das Einzelunternehmen laufen, werden selten monatlich konstant ausfallen. Diese Strategie erfordert einen gewissen Grad an Nähe zum Unternehmen, um die Leistungen der Service-GmbH steuerlich optimal abrechnen zu können.

Leider ist der spätere Verkauf des reinen Einzelunternehmens an einen Dritten nicht zu 95 Prozent steuerfrei. Diese Veräußerung unterliegt der Begünstigung, die im vorherigen Kapitel aufgeführt ist. Um das Unternehmen sinnvoll zu übergeben, kann aber in einem Zug auch die Service-GmbH mitverkauft werden.

Hält eine Holdinggesellschaft die Anteile an der Service-GmbH, bleibt der Anteil des Gewinnes aus der Veräußerung der Anteile an der Service-GmbH zu 95 Prozent steuerfrei.

Beispiel Rechtsanwalt: Die Management-GmbH

Die Anteile an einer Rechtsanwalts-GmbH dürfen nur Rechtsanwälte halten. So kann eine Rechtsanwalts-GmbH keine Rechtsanwalts-GmbH besitzen und eine Holdingstruktur ist für diese Rechtsanwälte daher nicht möglich. Steuerberater profitieren hier von besseren Möglichkeiten. Alternativ dazu ist es ratsam eine Rechtsanwalts-GmbH und eine Management-GmbH zu bilden:

Hier wird die Rechtsanwalts-GmbH nach außen tätig; der Gewinn wird um eine Managementumlage in die Management-GmbH gezahlt.

Derart lässt sich das Einkommen wieder in das GmbH-System verlagern und das Risiko des aktiven Geschäftes ist auf der Rechtsanwalts-GmbH beschränkt. In der Management-GmbH wird das Vermögen angesammelt.

Nachteilig wirkt diese Struktur, weil die Rechtsanwalts-GmbH nicht zu 95 Prozent steuerfrei verkauft werden kann. In diesem Fall ist der Gewinn zu 40 Prozent steuerfrei und wird mit dem normalen Einkommensteuersatz besteuert.

Dienstleister, die umsatzsteuerfreie Umsätze erbringen

Sorgen machen sich oftmals Dienstleister, die ausschließlich umsatzsteuerfreie Umsätze erbringen. Dazu gehören etwa Vermittler von Finanzierungen. In deren Fall unterliegt die Managementumlage der Umsatzsteuerpflicht und der Dienstleister bleibt auf der generierten Umsatzsteuer sitzen.

Dieses Problem lässt sich bei richtiger Gestaltung jedoch umgehen. Werden die Voraussetzungen einer umsatzsteuerlichen Organschaft geschaffen, sind die Leistungsbeziehungen zwischen der Holding und der operativen GmbH nicht umsatzsteuerbar.

Oft sind die „Standard-Holding-Strukturen“ umsatzsteuerliche Organschaften. Dies bedeutet, dass nur eine Umsatzsteuererklärung auf Ebene der Holding eingereicht werden muss. Nur die Holding tritt als umsatzsteuerpflichtiger Steuerpflichtiger gegenüber dem Finanzamt auf und es gibt nur eine Umsatzsteuernummer für beide GmbHs.

Fazit und Ausblick

Für jeden Steuerpflichtigen existieren Möglichkeiten, mit denen er seine Steuern besser gestalten kann. Nutzt Du sie, musst Du Dich allerdings an die Spielregeln halten. Dieses Buch erläutert einige davon, jetzt musst Du selbst entscheiden, wie Du weiter vorgehen willst – welche weiteren Türen zum Reich der Steuern Du öffnen willst. Bleibst Du bei deiner derzeitigen Steuerlast oder suchst Du die für Dich entscheidenden Wege, um schneller finanziell frei zu werden? Denn diese gibt es!

So bist Du zwar als Arbeitnehmer immer auch von der Kooperation Deines Arbeitgebers abhängig, doch existieren zahlreiche Mittel und Wege.

Noch besser sieht es für Vermieter und Kapitalanleger aus, diese verfügen über verschiedene Möglichkeiten der Steuergestaltung. Doch solltest Du immer darauf achten, welche Möglichkeiten Deinen Zielen am besten gerecht werden. Zudem kommt es auf Alternativen an, falls Du vom Plan abweichen musst.

Der Königsweg bietet sich Dir als Unternehmer an, denn über verschiedene Gestaltungen kann jedes Unternehmen vom Körperschaftsteuersystem profitieren. Hältst Du Dich an die Spielregeln, kannst Du in Deutschland legal viel Steuern sparen. Entscheidend ist, dass Du Deine Finanzen und Dein Unternehmen im Griff hast und dass Du mehr verdienst, als Du ausgibst.

Wie ich eingangs bereits geschrieben habe: Nach dem Lesen dieses Buches wirst Du jetzt viel klarer sehen; es werden sich aber genauso weitere, tiefergehende Fragen aufgetan haben. Vor allem wenn Du vorhast in die Umsetzung, also in die Anwendung des hier Beschriebenen zu gehen, brauchst Du weitergehende, praxiserprobte und nachhaltig erfolgreiche Methoden, Strategie und Informationen. Und vor allem den Austausch mit wirklichen Experten in dem Bereich Steuern und zwar mit Steuerberatern, die gleichzeitig Unternehmer sind. Dies alles bilden wir bereits seit Jahren über unser 3-Tages-Intensiv-Seminar ab.

Und um die Qualität dieser Veranstaltung zu garantieren führen wir dieses Seminar in kleinen Gruppen durch. Nur durch kleine Gruppen können wir den Austausch über dieses sensible Thema „Steuern", was auch immer sehr eng mit dem Thema „Finanzen" verbunden ist, gewährleisten.

Die gemeinsamen Diskussionen der Teilnehmer untereinander und mit den Dozenten, die gleichzeitig Unternehmer und Steuerberater sind, in diesem Seminar mit Workshopcharakter, sind einer der Erfolgsfaktoren.

Wir haben dieses 3-Tages-Intensiv-Seminar so entwickelt, dass wir jeden dort abholen, wo er gerade „steht". Es ist für alle unternehmerisch tätigen Menschen geeignet. Also für alle Selbstständigen, Freiberufler, Handwerksbetriebe, „Spezialgruppen" wie Ärzte, Architekten, Rechtsanwälte und für kleine und mittelständische Unternehmen, sowie für Angestellte mit Nebeneinkünften, z. B. aus Kapitaleinkünften und Immobilien.

Egal, ob Du gerade dein Geschäft gestartet hast oder bereits über Jahre bzw. Jahrzehnte erfolgreich unternehmerisch tätig bist. Egal, ob Du noch sehr jung bist, ob der Vermögensaufbau für Dich eher im Vordergrund steht und/oder der Schutz des bereits Erreichten. Egal, ob Du über den Verkauf oder den Generationswechsel Deines Unternehmens nachdenkst. Für alle Menschen die ernsthaft und nachhaltig finanziell frei sein möchten, ist dieses 3-Tages-Intensiv-Seminar genau das Richtige, um dann auch in die Umsetzung zu kommen.

In diesem Sinne: Mache Dir bewusst, wie viel Steuern Du im Moment bezahlst und dass es auch für Dich Möglichkeiten gibt, Deine Situation zu optimieren. Willst Du den Weg mit uns weitergehen, findest Du alle Informationen auf unserer Internetseite.

Try and Error – hierbei besser nicht!

Ein weiterer Hinweis nach den Erfahrungen des letzten Jahres: Vieles, was in diesem Buch beschrieben ist, klingt einleuchtend und einfach. In der Praxis sind jedoch häufig Fallstricke damit verbunden und gerade der Einzelfall kann zu ein oder anderen Besonderheit führen. Viele Leser dieses Buches waren derart begeistert von den Möglichkeiten, dass sie direkt GmbHs gegründet haben, ohne dies vorher mit ihrem steuerlichen Berater durchzusprechen. Dies hat natürlich im ersten Schritt Kosten gespart. Jedoch war die Konstruktion teilweise für den speziellen Fall in dieser Art suboptimal und nur mit erheblichem Aufwand so umzugestalten, dass die Struktur genutzt werden konnte. Die anfänglich gesparten Gebühren standen zu den Gebühren dieser „Reparatur“ in keinem guten Verhältnis. Daher meine Empfehlung:

Wenn Du prüfen willst, ob die in diesem Buch vorgeschlagenen Modelle für Dich zur Anwendung kommen, bespreche dies mit Deinem steuerlichen Berater.

Und als zweite Empfehlung:

Der Weg ist nicht zu Ende, wenn Du den richtigen Partner - also Steuerberater - gefunden hast, sondern Du solltest unbedingt verstehen was passiert, warum und welche kurzfristigen und langfristigen Folgen Deine Entscheidungen steuerlich haben. Nur so bist Du in der Lage Dich als Unternehmer eigenständig um Deinen Vermögensaufbau und Deinen Vermögensschutz aktiv zu kümmern.

Um dieses Wissen für dich aufzubauen, haben wir unser 3-Tages-Intensiv-Seminar konzipiert. Hier besprechen wir zusammen mit Dir und den anderen Teilnehmern, welche Schritte dir zu welchen steuerlichen Vorteilen verhelfen und wie Du steuerliche Stolpersteine erkennst und vermeidest. Alle Seminare findest du auf unserer Internetseite.

Ich danke Dir, dass ich Dich auf dem Weg in die finanzielle Freiheit begleiten darf. Du wirst sehen, dass es wesentlich einfacher ist, wenn Du den Kostenpunkt „Steuern" im Griff hast. Dann machen Steuern tatsächlich Spaß.

Ich würde mich sehr freuen, Dich auch in unserem Seminar persönlich kennenzulernen.

Deine Nadine

3-Tages-Intensiv-Seminar

Steueroptimierung für Selbstständige, Freiberufler und kleine und mittelständische Unternehmen

Gerade Selbstständige und Unternehmen haben oft sehr eingefahrene Glaubenssätze in Bezug auf Steuern. In diesem Seminar räumen wir mit diesen Glaubenssätzen auf und entwickeln Dein "steuerliches" Ende. Warum ist das so wichtig?

Nur wer weiß, wo er hin will, kann die richtigen Schritte einleiten. Daher ist der Grundsatz "Keep the End in Mind" auch steuerlich entscheiden. Denn nichts ist schlimmer, als von dem Erlös aus dem Verkauf seines Unternehmens die Hälfte an den Staat abzugeben.

Wir erklären dir in diesem Seminar, wie Du die richtigen Schritte bereits heute einleitest, um am Ende deiner Unternehmenstätigkeit noch möglichst viel deiner über den Lauf deiner Unternehmensjahre ersparten Gewinne für deinen "Ruhestand" zur Verfügung zu haben. Das gilt für Neugründer wie auch für alte Unternehmerhasen.

Daneben erklären wir die grundlegenden Dinge, angefangen von der Abzugsmöglichkeit verschiedener Kosten, worauf zu achten ist bis hin zu Auto und Immobilien im und außerhalb des Betriebsvermögens. Das alles natürlich mit vielen Beispielen hinterlegt, so dass sowohl derjenige, der das Unternehmen startet, als auch der alteingesessene Unternehmer für sich etwas lernen kann.

Unsere Dozenten stellen dabei das Steuerrecht auf unterhaltsame, leicht verständliche Weise dar. Du wirst merken, wie viel Spaß Steuern tatsächlich machen kann.

Die kleinen Seminargruppen führen zu einem wertvollen Austausch auch untereinander. Hier ist Raum für vertrauensvolle Gespräche unter Gleichgesinnten und für neue Netzwerke.

Wirklich umsetzbare Steuerstrategien für Selbstständige, Freiberufler und kleine und mittelständische Unternehmen, u.a. die wichtigsten Buchkapitel, werden im Seminar intensiv vertieft.

Stimmen zum Seminar (Auszug)

„Super interessant was ich als Unternehmer steuerlich strukturieren kann. Beide, Nadine und Frank, sind Unikate, die sich den Ball sehr gut hin und her gespielt, perfekt ergänzt und verständlich die Thematik erklärt haben. Ich habe extrem viel aus dem Seminar mitgenommen.“

– T. Tubach, Unternehmer aus Rheinland-Pfalz

„Trotz BWL-Studium zählten für mich Stiftungen, Genossenschaften und Holding-Strukturen zu den unergründbaren Unternehmensformen, die nur etwas für die "Big Player" mit größeren Rechtsabteilungen Sinn machen und mich als klassische One-Man-Show nicht tangieren sollten. Durch ein Einzelcoaching bei Nadine wurde ich eines Besseren belehrt und habe zum ersten Mal die strategischen Überlegungen hinter bestimmten Strukturen verstanden. Mit dem anschließenden Steuer-Seminar bin ich tiefer eingestiegen und habe endlich Zusammenhänge verstanden.“

– J. Ullmann, Selbstständige aus Sachsen-Anhalt

„Die Kompetenz der beiden ist echt beeindruckend. Das Wissen zum Thema Steueroptimierung ist großartig, und das Seminar eine echte Empfehlung für Selbstständige und Unternehmer, die das Thema wirklich angehen wollen.“

– M. Weiss, Unternehmer aus Hessen

„Einfach nur zu empfehlen. Ängste (vor Steuern) werden im Seminar durch Informationen genommen. Die einfache, bildhafte Sprache ermöglicht jedem, das Thema nachzuvollziehen.“

– M. Murgas, Selbständiger aus Bayern